基金项目：教育部人文社会科学研究基金规划项目“关系契约视角下的联盟治理结构及其绩效研究”（编号：08JA630021）

关系契约视角下的联盟治理结构及其绩效研究

RESEARCH ON ALLIANCE GOVERNANCE STRUCTURE AND ITS PERFORMANCE: PERSPECTIVE FROM RELATIONAL CONTRACT

黄玉杰 著

经济管理出版社
ECONOMY & MANAGEMENT PUBLISHING HOUSE

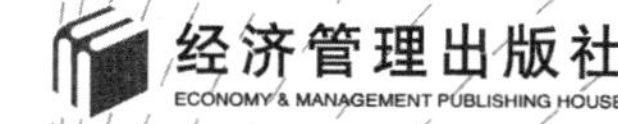

图书在版编目（CIP）数据

关系契约视角下的联盟治理结构及其绩效研究/黄玉杰著. —北京：经济管理出版社，2012.3
ISBN 978-7-5096-1832-5

Ⅰ. ①关… Ⅱ. ①黄… Ⅲ. ①企业管理—经济合作—研究 Ⅳ. ①F273.7

中国版本图书馆 CIP 数据核字（2012）第 040837 号

出版发行：经济管理出版社
北京市海淀区北蜂窝 8 号中雅大厦 11 层
电话：(010)51915602 邮编：100038

印刷：北京银祥印刷厂 经销：新华书店

组稿编辑：璐 栖 责任编辑：勇 生 璐 栖
责任印制：黄 铄 责任校对：曹 平

720mm×1000mm/16 15.5 印张 236 千字
2012 年 3 月第 1 版 2012 年 3 月第 1 次印刷

定价：45.00 元

书号：ISBN 978-7-5096-1832-5

前 言

自20世纪80年代以来，企业面临着日益复杂而动荡的经营环境，突出表现在日益激烈的全球化竞争、快速的技术进步、逐步缩短的产品生命周期以及巨额的资金需求。单个企业仅凭自身的资源与能力已经难以取得竞争优势和应对环境的变化。因此，20世纪90年代以来以合作竞争为特征的战略联盟在全球范围内蓬勃发展，联盟数量以每年20%左右的速度在增长，战略联盟成为企业参与全球化竞争和获得竞争优势的重要源泉。然而战略联盟在全球范围内迅速发展的同时还面临着高失败率的挑战，50%以上的战略联盟以失败而告终，而联盟失败的主要原因是战略联盟中固有的伙伴机会主义风险。联盟中的机会主义行为导致伙伴之间的利益冲突和矛盾，进而动摇了联盟合作的基础。因此，联盟管理者需要解决的关键问题是构建有效的联盟治理机制以降低伙伴机会主义风险。

早期联盟治理结构研究以交易成本理论为基础，提出恰当的联盟治理结构可以有效地抑制伙伴机会主义行为，并且揭示了影响联盟治理结构选择的交易特征，遗憾的是，这些研究大多停留于描述性和经验性分析而忽视对于联盟治理结构的正式化机理探究，因此常常得出含糊的甚至是相互矛盾的研究结论。以产权理论为代表的不完全契约理论则主张通过最佳所有权配置来约束机会主义和道德风险，并且给出了治理结构的正式化数学模型表述，从而使交易治理结构的研究从非正式化（科斯理论）逐步演变到前正式化（纵向一体化）和正式化（可信承诺），因此产权理论是对交易成本理论的完善和发展。而关系契约理论认为正式签订的联盟契约常常是不完善的，因而无法解决联盟中所有的协调困难，相反，正式契约机制之外的隐性机制和重复交互行为可以约束伙伴机会主义行为和道德风险。关系契约理论不仅使得联盟治理结构的研究视角从比较静态分析转向动态分析，而且将伙伴关系及其联盟经历等因素纳入联盟治理结构选择中，因此是对不完全契约理论的有效补充。

虽然研究者们对联盟组织的治理进行了理论探索并且取得了许多有价值的研究成果，但是理论研究严重脱离企业联盟实际。在企业联盟实践中，管理者更加关注选择什么样的联盟治理结构来有效地降低伙伴的机会主义风险，各种联盟治理结构适用于何种特定的条件，不同联盟治理结构下的联盟绩效如何，而现有的战略联盟研究文献，特别是国内研究文献较多地关注于联盟形成的动机、类型以及形成过程，而较少触及联盟治理结构分析。因此，现有理论研究解决的是“是什么”和“为什么”的问题，而企业联盟管理中迫切需要解决的是“如何做”的问题。另外，现有联盟研究大多以欧美企业的战略联盟为背景，但是制度和文化的差异使得国外理论研究成果无法直接应用于中国企业战略联盟实际，亟须能够紧密结合中国经济转型时期的经济、政治和文化背景的理论研究和实证研究。

联盟治理理论的欠缺导致中国企业战略联盟面临巨大的关系风险，中国企业如何根据本土化特征找出适合企业实际的联盟治理模式已经成为无法回避的现实问题。因此，本书以中国企业的战略联盟实践为背景、以关系契约理论为基础，采用理论研究与实证研究相结合、定性研究与定量研究相结合的方法，着重分析中国不同行业背景下企业战略联盟的治理结构及其影响因素，并且对不同联盟治理结构的匹配情况及其绩效结果加以评价，从而提出适合中国文化和经济特征的企业战略联盟治理对策和建议。本书的主要内容安排如下：

第一章为绪论。首先，在对选题现实背景和理论背景进行总体分析的基础上提出研究的问题；其次，阐述了研究目的和研究价值，并且给出了基本思路、研究框架和主要研究内容；最后，描述了研究方法和主要创新点。

第二章为研究综述。对国内外战略联盟治理领域的相关研究成果进行归纳、梳理，分类比较了已有研究的理论视角、研究方法、研究结论和最新进展。然后在对已有研究的主要贡献和局限性进行综合评价的基础上，确定本研究的理论基础和研究框架。

第三章为联盟治理的理论基础。首先，对本研究所涉及的战略联盟、联盟治理机制以及联盟治理结构等基本概念进行了界定，并且给出联盟治理结构的分类；其次，阐述交易成本理论的基本思想，并且以交易成本理论为基础分析不完全契约背景下联盟治理结构的选择机理；再次，阐述关系契约理论的内涵以及发展，分析关系契约作用的机理及其适用条件；最后，结合战略联盟的关系契约属性论证关系契约下联盟治理结构选择的影响因素。

第四章为联盟治理结构选择模型的构建。在借鉴前人已有研究成果的基础上，结合中国企业战略联盟治理的实际状况，本书构建了基于关系契约的联盟治理结构选择模型。首先，基于传统的产权和不完全契约理论对联盟治理结构进行正式化建模分析，揭示出所有权结构（即联盟治理结构）安排作为控制联盟伙伴机会主义行为的正式治理机制。其次，引入关系契约理论以进一步丰富和发展传统产权理论，揭示关系契约的存在对于联盟治理结构的影响机理。最后，将不完全契约与关系契约有机结合以弥补传统不完全契约的不足，在此基础上构建关系契约视角下的联盟治理结构选择模型，并且对模型的适用性进行扩展讨论。

第五章为联盟治理结构选择的实证研究设计。主要包括三个方面：第一，以交易成本理论和关系契约理论为基础来构建联盟治理结构选择模型，并对企业属性、交易属性和关系特征三个决策层面的内涵和组成要素进行了详细的解释，同时提出了可供实证检验的基本研究假设。第二，调查研究设计。本研究基于文献研究、实地访谈和理论分析设计了针对此项研究的初步问卷，并且对问卷进行几轮前测和修改最终形成正式调查问卷。然后根据事先设计的调查方案发放调查问卷，经过问卷跟催、二次发放和回收，取得了有价值的数据信息。第三，变量选取和测量。为了检验本研究所提出的理论假设，本研究将企业层面要素（反映企业的资源与能力）作为本研究的控制变量，而将交易层和关系层要素作为研究的自变量。其中，交易层反映联盟交易中的资产专用性、不确定性、复杂性等特征变量，而关系层则反映联盟各方合作的历史以及相互关系等变量。

第六章为联盟治理结构选择的影响因素分析。首先，在对问卷调查所得的数据资料进行加工和汇总的基础上，对调查数据进行了整体处理和描述性统计，从而把握我国企业战略联盟的总体状况。其次，运用计量分析方法对研究假设进行统计检验，找出联盟治理结构选择的关键因素并拟合联盟治理决策分析模型。最后，对实证检验结果进行分析与讨论，并对所拟合统计模型的预测能力进行检验和评价。

第七章为联盟治理结构与联盟绩效的关系研究。为了分析联盟治理结构与联盟绩效的关系，本书首先分析了联盟治理结构与影响因素之间的匹配关系，并且给出了匹配治理的基本定义。其次分析不同联盟治理结构匹配程度下的联盟绩效结果并提出基本研究假设。为了分析联盟治理的匹配程度以及联盟绩效，本章对联盟绩效、治理匹配程度等变量进行了操作化定义和测量，在此基础上对所提出的联盟绩效与治理匹配关系假设进行实证检验，并且对检验结果进行分析和讨论。

第八章为结论与研究展望。首先，对全文的理论和实证研究进行总结和归纳，概括出本研究的主要研究结论。其次，给出研究结论对中国企业联盟治理实践的启示，并提出了可供企业和行业部门决策参考的对策建议。最后，指出了本研究的主要贡献与局限，并对后续研究提出设想和建议。

本书的顺利完成离不开主管部门、企业界人士和学界同仁的帮助和支持。首先要衷心感谢汪应洛院士和万迪昉教授，两位导师很早就指引我走入联盟治理这一前沿研究领域，他们的悉心指导使我不仅掌握了专业知识和研究方法，同时还开阔了视野并明确了后续的研究方向，使我在完成学业之后仍然可以沿着这一研究领域继续深入探索。本书的出版得到了教育部人文社会科学研究基金的资助，经济管理出版社的编辑解淑青为本书的出版工作付出了辛勤劳动。本书实证研究数据的取得得益于许多企业家的帮助，西安高新技术产业开发区管理委员会的王普红女士和张朝阳先生给我以鼎力相助，河北省企业家协会、山西省煤炭工业局、深圳市高新技术产业开发区对本研究提供了诸多便利。值此书稿完成和即将出版之际，本书作者在此一并表示衷心的感谢。

由于作者水平所限，本书的错误和疏漏之处在所难免，敬请各位学者、专家和读者提出宝贵意见。

黄玉杰

2011 年 12 月于天津

目　录

第一章　绪论 …… 1

第一节　本研究的现实背景 …… 1
第二节　本研究的理论背景 …… 10
第三节　研究问题的提出 …… 12
第四节　研究的思路、方法与创新点 …… 14

第二章　研究综述 …… 19

第一节　基于交易成本理论的联盟治理结构研究 …… 19
第二节　基于产权理论的交易治理结构研究 …… 24
第三节　基于社会关系理论的联盟治理结构研究 …… 29
第四节　社会关系理论的正式化：关系契约理论的发展 …… 34
第五节　对国内外战略联盟治理结构研究的综合评价 …… 41

第三章　联盟治理的理论基础 …… 49

第一节　基本概念的界定 …… 49
第二节　交易成本理论 …… 54
第三节　关系契约理论 …… 59
第四节　战略联盟的关系契约属性 …… 64
本章小结 …… 68

第四章 联盟治理结构选择模型的构建 …… 69

第一节 建模的参照点 …… 69
第二节 建模的思路和经济背景 …… 74
第三节 基于静态契约理论的联盟治理结构选择 …… 80
第四节 基于动态契约理论的联盟治理结构选择 …… 86
第五节 模型分析的结果与讨论 …… 97
本章小结 …… 108

第五章 联盟治理结构选择的实证研究设计 …… 109

第一节 实证研究的总体思路 …… 109
第二节 实证研究的基本假设 …… 111
第三节 调查研究设计 …… 116
第四节 变量选取与测度 …… 127

第六章 联盟治理结构选择的影响因素分析 …… 133

第一节 联盟治理结构选择影响因素的综合实证检验 …… 133
第二节 联盟治理结构选择影响因素的分行业实证检验 …… 145
第三节 实证检验结果的分析与讨论 …… 158
第四节 实证检验结果与理论模型之间的一致性分析 …… 164
本章小结 …… 167

第七章 联盟治理结构与联盟绩效的关系研究 …… 169

第一节 联盟绩效研究的理论与假设 …… 170
第二节 变量选取与测度 …… 175
第三节 联盟治理结构与联盟绩效关系的实证检验 …… 179
第四节 联盟治理匹配程度与联盟绩效的关系分析 …… 182
第五节 联盟绩效分析的结果与讨论 …… 186
本章小结 …… 188

第八章　结论与研究展望 …… 189

第一节　本研究的主要内容与结论 …… 190

第二节　中国企业联盟治理的对策和建议 …… 195

第三节　本研究的启示与创新 …… 198

第四节　研究的局限性和进一步的研究方向 …… 202

附录 1　煤炭行业部分企业的战略联盟情况 …… 205

附录 2　访谈调查提纲 …… 207

附录 3　本书量表来源及其修改过程 …… 209

附录 4　企业战略联盟治理的调查问卷 …… 211

附录 5　企业联盟治理调查的提醒信息 …… 219

参考文献 …… 221

第一章　绪　论

20 世纪 80 年代以来，战略联盟作为一种新型的组织形式在全球范围内蓬勃发展，并且成为企业参与全球化竞争和获得竞争优势的重要源泉。然而，战略联盟的诞生和迅速发展有其特定的时代经济背景，本书关于战略联盟治理结构及其绩效的研究主要是基于以下现实背景和理论背景展开的。

第一节　本研究的现实背景

一、战略联盟在全球范围内迅速发展

1. 战略联盟成为各国企业获得竞争优势的重要组织形式

日益激烈的全球化竞争、快速的技术进步、逐步缩短的产品生命周期以及巨额的资金需求导致传统企业单凭自身的资源与能力已经难以求得生存和发展，因此以战略联盟为特征的合作竞争成为全球化背景下商业战略的主旋律，并且在高成长、高技术以及高资本支出行业中联盟活动的发展尤为迅速。[1-2]

自 20 世纪 80 年代至 20 世纪末，全球范围内所形成的战略联盟比以前所有年度形成的总和还多。[3-5] 特别是在 20 世纪 90 年代，战略联盟数目以每年 20%左右的速度在增长，[6] 仅在 1994~1997 年世界范围内形成的战略联盟数目就多达 32000 家，[7] 而在 1999~2000 年两年中联盟数量则超过 20000

家,[8] 目前全球500强企业中平均每一家就有60个主要的战略联盟。[3] 战略联盟的重要优势在于增强企业竞争能力并取得高层竞争优势，这种竞争优势在美国、日本和欧洲等国家和地区表现得尤为突出。目前全球有90%的战略联盟来自美国、日本和欧洲各国企业之间的合作协议，这些企业通过战略联盟逐渐成长为“超级巨人”并推动所在国家和区域经济的快速增长。

(1) 战略联盟成为带动美国经济增长的重要动力。一方面，美国企业战略联盟呈现爆炸式的增长。1991年以前，美国每年有100~150个国内联盟，1991年联盟数目上涨到接近500家，1992年上涨到近2400家。[1] 而据安达信咨询公司2000年的研究显示，10年前没有联盟合作的各大美国公司现在普遍拥有30个左右的联盟伙伴。[9] 另一方面，美国企业在化学制药、软件和工业自动化、计算机、电信、微电子等行业的战略联盟表现尤为活跃。例如，近年来美国生物制药行业战略联盟频繁发生，葛兰素—史克、辉瑞—华纳兰伯特、赫斯特—罗纳、阿斯特拉—捷利康等大批生物技术公司与制药公司组建在研发、销售等领域的战略联盟，大大提高了美国制药企业的国际竞争力；而在技术创新最为活跃的计算机行业，联合制造和研发合作更为普遍，举世瞩目的硅谷就是依据联盟合作精神确立了新的竞争规则，各种计算机、通信、半导体公司通过合资、股权投资和合作交易的方式联合起来，使之成为全球经济增长最为迅速的地区。被称为“蓝色巨人”的IBM公司也是借助于全球范围内的战略联盟构筑了庞大的IT帝国。可见，战略联盟不仅提高了美国企业的竞争能力，而且成为带动美国经济增长的重要动力。Das和Teng（1999）研究表明，美国企业战略联盟的收益将达到企业总收益的35%。[10]

(2) 战略联盟奠定了日本企业竞争优势的基础。在享有“联盟资本主义”之称的日本，大量行之有效并且长期持续的战略联盟在汽车制造行业、半导体和信息技术行业以及电子通信行业随处可见。[11] 丰田公司通过相互持股、签订长期供货合同等形式与800多家零部件生产企业组建了规模庞大的企业集团，这一战略联盟形式给集团各个成员带来了巨大利益。一方面，丰田公司与这些零部件生产企业彼此结成了长期关联的利益共同体，使得这些小型集团成员能够发挥其专业化的核心能力，适时、高效率地保证丰田公司绝大部分的零部件供应。另一方面，集团公司成员与丰田公司建立了基于相互信任的合作关系，使得丰田公司经常与供应商就机密的计划与设计进行讨论，因而零部件供应商能够更好地满足丰田公司的设计要求。目前，丰田汽车公司的战略联盟优势正在被众多制造企业竞相效仿。日本制造行业的各大企业集团通过广泛合作缔约和建立联盟网络来共同应对国内外市场竞争，并以分包缔约联盟模式奠定了日本企业参与国际竞争和获得国际竞争优势的基础。因此，Williamson 在总结日本企业成功经验时指出，尽管日本经济的振兴具有独特性，但是其成功奥秘在于日本人的更强的合作倾向，[12] 日本企业通常把纵向一体化看成是最后手段，各个企业之间广泛使用的分包缔约制度是日本企业成功的关键因素。

（3）战略联盟是欧盟企业与美、日抗衡的重要战略选择。为了与美国、日本竞争对手抗衡并增强欧盟的整体竞争能力，欧盟成员国十分注重成员国内部以及成员国与其他国家之间的企业战略合作。欧盟成员国之间的战略联盟表现出如下两个特点：一是欧盟成员国的联盟合作领域主要集中在航空技术、工业自动化、微电子、生物技术以及政府支持的高新技术等领域，著名的尤里卡计划、空中客车项目就是高新技术领域战略联盟的典型代表。二是各成员国在战略联盟中专注于其行业优势，例如，德国企业战略联盟中体现出其在微电子领域的主导地位，瑞士偏重于生物技术，英国则侧重于医药业的联盟。

2. 全球范围内的企业战略联盟呈现喜忧参半的结果

战略联盟在全球范围内迅速发展的同时还面临着高失败率的挑战。一方面，联盟伙伴之间通过紧密协作关系获得了单个企业无法取得的利益，因此战略联盟成为企业获得竞争优势的重要源泉；另一方面，联盟参与方通常面临着源于伙伴机会主义行为的关系风险，战略联盟常常意外解体。而且战略联盟的失败率远远高于正常组织。[13-14] 仅有不到一半的战略联盟能够取得满意的绩效，50%以上的战略联盟以失败告终。[15-20] Harrigan（1985）、Kogut（1989）以及《经济学家》杂志研究报告的现实联盟失败率分别为 50%、54%和 60%，[21-23] 而 Parkhe（1993）甚至估计联盟死亡率高达 70%。[24] 另外，据 Bleeke 和 Ernst（1993）所研究的跨组织边界战略联盟发现，2/3 的战略联盟在头两年就陷入严重的财务或管理困境，而且战略联盟的失败不仅表现为财务和管理危机以及短命，还表现为联盟中不经意的技术流失甚至是丧失竞争优势，一些企业通常在无意之间将产品、客户、市场、产品构思以及其他知识产权甚至是整个公司拱手送给战略联盟伙伴。[25]

战略联盟的高失败率引起了研究者的高度重视，Duysters、Kok 和 Vaandrager（1999）通过调查识别出以下导致战略联盟失败的原因：伙伴战略不匹配、伙伴不能兑现承诺、联盟治理结构不合理、合伙人文化不匹配、缺乏信任、缺乏有效的绩效评价方法。[18] 另外，很多研究者分析了引起战略联盟失败的环境原因、战略原因、结构原因、文化原因、过程原因。尽管引起联盟失败的原因很多，但是研究者们普遍认为造成联盟失败的关键原因是战略联盟中固有的伙伴机会主义，由于缺乏有效的联盟治理结构而导致伙伴之间的利益冲突和矛盾，进而滋生了机会主义行为并且动摇了联盟合作的基础。

战略联盟使得企业价值创造从传统企业的内部价值链扩展到跨越企业边界的价值网络，这一变革引发了研究者对组织边界和组织治理结构的重新思考。因此，如何有效地治理战略联盟成为当前研究中的一个热点问题。

二、中国企业战略联盟的发展

相对于美国、日本和欧洲迅速发展的全球战略联盟而言，中国企业战略联盟的快速发展始于 20 世纪末期。一方面，加入世界贸易组织以后，许多跨国公司纷纷将触角伸向中国并且在不断进行市场渗透，势单力薄的中国企业难以在激烈的国际市场竞争中与大型跨国公司抗衡，因此与国内外企业的战略联盟提上了议程。另一方面，为了迅速增强中国企业特别是国有企业的竞争能力，中国政府出台了旨在做大做强国有企业、增强国有企业竞争能力的战略改组方案，鼓励企业之间通过联盟、持股、并购等形式进行重组以打造大型和特大型的企业“航空母舰”。在国家政策的推动下，国内众多企业纷纷通过参股和签订长期合作协议等形式来组建战略联盟，从而实现企业规模和能力的迅速扩张。

1. 中国企业战略联盟的发展状况

笔者通过对中国企业战略联盟状况的调查显示，目前中国一般企业的联盟伙伴数目通常为 3~5 个，大型企业的伙伴数目通常在 10 个左右，而大型企业集团核心成员的伙伴数目通常在 20 个以上。从中国企业战略联盟的行业分布情况来看，战略联盟在制造、冶金、石化、电子通信、生物制药、煤炭和电力等行业的发展尤为迅速。

（1）中国传统产业中的战略联盟。在以家电、汽车制造行业为代表的传统产业中，战略联盟一直是各大企业做大做强和提高竞争能力的法宝，长虹、海尔、TCL、小天鹅等众多知名家电厂家无一不是通过战略联盟来实现发展壮大的，而中国国内三大汽车产业巨头更是借助国内外广泛的战略联盟来提高竞争优势。

自 20 世纪 90 年代以来，一汽集团将战略联盟作为一项重要的战略选择，在国际上曾先后与德国大众汽车、日本丰田汽车和戴姆勒—克莱斯勒汽车公司等国际汽车巨头进行技术、产品跨国联盟。而在国内也与诸多国内企业进行了一系列的战略联盟，包括在中重型车型领域通过合资组建一汽顺德汽车厂、一汽扬子汽车厂；在轻型车领域控股金杯汽车股份有限公司；在客车领域控股川旅；在微型车领域与吉轻实行资产经营一体化。[①] 其中，一汽与德国大众集团签订了年产 15 万辆合资轿车项目，使得合资双方取得重大收益，因此一汽—大众公司被权威部门于 2001 年、2002 年评为中国最成功的合资企业。遗憾的是，一汽—大众没有形成自己独立的产品开发能力，产品权牢牢地控制在德国大众的手里，而文化冲突又降低了合资公司的效率。另一个尤为值得关注的成功联盟是一汽与丰田汽车的一系列战略联盟，包括通过合资组建一汽—丰田（天津）汽车有限公司和长春一汽丰越汽车有限公司，通过持股 81%成立一汽成都汽车厂以及通过长期合作协议组建的一汽—丰田汽车销售有限公司。在与丰田汽车实施的系列战略联盟中，一汽集团大幅度提高了产能并拓宽了产品系列，获得了先进的技术和先进的管理经验。然而，丰田对技术的主导和垄断阻碍了联盟中的技术学习，合资企业管理控

① 资料来源：《中国第一汽车集团年鉴》（1950~2003）。

制权更多掌握在丰田的手里，使得丰田可以通过各种手段从合资企业攫取利益。

总体看来，一汽集团在战略联盟中暴露出的最严重问题是股权与控制权配置问题，例如，一汽—大众联盟中在股权与控制权配置的问题上，德国大众集团在一汽—大众要实现的第一个目标就是将其拥有的股份从40%提高到50%，而一汽大众目前良好的经营业绩使一汽集团充分认识到放弃股份其实就是在放弃利益。而在与丰田汽车实施战略联盟中，丰田汽车掌握更多管理控制权使之从联盟中获取了更多的利益。此外，一汽集团与戴姆勒—克莱斯勒公司合作谈判的进程中在产品产权即工业领导权上出现了原则性的分歧，最终未能达成战略联盟协议。由此可见，战略联盟治理结构选择（即联盟决策权和收益权的配置）是企业战略联盟中最为突出的问题。

（2）中国高新技术产业中的企业战略联盟。在以电子信息技术产业为代表的高新技术产业中，企业战略联盟正在以前所未有的速度迅猛发展，而作为中国信息产业龙头老大的联想集团更是通过建立广泛的战略联盟来实现规模扩张和竞争能力提升。

在国外，联想集团于2004年12月斥资12.5亿美元收购IBM个人电脑事业部（PCD），而IBM将持有联想集团约19%的股份，至此联想集团和IBM在全球PC销售、服务和客户融资领域结成长期战略联盟，成为一家拥有强大品牌、丰富产品组合和领先研发能力的国际化大型企业。2004年10月又与欧洲IT巨头布尔集团达成一项为期五年的合作协议，共同宣布了一项基于NovaScale®系列服务器的战略联盟，旨在共同开拓高速增长的中国服务器市场。

在国内，联想于2002年10月与大唐电信、南方高科、华为、中兴、中国电子信息产业集团、中国普天等7家企业通过长期合作协议建立了TD-SCDMA产业联盟，更快地推进了TD-SCDMA的产业化。2005年12月又携手微软公司、金山软件、用友软件全面启动其“联想电脑全面预装增值软件计划”，联想集团通过PC产业软硬结合的大联盟带动整个IT产业的发展。而近期联想集团提出“关联应用”技术，并且正在着手与家电和通信领域的相关大厂商共同推广一项代表未来信息产业发展方向的新技术，这一合作被业内称为“3C”产业大联盟。此外，联想集团还通过控股方式与神州数码、

Sun、Oracle 三家 IT 企业成立“神州电子商务推广联盟”，三方将立足各自的优势进行深层合作，携手推动中国的电子商务向纵深发展。

总体来看，联想集团的战略联盟喜忧参半，在上述成功范例之外也存在联盟败笔。特别是早期以控股合资等方式与赢时通网站、北大附中教育在线、新东方的教育在线、AOL 等网络产业的战略联盟均以失败而告终，究其原因，固然有战略决策失误方面的问题，但是也揭示出联想集团在加入任何联盟的时候都必须先考虑这样一个问题：如何处理相互利益的同时保持自己的独立性，而这本质上也是联盟治理结构选择问题。

(3) 政府主导产业中的中国企业战略联盟。以煤炭行业为代表的基础产业战略联盟快速发展是中国企业战略联盟中的另一个重要特色，为了适应市场竞争需求并实现我国煤炭产业的规模化、现代化发展和产业化升级，2005 年，国家发展和改革委员会提出了以组建大型综合煤业集团为核心的第二次战略性重组，大批煤炭企业正在加紧组建行业内部以及跨行业的战略联盟（见附录 1）。其中，山西焦煤集团是在山西省政府的引导下参与这一轮战略联盟的典型案例。该集团以西山煤电集团、汾西矿业集团、霍州煤电集团 3 家焦煤企业为主体通过股权合资等方式进行整合，并先后于 2001 年和 2004 年两次借助控股和签订长期契约等方式进行战略性改组，最终成功组建了我国煤焦企业的航空母舰——山西焦煤集团公司。而且，山西焦煤集团公司还进行了一系列跨行业战略联盟，包括在电力行业控股山西西山煤电股份公司，通过合资方式与山西省电力公司合作建设全国最大的坑口发电厂——山西古交发电厂，通过签订长期签约方式与宝钢、首钢、鞍钢、武钢等大型钢铁企业建立上下游纵向长期战略伙伴关系。由于煤炭、电力以及通信等产业涉及国家经济命脉，因此这些产业的战略联盟刚刚兴起并且体现较强的政府干预色彩，联盟决策效果如何以及联盟绩效高低还有待进一步的时间检验。但是，业内人士已经意识到恰当的联盟治理模式是确保联盟成功的首要因素。

以上关于一汽集团、联想集团、山西焦煤集团的战略联盟实践表明，成功的联盟开始于恰当的控制权和收益权分配，而联盟中双方在控制权上展开激烈争夺引发了管理者对联盟治理结构的深入思考，联盟各方究竟应该如何构建联盟治理结构以实现决策权和收益权的合理配置？或者说究竟应该如何在交叉许可、联合开发、合资经营、股权共享等不同联盟治理结构之间作出选择？这些是中国企业联盟管理者面临的现实而迫切的问题。

2. 对中国企业联盟的深入访谈调查

为了揭示我国企业联盟治理结构选择中的共性问题，笔者设计了针对我国企业战略联盟实施情况的半开放式访谈调查提纲（见附录 2），并对 15 位联盟管理者进行了专项访谈调查。① 所有受访者均认为战略联盟对于企业发展日益重要并成为推动企业成长的主要动力，而且多数管理者认为如果联盟合作持续时间在三年以上就可以认为联盟取得了成功。遗憾的是，多数受访者感到联盟合作的成败往往难以琢磨，他们指出战略联盟中的关键挑战在于如何有效地应对伙伴机会主义行为，因为战略联盟比单个企业面临更多的不确定性以及"搭便车"、敲竹杠或者简单采取机会主义行为等风险。为进一步揭示决定联盟成败的关键因素，笔者请各位受访者就可能影响联盟成败的各种因素进行评价并且从中选择最主要的五个因素，表 1–1 显示了在访谈中受访者对各种影响联盟成败因素的实际选择结果。

表 1–1　影响联盟成败的关键因素

影响因素	选择次数	百分比（%）
1. 双方战略目标是否匹配	14	93.33
2. 合作伙伴的选择是否恰当	13	86.67
3. 联盟治理结构选择是否合理	11	73.33
4. 双方是否存在前期合作关系与信任	8	53.33
5. 双方能否有效地管理内在冲突	6	40.00
6. 双方是否具有联盟管理的经验或经历	6	40.00
7. 双方是否存在频繁管理沟通与信息交流	5	33.33
8. 双方签订的联盟合作契约是否详细和完备	4	26.67
9. 联盟所处的政策和法律环境是否稳定	2	13.33
10. 合作双方在资源与能力上是否匹配	2	13.33
11. 企业高管层对联盟的重视和支持程度	2	13.33
12. 其他	2	13.33
合计	75	—

① 15 位访谈对象的基本构成情况是：总裁和副总裁 4 人，中高层管理者 6 人，联盟项目负责人 5 人。

可以看出，联盟合作中的战略匹配、伙伴选择、联盟治理结构以及伙伴之间的关系和信任是影响联盟成败以及联盟绩效高低的关键因素，这一访谈结果与 Duysters、Kok 和 Vaandrager（1999）的调查研究结果基本一致。在访谈中，几乎所有受访者都认为成功联盟始于恰当的联盟治理结构选择，但是多数联盟管理者对于如何设计有效的联盟治理结构则往往难以做出明确回答，在访谈中笔者常常得到如下模棱两可的回答："对于这一问题难以下结论，影响因素可能很多，变数很大"；"联盟治理问题很复杂，可能会涉及很多方面的因素"；"治理结构很重要，但是很难说清楚哪种结构更适合"；"没有仔细考虑过这一问题"等。由于认识上的模糊性导致联盟管理者对企业目前的联盟治理结构是否系统和科学往往知之甚少，相当多的战略联盟因缺乏有效的联盟治理而无法实现预期的目标，甚至一些联盟面临着随时都可能解体的危险。笔者在访谈中还发现在实际的联盟治理决策中，联盟管理者除了考虑正式的契约设计之外，还关注诸如企业合作经历、前期合作关系以及对未来进一步合作的预期等因素。

3. 中国企业联盟治理中的关键问题

对中国企业联盟管理者的访谈调查表明，尽管我国企业战略联盟得到了迅速发展并且已经具备一定的规模，但是当前困扰管理者的关键问题是如何有效降低联盟中的伙伴机会主义风险？究竟应该选择何种形式的联盟治理结构？不同类型的联盟治理结构适用于何种特定的条件？不同联盟治理结构对联盟绩效有何影响？众多联盟管理者迫切希望得到关于联盟治理理论上的指导，以便构建能有效应对伙伴机会主义风险的联盟治理机制。

而且笔者在访谈中发现了中国企业战略联盟的独有特征。虽然从理论上来讲，战略联盟本身应该是双方出于各自战略目的上的自发合作行为，但是访谈调查发现，我国企业战略联盟具有相当程度的行政干预色彩，而在以煤炭、电力、通信等为代表的涉及国家经济命脉、带有相对垄断性经营的基础性产业中，政府政策干预尤为突出。为了做强做大国有企业从而提高我国企业竞争能力，近几年在国家宏观政策推动下，我国煤炭、电力、电信、航空、石化等行业开展了企业集团化改组，使得目前企业联盟中政府的主导作用尤为突出，并且企业联盟治理决策带有较强的政策倾向性，而未能完全遵从市场规律来考虑企业的资源能力、联盟交易特征、合作经历以及环境等因素来做出联盟治理决策。另外，由于煤炭、电力等特殊行业的企业隶属关系相当复杂，所以企业联盟合作受到包括地方政府在内的错综复杂的利益制约，难以实现企业的自发联盟。正是由于中国企业战略联盟具有不同于国外的经济、政策和文化背景，所以应该根据中国经济体制转型时期的特征来区分不同的产业层次，从而制定适合中国特定产业特点的联盟治理决策。

上述实地访谈结果不仅验证了笔者对研究问题的预期，而且对本研究理论视角的选取、研究体系的构建以及进一步问卷设计和问卷调查奠定了基础。

第二节 本研究的理论背景

战略联盟在全球范围内的迅速增长及其巨大的价值创造功能使之越来越受到理论界和实业界的关注。早期资源观的研究者侧重于战略联盟的资源共享、风险分担和价值创造功能。[26-29] 然而战略联盟在创造价值并给企业带来独特竞争优势的同时，也面临着战略联盟中固有的伙伴机会主义风险的挑战。因此，当前战略联盟领域研究的核心问题是如何建立有效的联盟治理机制以确保联盟成功并提高联盟的绩效。

现代契约理论指出由于契约总是不完备的，① 因此需要通过正式的联盟治理结构来约束由于契约不完备性引发的“搭便车”和敲竹杠等机会主义行为。Williamson（1991）、[30] Klein（1996，2000）[31-32] 等从交易成本理论出发，将精心设计的具有优越适应属性的联盟治理结构看成是支持交易和管理联盟不确定性的有效治理机制，并从理论和实证角度研究如何选择有效的联盟治理结构。但是交易成本理论仅仅局限于描述性和经验性研究而忽视联盟

① 完全契约是指能够详细列明未来可能发生的每一个事件下契约当事人的权利、义务、相应处理措施及所要达到的最终结果的契约。而不完全契约是指由于个人有限理性、环境不确定性以及信息不对称性等原因，导致契约当事人或契约仲裁人无法证实或观察一切而造成的契约不完全性。

治理结构及其建构的机理分析，从而导致许多实证研究结果含糊，甚至相互矛盾。而产权和不完全契约理论则表明除了依赖于正式的契约机制之外，还可以通过所有权结构（即治理结构）来约束伙伴机会主义和道德风险，从而进一步发展了交易成本理论，并且提供了更加正式化的建模分析工具。

Telser（1980）、Gulati（1995b）、Uzzi（1997）、Poppo 和 Zenger（2002）、Ebers（2003）等具有社会学背景的研究者认为关系契约是应对机会主义的重要治理机制，因为正式的联盟契约设计和联盟治理结构常常不完善并且无法解决联盟中全部的协调困难，而基于隐性机制和重复交互作用的关系契约同样可以减轻机会主义和道德风险。[33-37] 但是由于管理领域和组织领域的研究者对关系契约尚不熟悉，所以相关的理论观点和研究证据大部分来源于社会关系理论，强调联盟伙伴之间关系、信任与社会网络的存在对于确保战略联盟成功的作用。尽管联盟治理机制和治理结构研究已经备受社会学家的关注，但是由于现有研究大多是基于描述性和经验性的分析，缺乏系统性理论框架和严密的数理逻辑表述，因而限制了联盟治理理论的实际应用，所以直至今日联盟治理问题远未得到解决。

Garvey（1995）、[38] Halonen（2002）[39] 等产权和不完全契约理论研究者近期开始注重交易治理中的关系契约属性，他们在静态产权模型中引入关系变量，这不仅丰富了事后盈余分享的可能集合，而且改善了资产专用性投资的事前激励，同时也改变了资产所有权的有效结构，因此这种对联盟交易中动态契约关系的分析是对传统静态产权分析的完善和发展。而 Gibbons、Baker 和 Murphy（2002，2004）[40-41] 关于企业理论的系列论文是对关系契约理论的开创性研究，他们探究了正式和非正式的组织结构之间的交互作用，其隐含的论点是简单地通过正式契约等现有的正式工具不一定取得理想的联盟绩效，因此还需要综合考虑正式契约与关系契约以促进正式的治理结构选择。

战略联盟是参与方之间的长期关系契约，由于关系契约理论吸收了法学、社会学、契约经济学的最新研究成果，并且运用数学语言精确地刻画和分析了联盟治理中关系契约的特征、作用机理及其作用条件，所以关系契约理论不仅在相当程度上弥补了产权（以及交易成本）理论静态分析的不足，而且克服了社会关系理论研究仅仅基于描述性分析和实证性研究而缺乏正式化建模分析的缺陷，从而将实证研究推向深入。因此，本书将以产权和不完全契约理论为基础，引入关系契约理论来组合研究不完全契约理论与关系契约理论在联盟治理结构选择中的交互作用关系，并通过实证分析来检验本课题的主要研究假设。

第三节　研究问题的提出

一、战略联盟管理实践的挑战与启示

战略联盟的迅猛发展及其巨大的价值创造潜力使之成为21世纪企业获得持续性竞争优势的最重要组织形式。然而近30年的战略联盟管理实践表明，战略联盟在为企业创造竞争优势的同时还面临着高失败率的挑战，联盟管理者们尤其关注联盟合作关系的建立与维护，并迫切希望得到关于联盟治理理论上的指导，以便建立能够有效应对联盟风险以确保合作的成功治理机制。因此，如何构建能够有效抑制伙伴机会主义行为的联盟治理机制就成为当前理论界和实业界共同关注的焦点。

虽然研究者们对联盟组织的治理进行理论探索并且取得了许多有价值的研究成果，但是制度和文化的差异使得国外理论研究成果无法直接应用于中国企业战略联盟实际，因此亟须能够紧密结合中国经济转型时期的经济、政治和文化背景的理论研究和实证研究。遗憾的是，国内现有的联盟理论研究严重脱离企业联盟实际：一方面，在企业联盟实践中经常困扰管理者的主要问题是用什么样的治理机制促使联盟参与方之间建立并维持持久的合作关系？究竟应该选择何种形式的联盟治理结构来应对伙伴的机会主义风险（即如何在股权合资、少量持股以及非股权参与的长期合同之间做出选择）？各种联盟治理结构适用于何种特定的条件？不同联盟治理结构下的联盟绩效如

何？另一方面，现有的战略联盟研究文献（特别是国内研究文献）较多地关注于联盟形成的动机、类型以及形成过程，而较少触及联盟治理结构分析。因此，现有理论研究仅仅回答了联盟中“是什么”和“为什么”的问题，而企业联盟管理中迫切需要解决的是“如何做”的问题。联盟治理理论的欠缺导致大量联盟面临伙伴关系风险，相当多的战略联盟由于缺乏有效的治理而过早夭折或者难以取得预期的绩效。

面对越来越复杂的全球化经营环境，中国企业如何根据本土化特征找出适合企业实际的联盟治理模式已经成为无法回避的现实问题。因此，以现实问题为导向，探讨中国企业战略联盟治理结构，并提出针对中国不同产业背景的企业战略联盟治理对策，对于指导企业战略联盟治理决策，提高企业联盟绩效以及制定产业发展政策均具有重要的理论价值和现实意义。

二、研究的关键问题

鉴于以上情况，本研究的重点就是通过理论和实证的分析，发现在向市场经济过渡的转型时期中国企业战略联盟的现状、问题，寻求能够有效控制关系风险的联盟治理结构及其影响因素，并且分析联盟治理结构与关键影响因素之间的匹配效果，以便进一步验证联盟治理结构选择模型。因此，本研究将着重探讨如下三方面的问题：

（1）基于关系契约理论构建联盟治理结构选择的数理模型，进而探究联盟治理的机理以及影响联盟治理结构选择的决定性因素，在此基础上提出基本理论假设。

（2）运用实证分析方法研究传统产业、高技术产业和基础产业中的企业战略联盟治理结构特点和差异，对基本假设进行实证检验，并根据实证研究结果来揭示不同行业的联盟治理结构特征。

（3）研究不同联盟治理结构匹配程度与联盟绩效的关系，给出适合我国国情和企业特点的联盟治理决策模型，并提出具有启发性的研究结论和政策建议。

第四节 研究的思路、方法与创新点

一、研究的思路

（1）研究问题的提出：本研究选题是在大量企业实地调查和参考国内外相关研究文献以后确定的，研究问题是以教育部人文社会科学研究基金规划项目《关系契约视角下的联盟治理结构及其绩效研究》（编号：08JA630021）为实际背景提出的。在选题和研究过程中，笔者发现战略联盟管理中的关键挑战在于如何设计有效的联盟治理机制（特别是恰当的联盟治理结构）以应对伙伴机会主义风险，然而现有的联盟治理理论远远滞后于联盟治理的实践，多数管理者对于如何设计有效抑制机会主义行为的联盟治理机制知之甚少。因此，本书基于关系契约理论研究战略联盟治理结构的选择及其影响因素，特别是研究经济转型时期中国企业战略联盟的治理结构及其绩效，并且提出针对不同行业背景的联盟治理对策。

（2）文献回顾与综述：笔者收集、阅读并整理了国内外关于联盟治理的相关研究文献，从不同研究视角对已有理论研究成果加以综合评述，并根据现有研究的不足确定本研究拟解决的主要问题、研究的理论基础和研究重点。

（3）构建本研究的框架：在借鉴前人已有研究成果的基础上，根据本研究的研究目的和中国企业战略联盟的实际，提出了联盟治理结构选择机理模型和数理模型，并构建了组合静态契约和动态契约的系统研究框架。

（4）提出基本研究假设：根据本研究的研究框架和机理模型，笔者运用综合产权理论、关系契约理论以及交易成本理论等多个研究视角阐述联盟治理结构选择的基本原理，借此提出了体现本研究各关键因素间相互关系的研究假设。

（5）问卷设计和数据采集与处理：首先，笔者基于前人文献研究、实地访谈调查以及本研究的理论框架和研究假设，设计了针对性的调查问卷，并给出各研究变量的操作化定义和测量方法；其次，运用经过前测和修改形成的正式调查问卷进行大样本的问卷调查以取得有价值的研究信息；最后，将问卷调查所得的数据资料进行录入、清洗、筛选、加工和描述。

（6）实证检验与实证结果分析：运用计量分析方法对数据资料进行统计描述、分析和检验。在此基础上，对实证检验的结果进行分析与讨论，找出影响中国企业联盟治理结构选择的关键因素，并拟合联盟治理决策的计量模型。

（7）主要研究结论和建议：笔者将理论和实证加以概括、归纳，给出本研究的主要结论、创新点及其适用范围，同时也指明进一步的建议和研究方向。

二、研究的方法

本研究总体上采用理论与实证相结合的研究方法来分析联盟治理结构选择及其绩效结果。在理论分析部分，本研究以不完全契约理论为基础并将关系契约理论引入联盟治理结构选择当中，从而构建了基于双边动态契约理论的联盟治理结构选择的数理模型，在此基础上提出可供实证检验的理论假设。为了弥补正式化建模分析的不足，本研究采用定性研究和定量研究相结合的方法构建了联盟治理结构选择的概念模型，特别是综合运用不完全契约理论和关系契约理论研究交易特征和关系特征对于联盟治理结构选择的决定作用，以便更好地对理论假设进行实证性的检验。

在实证分析部分，本研究采用访谈调查和问卷调查相结合的研究方法。首先，笔者采用实地访谈调查方法进行探索性的研究，以便从总体上了解我国企业战略联盟治理及其绩效的总体状况，并且发现决定企业战略联盟成功的关键因素，而且访谈调查对于本研究问题的确定、研究假设的提出以及调查问卷的设计奠定了基础。其次，本研究采用大样本问卷调查方法以取得关于联盟治理决策的深层次的、有价值的研究信息。本研究尽可能借助 E-mail 方式发放和回收问卷以降低问卷调查成本，而为了便于对调查过程进行跟踪

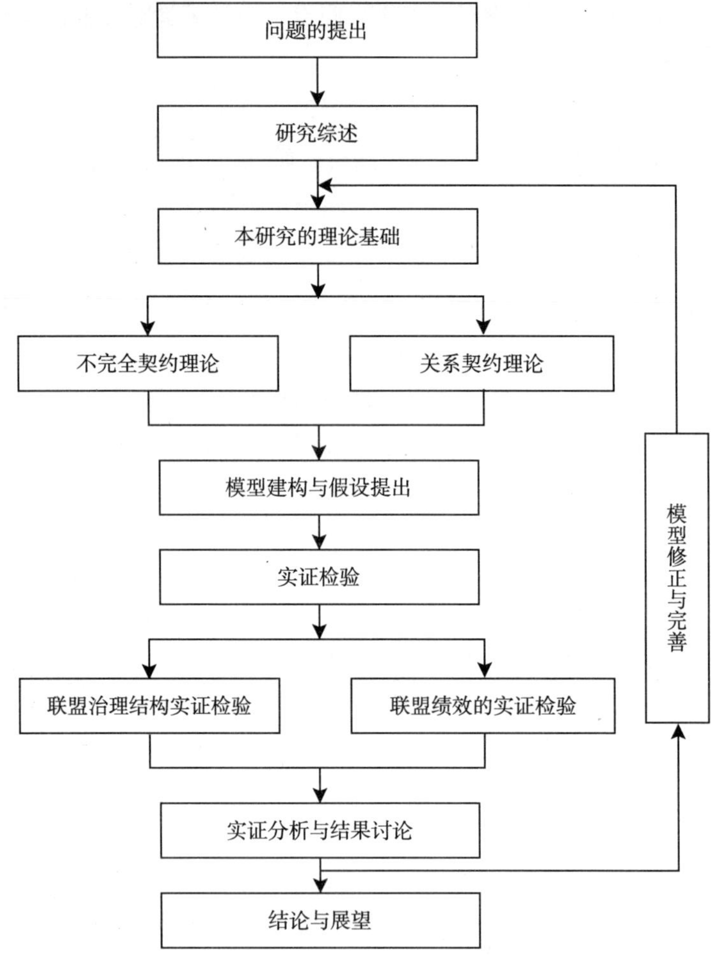

图 1-1　本书的总体研究框架

和获得满意应答率，本研究对此次问卷发放的行业和地域进行了限定。最后，在数据分析和实证检验时，本研究采用计量分析方法，包括：运用 logistic 回归模型分析联盟治理结构选择的影响因素，采用多元线性回归模型分析联盟治理的绩效。

三、研究的创新点

本研究的创新点主要体现在以下四方面：

（1）本研究构建了组合静态契约和动态契约的联盟治理结构研究理论框架。虽然国内外有相当多的文献研究战略联盟治理问题，但是不同研究者由于视角的差异而得出了不一致的甚至互相矛盾的研究结论。本研究突破了单一理论视角的局限，将关系契约理论引入联盟治理结构的选择当中，通过传统不完全契约理论和关系契约理论的结合运用形成了涵盖企业属性、交易属性、关系属性的联盟治理研究框架，目的在于弥补传统不完全契约理论的不足。

（2）本研究构建了基于双边动态契约的联盟治理结构选择模型。由于国内研究大多是质性研究，而国际上现有研究结果基本上是基于案例研究和实证性研究而取得的，缺乏对联盟治理结构选择的正式化的数学模型分析。本研究基于关系契约构建了联盟治理结构的数学模型，不仅弥补了联盟治理领域质性研究和经验研究的不足，而且是对传统静态产权理论的补充和发展。本研究的模型有助于检验国内外不同理论视角下实证研究观点的内在一致性，对不同研究结果的差异给出了理论上的解释，从而得出更加深入的研究结论。

（3）本研究针对中国不同产业背景进行跨行业的比较实证研究。虽然国内有少数研究者开始探讨战略联盟的治理结构，但是基本上停留在质性分析或案例分析层次，缺少跨行业比较的大样本实证研究。而国外研究成果基于特定的文化和制度背景，因此难以推广和指导我国企业联盟治理的实际。因此，本研究选择了我国战略联盟发展迅速的传统产业、高新技术产业和煤炭产业作为对比基础，通过大量问卷调查搜集企业战略联盟信息，并运用计量分析方法对研究假设进行统计检验，从而实证性地揭示我国不同行业背景下的企业联盟治理结构特征及其关键影响因素。

（4）本书研究了联盟治理匹配程度与联盟绩效之间的相互关系，从而丰富了联盟治理研究领域的理论。由于现有研究停留在联盟治理结构选择及其影响因素分析，未能将联盟治理结构与联盟绩效有机结合起来，因此这些联盟治理结构选择理论是否科学和系统仍然不得而知。本书将研究范围从联盟治理结构选择扩展到联盟治理绩效，并且分析不同治理匹配水平下的联盟治理绩效，进而从绩效层次上对于所构建的联盟治理决策模型进行检验。

第二章 研究综述

企业战略联盟的迅速发展及其高失败率的挑战引发了对联盟治理机制的高度关注。契约理论主张通过适应性的联盟治理结构来应对因契约不完全性而引发的伙伴机会主义风险，因此自20世纪90年代以来，大量研究者围绕联盟治理结构进行探索并且取得了一系列有价值的研究成果。笔者通过对已有研究文献的分析、归纳和整理，总结出以下较为有代表性的研究理论视角和研究结果。

第一节 基于交易成本理论的联盟治理结构研究

一、市场与一体化的选择研究

早期关于联盟治理结构的研究大多是建立在交易成本理论基础之上并沿着这一理论框架而展开的。交易成本的概念由 Coase（1937）首次提出并将其开创性地用于分析“企业边界”问题，[42] Williamson（1985）对交易成本理论进一步加以完善和发展并且指出，由于在联盟缔约过程中参与方有限理性和固有的机会主义倾向，使得几乎所有的契约都不可避免是不完全的，为了避免因契约不完全性而引发的机会主义风险，需要精心设计能够有效应对伙伴机会主义风险的不同契约执行机制。[43]① Williamson 强调层级化的交易治理结构对机会主义的抑制作用，并指出如果没有机会主义，那么在层级内部协调交易的可能则大大减少；但是如果资产专用性很高时机会主义的风险将会很大，此时利用层级取代市场来阻止机会主义是十分必要的。[44] 为了构建交易治理结构选择的理论框架，Williamson（2002）进一步将交易治理结构的基础概括为交易属性、可选择的治理结构属性以及服务的目的三个方面，[45] 从而为交易治理结构选择的理论分析和实证研究奠定了基础。

与 Williamson 的观点相似，Klein、Crawford 和 Alchain（1978）主张通过一体化来解决资产专用性和不确定性引发的治理问题，[46] 并且指出当参与方做出了一项专用性资产投资以后准租随之产生，伙伴机会主义的可能性将会变为现实。而且随着资产变得更加专用，准租受到机会主义伙伴挤占的威胁的可能性更大，因此应该考虑采取垂直一体化来减少因资产专用性投资而产生的对准租金的侵占和避免事后机会主义行为。而且 Klein（2000）还借助通用汽车公司和费雪车身制造公司的合并案例，进一步说明垂直一体化在避免长期契约中刚性成本的作用。[32] 遵循 Williamson 和 Klein 等的研究，Joskow（1985，1987，1990）在其系列论文中运用交易成本理论分析煤炭供应商和电厂之间的关系专用性投资、契约谈判的协议期以及垂直一体化之间的相互关系，并且实证性地揭示了垂直一体化对于机会主义和“敲竹杠”风险的抑制作用，[47-49] 从而进一步支持了交易成本理论的基本观点。

需要指出的是，交易成本理论的早期研究关注于对企业（一体化）和市场的区分，而现实中许多长期契约关系往往介于市场和一体化之间，而传统的市场与一体化分析没有普遍意义，因此近期的交易成本理论研究重点从一体化转向混合型交易治理结构（战略联盟）。

---

① 艾伦·施瓦茨（2003）对导致契约不完全的原因进行了如下概括：一是人的有限理性导致人们对外在环境的不确定性无法完全预期，进而不可能将所有可能发生的未来事件都写进契约条款中，因此最优的契约条款是不可能达到的。二是在签订契约的过程中，当契约当事人就某一特定事宜签订契约条款的成本超出了其收益时，人们可能“有意地”遗漏某些条款，进而导致了契约不完全。三是缔约方存在非对称信息从而导致与缔约有关的信息不可观察和（或）不可证实，这种不可缔约性注定契约是不完全的。四是语言表达的不明确或者措辞不清晰，导致契约的不完全。此外，由于契约当事人的疏忽而未就有关的事宜在契约中写明，也会造成契约不完全。

二、股权型与契约型联盟治理结构的选择研究

在交易成本理论的启发下，近期大量研究者专注于为什么联盟应该选择特定的联盟治理结构而不是其他形式，并且探讨了联盟治理结构的特征及其影响因素。例如，Pisano（1989）基于交易成本理论对生物技术领域的195个战略联盟样本的股权与契约合作模式进行了比较，实证研究结果表明某些内部化组织的治理特性可以通过部分股权所有权得到，如果联盟中涉及的侵占越多则越可能形成层级化的治理结构。[50] Pisano（1990）则进一步指出，交易成本因素影响到一个已建立的企业是应该在内部扩展其研发边界还是应该从外部获取相关的能力，他发现研发市场中小数目讨价还价的风险促进研发投资内部化，这一研究类似于基于交易成本理论的“自制或购买”决策。[51] 类似地，Croisier（1998）使用CATI（The Cooperative Agreement and Technology Indicators）数据库中1980年以后的2102个外部研发协议，分析生物技术、新型材料、信息技术领域研发联盟的交易成本随特定交易属性变化的情况，结果发现，研发联盟中的不确定性越高，相对于市场治理的交易成本也越高，因而研发联盟的治理结构越可能转向于层级；而且越是在研发的初期阶段、越是复杂的战略联盟，股权参与合作取代非股权参与合作的可能性越高。[52]

Oxley（1997）运用CATI数据库中1980~1989年组建的美国制造企业的165个技术联盟数据资料，分析了单边契约协议、双边契约协议、股权联盟等三种技术研发联盟的治理结构，结果表明企业层面属性对于有效联盟治理结构的选择并没有显著的影响，相反联盟的交易属性是联盟治理结构选择的决定因素，当由于技术难以描述或者由于联盟活动范围更加广泛使得道德风险十分严重时，更可能会选择层级化的联盟治理结构来加强监督。[53] Colombo（2003）以契约理论和能力理论为基础专门研究了复杂技术联盟的治理结构选择。他使用来自北美、欧洲和日本的67个最大的全球信息技术企业在1983~1986年组成的271个战略联盟样本进行实证研究，结果表明股权型联盟相对地更适合于复杂联盟以及技术联盟，而且实证研究也支持了能力理论的观点，即技术联盟中伙伴技术专长的差异导致使用股权联盟的倾向更高，

而双边契约更适合于技术专长相似的伙伴之间的技术联盟。实证结果还发现，尽管契约联盟不如股权联盟的协调机制有效，但是由于契约联盟在足以支持联盟目标实现的同时又不至于引起股权联盟中更高的建立、退出和管理成本，所以契约联盟比股权联盟更为普遍。[54]

此外，Hansen（2001）、[55] Allen 和 Phillips（2000）、[56] Robinson 和 Stuart（2002a，2002b）[57-58] 也分析了公司股权并且得出结论，在商业联盟中伙伴之间购买股权或者合资可以降低关系中的缔约和监督成本，因此联盟中股权联系可以有效地抑制伙伴机会主义行为。

我国研究者 Huang 和 He（2006）[59] 以及黄玉杰和万迪昉（2006）[60] 以交易成本理论为基础，分别对煤炭产业、高技术产业的战略联盟治理结构进行实证性研究，实证结果大体支持了交易成本理论的预期，但是高技术产业中的不确定性因素则表现出更微妙的影响。徐金发等（2003）也以交易成本理论为基础，从广义交易治理结构的角度分析了如何在联盟与购并之间作出合理选择，并且从环境特性、企业特性和交易特性等三个维度来构建并购和战略联盟的一个决策分析框架。[61] 尽管这一研究仅仅提出了一个概念性的分析框架，而且也不是专门针对战略联盟治理结构选择，但是其研究的理论视角和研究观点对于联盟治理结构选择同样具有借鉴意义。

三、联盟治理结构研究的新趋势：交易成本理论与其他理论的组合应用

随着联盟治理理论的不断发展和研究的深入，更多的研究者将交易成本理论与资源理论、组织学习和能力理论，甚至是期权理论加以组合，以期建立更为系统的联盟治理结构研究框架。例如，Chen 和 Chen（2003）[2] 以台湾的中国信用信息服务咨询公司的数据库为基础，通过问卷调查方法对台湾地区化工、机械、电子电器、运输设备等行业的 159 个企业战略联盟进行了实证研究。他们首先将战略联盟区分为股权合资型和契约型联盟，并且得出了与交易成本理论预期相一致的结论，即更高的资产专用性水平、更大的不确定性将导致企业选择更为层级化的股权型联盟治理结构。然后他们进一步

将契约型联盟区分为交易型联盟和组合型联盟，并运用资源理论分析契约型联盟治理结构的不同形式。结果表明，那些提供互补资源的企业通常选择交易型契约联盟；相反，提供相同资源、追求协同目标的企业则通常选择组合型联盟。需要指出的是，Chen 和 Chen 这一研究主要基于台湾地区中小企业战略联盟调查，其样本的代表性和结论的一般性值得质疑，而且对联盟中不确定性的测度是基于检验信度较低的、项目不够成熟的应答者态度量表，因此研究的外部效度和内部信度都存在问题。

Leiblein 和 Miller（2003）组合运用交易成本理论、资源观、期权理论对 117 个半导体企业的 469 个跨行业的垂直一体化决策样本进行实证研究。实证结果表明，企业能力和企业战略分别显著地影响企业垂直边界的选择，对某一特定流程技术具有更多经历的企业更可能选择内部化生产活动，而有更多外包经历的企业则更可能选择外包生产活动。实证研究还发现，联盟活动的治理不仅受到交易特征的影响，而且还受到企业层面效应的强烈影响，最优的联盟治理结构是交易属性和企业特征（即企业现有的优势和劣势）的函数。[62] 然而更加有趣的是，Sampson（2004）基于学习能力理论和交易成本理论研究了电信设备行业 232 个研发联盟治理结构选择，并且得出了与其他研究者不同的结果：当存在技术成分的联盟时，采用双边契约联盟的可能性将会增加，而股权联盟或单边契约并不适合技术联盟。[63]

上述实证结果表明：资源理论和学习能力理论是对交易成本理论的补充，但是这些理论仍然存在重要缺陷。资源理论仅仅关注企业内部的资源因素而忽视了联盟的交易特性、关系特性以及更广泛的联盟环境，而现实中的企业加入战略联盟的目的可能不仅在于获取稀缺资源，还可能包括进入全新市场、实现规模经济、分担研发成本与风险、获取知识等其他目标，所以仅仅从资源角度研究联盟治理结构显然是不全面的。另外，组织学习与能力理论虽然很适合于解释那些伙伴间需要相互学习彼此知识和技能的联盟，然而知识和技能的学习毕竟只是联盟的可能动机之一，除此之外，可能还有其他的战略联盟目标，所以学习与能力理论对于不涉及技术成分的生产、供应、营销联盟等一般意义上的战略联盟缺乏很好的解释力。

四、对交易成本理论的简要评论

交易成本理论从契约的不完全性视角出发，主张建立具有卓越适应属性的联盟治理结构来降低联盟中的机会主义风险。交易成本理论基于联盟交易的资产专用性、不确定性等关键交易特征构建了科学的研究框架，因此奠定了联盟治理结构选择的理论基础。但是交易成本理论仍存在某些局限性：首先，交易成本理论仅仅把联盟治理结构看成是联盟交易特征的函数，特别是强调资产专用性和不确定性对联盟治理结构的影响，而忽视了企业属性、社会关系和环境差异等其他因素的决定作用。其次，交易成本理论基于离散的静态分析，隐含地将每个交易作为不连续的独立事件来处理，[64] 忽视了重复联盟的可能性以及源于前期相互作用等历史发展因素，[65-67] 难以揭示复杂的动态环境下联盟治理机制。再次，虽然交易成本理论对缔约过程中的不完全性给予了相当重视，但是它忽视了交易主体间的权力配置，而现实联盟治理中所有权分配恰恰是非常重要的。最后，更为关键的是交易成本理论大多基于描述性和经验性研究，由于缺乏正式化的数学机理分析，使得我们对现有联盟治理是否系统和科学仍然知之甚少。而产权和不完全契约理论的发展使得对交易成本理论的严格检验成为可能。

第二节　基于产权理论的交易治理结构研究

一、产权理论视角下的交易治理结构研究

与交易成本理论一样，产权理论也假定契约是不完全的，因此机会主义和敲竹杠行为在所难免，但是产权理论主张通过资产所有权的最佳分配来避免因契约不完全而引发的敲竹杠问题。产权理论对交易治理结构的早期研究

可以追溯到 Grossman 和 Hart（1986）的市场和一体化分析模型，该模型从资产专用性和生产决策的事前不可缔约性出发，通过一个与财产权配置有关的剩余控制权概念将敲竹杠问题加以正式化，其核心是选择某种使得事前投资非效率最小化的财产或契约结构。[68] Grossman 和 Hart 模型显示，控制权在契约伙伴之间的分配是由每个伙伴的相对边际贡献（即参与方对投资的重要程度）来决定的，并且在非一体化情况下，双方仅仅是中等程度的投资或者投资不足，而在垂直一体化情况下，所有者企业将取得较大份额的事后剩余，这将导致所有者企业过度投资而下属企业投资不足，因此最优的所有权结构是那种使得因投资扭曲而引发的全部剩余损失最小化的情况。

Grossman 和 Hart（1986）的研究以极为生动的方式为不完全缔约过程建立了模型，随后引出了一系列关于不完全缔约的丰富而深入的研究。例如，Hart 和 Moore（1990）[69] 以及 Hart（1995）[70] 关于产权与企业性质的研究以 Grossman 和 Hart（1986）的经典之作和交易成本理论为基础，探究了在给定契约不完备情况下的最优所有权配置问题。Hart 明确指出，所有复杂合约都是不完整的，这意味着需要正视不完全缔约问题，既然在不完全契约的情况下契约不可能对每一种可能情况下资产使用的所有方面都做出规定，那么实物的或者非人力资产的产权十分重要。而且 Hart 给出了产权最优配置准则：如果一方当事人的行动对他能否获得资产很敏感以及他的行动对于盈余的产生非常重要，或者他既对获得资产敏感又对盈余的产生非常重要，那么这一当事人可能拥有资产。而且对于甲乙双方交易而言，在下面四种情况下：当双方资产属性互补的、甲方是乙方的重要贸易伙伴、甲方有重要投资、乙方是可有可无的或者其投资不是特别重要时，那么甲方拥有资产将会提高总体效率，此时企业倾向于一体化的公司战略选择。相反，当双方资产是经济上独立的、乙是重要的交易伙伴、甲的投资不是特别重要、乙有重要投资时，那么企业倾向于联合行动（包括分享的联合研发以及部分产权交易的相互持股）。

Maskin 和 Tirole（1999）[71] 以 Hart 和 Moore（1999）[72] 的不完全契约理论框架为基础，专门研究了有条件的产权和不完全契约理论并且对已有理论加以评论。首先，他们给出现有产权理论的三个基本假设：契约服从再谈判；产权的实施传递了私人利益；参与方为风险中性的。其次，他们研究了

Hart 和 Moore（1990）产权理论中的标准命题（即联合所有权是次优的）的稳健性。通过比较联合所有权和单一所有权下的净效用发现：单一所有权下拥有所有权的一方具有完全的投资激励，而没有所有权的一方仅仅做出与联合所有权下相同的投资水平；而联合所有权排除了外部选择机会，并且没有因此给任何一方提供进一步的保护，所以单一所有权优于有外部选择的联合所有权。

Aghion 和 Tirole（1994）[73] 以 Grossman 和 Hart（1986）、Hart 和 Moore（1990）（以下简称 GHM 理论）的理论框架为基础，提出了一个研发活动的组织模型（以下简称 AT 模型），在该模型中讨论的一个关键的问题是创新的产权应该如何在研发与融资企业之间分配。AT 模型的一个预言是，如果研究单位的努力足够重要（其努力的边际效率相对比融资公司的投资更大），那么产权分配给研发公司；如果研究单位努力增加所获得的利益不是充分重要时，产权配置取决于双方的事前讨价还价能力。AT 模型的另一个预言是，当研发公司具有事前讨价还价能力时产权配置一直是有效的，但是当融资企业具有事前讨价还价能力并且研发公司是现金短缺约束的时候，产权配置可能是无效的。因此，AT 模型的最终结论是：决定研发联盟控制权分配的因素包括一方或双方投资不足对联盟成功的影响程度以及双方的讨价还价能力。

Whinston（2001）[74] 通过一个简单的二次线性产权模型来分析资产的垂直一体化决策，模型假定事前签订治理未来交易的契约是不可能的，因此所有的交易都涉及事后讨价还价，并且假设再谈判盈余按照 50：50 的份额进行分割。Whinston（2001）首先通过对产权理论和交易成本理论进行对比发现，尽管两种企业范围的理论具有相同的前提假设（契约不完全和机会主义），但是产权理论比交易成本理论更为正式化，而且产权理论更加关注事前投资的扭曲而不是事后的讨价还价。模型分析结果显示，只有投资的边际回报影响一体化决策，这表明产权理论中边际回报变化对一体化可能性的影响取决于投资的性质以及在哪种所有权结构下发生边际回报的变化。在给定所有权结构下，非一致性收益边际投资回报的增长增加了自利投资回报所有权结构的可能性，但是降低了合作性投资回报所有权结构的可能性。

Filson 和 Morales（2006）[75] 基于 Aghion 和 Tirole（1994）模型构建了一个简单的合作创新模型，并且分析了生物技术合作中客户企业购买其研发伙伴一定数量的股权的原因。但是与 AT 模型不同的是，Filson 和 Morales 关注研发的不确定性而不是道德风险，他们指出，由于契约的不完全性常常导致监督的困难和机会主义的产生，而股权联系可以产生密切的联系并且促进信息的流动，因此基于股权的部分所有权有利于监督。而且他们对模型进行实证检验的结果也支持了模型假设：由于股权联系便于监督并且减少了研发企业在做出资源投入前的不确定性，所以股权联系方式更能增进客户企业对研发企业的能力以及联盟项目质量的了解；当研发项目的产出更加难以预期，客户企业的努力更加重要以及研发企业的价值很低时，更可能选择股权联系方式。

二、产权理论下交易治理结构的实证研究

随着产权和不完全契约理论的研究进展，一些研究者开始依据这一理论对交易的治理结构进行实证性的研究，并且证实了有关理论预期。例如，Dasgupta 和 Tao（1998）[76] 专门研究了股权分享与利润分享协议之间的差异，并且指出，在契约不完全性的情况下所有权至关重要，可市场化的股权合资比不可转让的利润分享契约为参与方提供了更好的事前投资激励，因为股权分享与可让渡的产权有关并且将减少因事后讨价还价而产生的“敲竹杠”问题。他们进一步的实证检验结果表明，股权合资作为合作研发活动的组织形式非常重要，特别是 50：50 或者 51：49 合资协议在研发合资当中是最为常见的形式。另外，Bizan（2000）[77] 使用一种转换回归技术来分析美国—以色列研发联盟中的研发契约，从而对 Aghion 和 Tirole（1994）模型进行实证检验。回归模型预测结果表明，只有当融资公司具有事前的讨价还价能力且研发企业是资金短缺的时候，伙伴的相对边际贡献才重要。Bizan（2000）的检验结果支持了 Aghion 和 Tirole（1994）的理论预期。

但是，另外一些实证检验结果未能支持产权理论的预期。例如，Dutta 和 Weiss（1997）[78] 研究了电子和电动仪器行业中合作的模式，使用了多元的

logit 分析来研究技术创新与合作模式之间的关系，结果表明，更具有创新性的公司更可能从事营销和许可协议而不是合资或者研发合作。而 Lerner 和 Merges（1998）[79] 通过三个案例分析和 200 家生物技术研发公司与融资公司（一般是制药公司）之间战略联盟的定量研究来验证 GHM 和 AT 理论。他们根据 AT 理论预期，在研发的早期阶段比晚期阶段研发企业贡献的重要性和不可缔约性更大，因此这些早期联盟应该分配更多的事后控制权给生物技术公司，以增强生物技术公司研发努力的激励。但是他们的实证研究结果表明，对研发公司（生物技术企业）的控制权配置随着其财物资源的增加而增加，那些财务实力更强的研发企业拥有更多的联盟控制权；而对项目成熟度的检验结果表明，当联盟项目处于产品早期研发阶段时，趋向于将更多的控制权分配给融资企业，这一结论与产权理论的联合价值最大化理论预期相反，因此，GHM 框架中所谓投资不足引发控制权分配的观点没有得到支持。Lerner 和 Merges（1998）的实证研究说明，至少在生物技术产业战略联盟中，对控制权配置具有深远影响的是研发企业的财务状况而不是联合价值的最大化。此外，Elfenbein 和 Lerner（2003）[80] 以及 Arrunada、Garicano 和Vazquez（2001）[81] 分别对 Internet 网络接口与内容提供商之间的契约、西班牙汽车分销与制造商之间的控制权关系进行了实证研究，并且得到了与 Lerner 和 Merges（1998）类似的研究结果，他们发现影响合作关系价值的行动是不可缔约的，因此产权理论的前提假设未能得到实证支持。

产权理论的正式化模型精妙地论证了决策控制权分配，因此对于解释控制权配置具有独特优势。但是这些实证研究成果仅仅局限于以技术研发为核心的合作参与方控制权配置，忽视了现实中更为广泛的战略联盟形态以及长期联盟合作对所有权动态配置的要求，因此常常得出与现实不符的研究结论。

三、对产权理论的简要评述

相对于交易成本理论而言，基于产权的不完全契约理论关注于传递剩余控制权的资产所有权来改变交易关系的效率，该理论不仅对交易成本理论提供支持，而且给出了更为正式化的分析方法，所以产权在某种程度上是对交易成本理论的进一步发展。但是值得注意的是，尽管产权理论研究者给出了对交易治理结构的正式建模分析，并且强调通过治理结构或资产所有权等正式的契约工具去消除参与方的敲竹杠问题，但是资产所有权结构在消除了一种敲竹杠的同时还可能引发一个逆向的敲竹杠问题，所以一体化往往并不是应对机会主义的最好选择。而且，传统的产权理论认为联合所有权是次优选择，因此不可能是最优的，然而在现实当中，以股权和契约合作形式存在的战略联盟均非常普遍，遗憾的是传统的产权和不完全契约理论无法揭示现实中将近 70%的非股权联盟（即契约型协议）。导致上述联盟治理结构理论研究与实证研究矛盾的关键原因在于，传统的产权和不完全契约理论仅仅是一种静态分析，而忽视了战略联盟的关系契约本质，未能考虑基于长期合作而建立的伙伴关系对于联盟治理结构的影响。因此还要在传统产权和不完全契约理论之外继续寻求其他理论支持和补充。

第三节 基于社会关系理论的联盟治理结构研究

尽管交易成本理论和产权理论关注参与方的机会主义和敲竹杠行为，并且将正式契约机制和所有权结构看成是组织结构的正式方面。然而具有社会学背景的组织理论研究者却发现正式的契约设计和治理结构常常是不完善的，所以不能作为解决联盟中固有协调困难的唯一方式，而正式治理机制之外的隐性机制、重复的交互行为同样可以减轻机会主义和道德风险。[82-85] 研究者们指出，现实当中并非所有人都采取机会主义的行为，相反，他们将选择合作和信任他人，因此从长远来看具有合作声誉的公司能够获得更大的利益。[86-89] 而 Parkhe（1998）、[90] Yoshino 和 Rangan（1995）[91] 以及 Kelly、Schaan 和 Joncas（2002）[92] 研究发现联盟治理的真正挑战在于将合作协议转化为有效的社会关系，Wildeman（1996）[93] 指出 70%的联盟过早终结是因为软问题或者说关系问题。鉴于上述研究观点，具有社会学背景的研究者对交易成本理论和产权理论中的行为假设提出质疑，并且将联盟治理研究的视角逐渐转向社会关系理论,① 该理论关于联盟治理结构的主要研究观点可以概括如下。

一、伙伴关系质量与联盟绩效之间的相互关系研究

20 世纪 90 年代以来，相当多的研究者关注组织间的信任关系对联盟成功的决定作用。Glaister 和 Buckley（1999）的研究指出，联盟的成功是伙伴关系质量的函数：一方面，公司之间长期交互行为产生的相互信任使得任何伙伴都没有机会利用其他方的弱点，因而减少了机会主义行为；另一方面，伙伴之间的信任也降低了协调成本并且促进了冲突的解决，因此更加有助于联盟适应变化的环境。[94] Powell（1996）实证性地研究了生物技术行业中的研发关系网络，研究结果表明，企业研发联盟的数量越多、联系越是多样性、联盟管理经验越丰富，那么公司就会在以后的社会关系网络中占据更核心的地位，而公司越是在社会关系网络中占据核心地位以及管理各种联盟的经验越丰富，就会加入更多的研发战略联盟，因此成长和创新的速度就越快。[95]

Samposon（2005）运用电信设备行业的 464 个研发联盟样本分析了伙伴关系和联盟经历对联盟绩效的影响，研究发现前期联盟经历可以增加当前以及未来联盟合作的利益。一方面，由于学习曲线效应的存在，更多的合作经历使得企业学会了如何更好地管理联盟，特别是学会了管理复杂的或者具有高度不确定性产出的联盟的技能，因此企业可以与伙伴更有效地协调并最终改进合作利益。另一方面，有前期联盟经历的企业可以为其合作活动选择更恰当的契约结构，而恰当的契约结构选择与联盟绩效密切相关。[96] 而 Reuer 和 Zollo（2000）[97] 以及 Reuer、Zollo 和 Singh（2002）[98] 通过分析前期关系与联盟治理的适应性以及后期治理变革之间的关系，也得出了与 Samposon 相似的研究结果。

① 由于这些研究者广泛应用“社会资本”、“关系资本”、“结构洞”、“声誉”等社会关系概念来解释商业中的战略联盟，强调长期关系在确保合作关系的维持、伙伴之间信息交流、对环境的变化作出灵活适应方面的作用，因此，他们的研究理论基础被称为社会关系理论（或社会交易理论）。

二、正式契约与非正式契约的交互作用研究

目前，关于非正式契约与正式契约之间相互关系的研究包括两种截然相反的观点。

第一种观点强调伙伴关系和信任对正式治理机制的替代效果。例如，Ebers（2003）[37]指出信任关系的存在使得预期的机会主义行为减少，从而放松了对保护性治理机制的需求，因此非正式的前期关系可以替代昂贵而详尽的正式契约。Uzzi（1997）[35]则强调互惠行为对减少机会主义和降低交易成本的作用，他指出由于有限理性和伙伴的机会主义的存在，使得公司之间的正式契约代价高昂而且不能解决联盟治理的全部问题；相反，公司从与之伙伴联盟的经历中了解伙伴，不仅可以较为廉价地制定详细的契约，而且在与某个特定伙伴的前期联盟中由于相互抵押而产生潜在的互惠。这种互惠可以减少非合作行为的威胁，进而减少了正式治理的需求。Reuer 和 Arino（2002）研究发现，伙伴之间成功的合作关系导致了信任产生，从而企业在未来的联盟中建立不太严密的联盟治理机制；而不存在前期合作关系的企业需要谈判更为复杂的联盟契约协议，因为伙伴愿意承担契约成本以提高其对联盟的监督和控制。[99]

第二种观点强调前期关系是对正式契约的补充效果。例如，Poppo 和 Zenger（2002）[36]在外包关系的实证研究中得出的结论是，交易关系实际上是对正式契约的补充。一方面，随着企业之间关系的加深，使得各方更多地了解彼此的信息，从而契约将变得日益个性化；另一方面，正式契约条款的签订意味着对伙伴的控制，它缩小了伙伴关系中的风险范围和严重程度。Ryall 和 Sampson（2003）[100]使用电信设备行业和电子行业中的 42 个研发联盟契约作为初始分析样本，分析契约结构与前期联盟关系之间的交互作用机制，结果发现，当企业有前期联盟合作经历时，企业学会了订立更加详细的契约，因此所签订的契约往往更加详尽和完全；相反，当企业与同一个伙伴有并发联盟时，由于这种联盟表达了信任的产生或互换抵押，从而阻止了伙伴的不合作行为并因此取代了更加正式的契约，所以往往签订不太完备的契

约。Kale、Singh 和 Perlmutter（2000）[101] 运用制药、化工、计算机、电子、电信、服务等六个行业的 212 个战略联盟样本数据，实证性地研究了联盟中基于信任和尊重的社会资本对于伙伴学习与知识产权保护的促进作用。结果发现，更高水平的关系资本既可以促进伙伴之间相互学习又可以增加对产权资产的保护，因此，联盟伙伴之间的关系资本可以作为非正式的自动履行治理机制，对于减缓伙伴机会主义行为起着至关重要的作用。

需要指出的是，尽管许多研究者对于正式契约与非正式契约的相互关系进行了有益探讨，但是目前这一问题还在讨论之中，持不同观点的研究者分别给出了支持性的研究证据。

三、伙伴关系与联盟治理结构选择之间的关系研究

为了揭示伙伴关系与联盟治理结构之间的相互作用，Gulati(1995，1998)、Robinson 和 Stuart（2002a）、Oxley（1997）、Oxley 和 Sampson（2004）等研究者对此进行了一系列的实证性研究工作。其中，Gulati（1995）通过 166 家来自美国、日本和欧洲的新材料、工业自动化和汽车生产行业的企业数据，对从许可协议到紧密股权合资等一系列双方联盟进行了事件史分析，从而揭示联盟经历对联盟治理结构的决定作用。研究结果表明，伙伴之间基于重复联盟关系而产生的信任可以作为应对伙伴机会主义风险的有效机制，并且在某种程度上是对更为层级化的正式治理结构的替代。[82] Gulati（1998）[102] 又进一步分析了社会关系网络的存在对联盟治理结构的影响，指出企业的战略行为受到它所嵌入的社会关系网络的影响，而且该网络可以从两个方面影响信任的产生：一方面，社会网络可以作为一种推荐机制，使得公司之间通过相互了解和熟悉产生“基于知识的信任”；另一方面，社会网络还可以作为一种威慑机制，即伙伴因担心失去声誉和未来的业务而产生“基于威慑的信任”。上述两种信任产生机制不仅保证了联盟交易关系得以自我强化，而且逐步减少了对层级治理结构的依赖。Gulati 的系列研究表明，有前期联系和更多伙伴关系的企业很少为联盟活动选择更加层级化的股权型联盟治理结构，相反会更多地选择契约型联盟治理结构。类似地，Robinson 和 Stuart

(2002a) 分析了可信性因素对联盟治理结构的影响，[57] 并且取得了与 Gulati 相似的研究结论。然而，Oxley (1997) 的研究结果并没有发现前期联盟或者联盟经历对股权型联盟治理结构的影响结果。[53] 更为奇特的是，Oxley 和 Sampson (2004) 发现了前期联盟与股权型联盟治理结构之间具有在统计上不显著的正向关系。[103]

虽然上述研究者探讨了前期联盟关系（及其网络）与联盟治理结构之间的相关关系，并探讨了伙伴关系和信任对正式契约机制的替代和补充效应，遗憾的是这些研究结论并没有被其他研究者广泛证实。联盟关系（前期联盟以及联盟经历）究竟如何影响联盟治理结构选择仍然十分模糊，因此，至今还不能断言前期关系究竟如何影响正式的联盟治理机制选择。而我国少数研究者也对联盟中的关系和信任进行了初步探讨，陈菲琼（2003）专门研究了关系资本在企业知识联盟治理结构选择中的作用，并指出企业所感觉的风险分布情况会直接影响知识联盟治理结构的选择。[104] 而王昌林和蒲勇健（2005）研究了技术联盟的治理机制，指出技术联盟中可以通过联盟成员之间的协商机制、声誉机制和信任机制有机组合，最终形成技术联盟的治理机制，从而达到联盟治理目标。[105] 然而，国内学者的研究仅仅局限于概念性分析，未能深入揭示伙伴关系与联盟治理结构之间的作用机理和实证证据。

四、对于社会关系理论研究的简短评论

社会关系理论为战略联盟治理提供了一种新的研究视角并受到越来越多的关注。然而，由于研究者缺乏详细的契约资料和联盟治理结构以及伙伴关系的数据信息，所以迄今为止还没有多少社会学者能清晰地说明伙伴关系究竟如何影响联盟治理结构的选择，因此无法断言基于关系和信任的联盟究竟应该处在治理选择频谱中的什么位置。另外，现有研究多是基于解释性和经验性研究，而缺乏对伙伴关系对联盟治理结构决定作用的正式化机理探究，因此所得到的研究结论仅仅说明伙伴关系能够影响联盟治理结构并且提高联盟绩效，而未能揭示伙伴关系究竟为什么以及如何影响联盟治理结构和绩效，从而难以保证研究结论的稳健性和一般性。而关系契约理论的发展为社

会关系理论提供了正式化的建模分析工具，使得深入分析社会关系与治理结构相互影响作用的机理成为可能。

第四节 社会关系理论的正式化：关系契约理论的发展

组织中关系契约概念由来已久，法学、社会学和组织领域的研究者基于不同视角对组织中的关系契约进行了阐述和研究。该理论吸收了法学、社会学和经济学的最新研究成果，并且将现代契约理论引入组织交易关系的分析中，因此关系契约理论近年来发展成为现代企业理论的核心议题。

一、交易中关系契约的早期研究

在社会学领域，社会学家 Macaulay（1963）在《商业中非契约性关系的初步研究》一文中首次提出了契约治理的正式和非正式机制。[83] Macaulay 从 43 家企业和 6 家法律公司的 68 个商人和律师的经验素材调查中发现，在 20 世纪 50 年代，美国商业活动的 60%~75%是基于非契约性关系的，而正式的法律制度在保证契约执行中仅仅发挥很小一部分作用，契约条款的详细规定对于市场经济秩序并没有实质性的影响。Macaulay 的研究成果表明在商业关系中，相对非正式的、不涉及法律的关系契约形式居于支配地位，而真正依靠法律来明确制裁极为罕见。Macaulay 不仅揭示了企业之间“非契约关系”的重要性，而且进一步指出现实中大量存在的关系和信任是合作的社会基础，而详尽的正式契约则播下了怀疑的种子，甚至会导致相互关系中信任水平的下降。尽管 Macaulay 对关系契约进行了早期开创性的研究，但是他的研究结果很少得到其他研究者的回应，其中一个重要的原因在于其研究样本规模小使得结论在统计上不够显著。

在法学领域，社会学家麦克内尔（Macneil）（1978）在《新社会契约论》

一书中将契约现象分成“个别性契约”和“关系性契约”两种理想形态，并且给出了法学意义上的关系契约定义：“所谓契约，不过是有关规划未来交换过程的当事人之间的各种关系”，进而他强调关系契约是伙伴之间相互利益交织在一起形成的“环环相扣的关系连锁”，契约的履行和纠纷的处理都以保护这种长期性关系为原则，即使是个别性契约的内容和履行过程也要受到外在社会关系的制约。[106] 因此，麦克内尔强调需要从社会学的角度来认识和解决法律问题，一切契约都必须在社会关系中才有实在的意义。

在组织经济学领域，Simon（1951）构建了一个雇用理论模型来讨论劳资双方的决策权分配，该雇用理论模型开创了适应性企业理论正式化分析的先河，并且为关系契约理论的发展奠定了基础。[107] Williamson（2004）指出参与方主观上的有限理性和机会主义倾向以及客观上环境的复杂性和不确定性，这些因素使得几乎所有的契约都不可避免的是不完备的，因此在交易当中难免会发生机会主义风险和敲竹杠行为，因此他强调非正式的关系契约是对正式契约（治理结构）的补充作用并将关系契约（或隐性契约）引入交易的治理当中。[108] Klein 和 Leffler（1981）通过研究交易方使用市场机制（重复购买）来执行契约的条件，[109] 他们通过质量保证价格的模拟分析发现失去声誉的威胁是履行承诺的一种方式，进而 Klein（1996，2000）提出第三方强制执行、一体化和自动履行机制是应对敲竹杠的三种治理机制，并且着重强调在不完全契约情况下企业之间成功的交易通常使用关系契约来达到适应。[31-32] 有趣的是，尽管 Klein 和 Williamson 均强调企业之间契约的不完全性和关系契约的重要性，但是 Klein 提倡企业之间的关系契约而贬低企业内部的关系契约，而 Williamson 提倡企业内部的关系契约而贬低企业之间的关系契约。

需要指出的是，虽然在组织理论发展中有许多研究者倡导关系契约并且进行了早期探索，但是，长期以来关系契约因素未能受到正统经济学的重视，因此关系契约理论发展尚不成熟，现有关于关系契约的研究大多基于社会关系理论，并依赖实证性研究方法来探讨组织中的正式契约与关系契约的相互作用。

二、关系契约的建模分析

1. 关系契约的博弈思想

现代关系契约理论的发展得益于经济博弈理论，特别是以 Telser（1980）、Axelord（1984）、Kreps（1990）为代表的研究者运用重复博弈理论来构建声誉和信任机制，从而为交易中关系契约的正式化建模分析提供了有效的分析工具。

Telser（1980）构建了自动履行协议的理论模型。[33] 该模型表明在长期合作中，每一参与方将其欺骗的当前得益与他们继续诚实合作的期望得益相比较，当且仅当遵守协议的期望未来得益大于对协议背叛的当前得益时，自动履行协议才是可行的。因此，Telser（1980）得出三个主要结论：首先，如果交易序列的持续期已知，那么自动履行协议不可行；其次，对于给定的得益序列，要求预期的时间水平必须足够长，否则自动履行协议也不可行；最后，更高的不确定性条件下自动履行协议也不可行。Axelord 和 Dion（1988）、[110] Axelord（1984）[111] 通过实验模拟证明，在重复博弈下触发策略（Trigger Strategy）和 TFT（Tit-for-tat）策略可以支持长期的合作，并指出在市场当中的重复交互行为可以引发声誉的产生，如果公司相信好的声誉影响未来交易的机会，那么良好的声誉可以防止公司机会主义行为。因此，基于声誉的重复交互可以作为支持合作的一种约束机制，而且这种机制可以借助于不太正式的隐性方式来减少机会主义和道德风险并且支持经济交易。

Kreps（1990）的研究表明，在契约不完全条件下如果交易只进行一次，那么很可能会产生低效率的行为；但是如果交易重复进行的话，那么机会主义行为就会导致声誉损失进而影响此后的交易行为。因此，参与方的声誉可以作为强有力的工具来避免陈述和执行交易条款的交易成本。[112] Kreps 进一步指出，声誉的建立并不需要双方（其实也不可能）保持持久的交易关系，只要一方长期存在而其他人又可以观察到他的商业行为，那么就足以使声誉发挥作用。Kreps 还推断，只有那些对资产有剩余控制权的组织或个人才可能建立起声誉，因为在声誉建立以前其拥有的资产也是一种保证和质押。因此，Kreps（1990）不仅深入研究了基于声誉的不完全契约治理机制，而且是对 GHM 分析框架的进一步拓展。

Levin（2003）专门运用博弈理论对交易中的关系激励契约进行建模分析。[113] Levin 比较了标准激励理论模型与关系契约理论模型的差异，并且指出标准的激励理论模型假定契约是可以完美地执行的，而现实当中缔结有效的完全契约通常是不可能的。因此，Levin 针对契约的不完全性设计了一个自动履行的关系契约模型，该模型显示最优契约常常可以采取静态的形式，但是关系契约存在一个执行约束来限制随机支付的范围，而且自动履行限制了承诺的补偿并且影响激励的条款。Levin（2003）的这一博弈模型不仅揭示出关系契约与标准最优激励契约之间的差异，而且对于关系契约的正式化分析奠定了博弈理论基础。

Itoh 和 Morita（2004）研究了买卖双方之间重复交易中的敲竹杠问题，[114] 他们指出，如果贴现因子足够高，那么敲竹杠问题可以在无限次重复交互中解决；但是当贴现因子不够高的情况下，重复交互本身不能解决敲竹杠问题。Itoh 和 Morita 的研究发现，在贴现因子不够高因而无法解决重复博弈中的敲竹杠问题时，签订正式的固定价格契约对于减少敲竹杠问题具有重要作用。而且 Itoh 和 Morita 的研究还发现，只有在签订一个正式价格契约并且与关系契约组合在一起的时候，才存在一个可以实施更高投资的参数值范围。

2. 关系契约的适应性研究

为了理解和深入研究关系契约，Baker、Gibbons 和 Murphy 基于关系适应性理论就关系契约进行了一系列开拓性研究（以下简化为 BGM 模型）。Gibbons（2005）分析了交易治理中关系契约的重要性，他指出，现代企业理论强调契约的不完全性及其对一体化决策的作用，然而在正式的契约（或治理结构）之外还存在应对契约不完全的另一种交易治理方式，即不考虑改变治理结构而转向关系型缔约，因为关系契约是由未来契约关系的价值所维持的非正式安排，这种非正式的关系性契约不仅有助于避免正式契约安排中昂贵的事前陈述，而且使得缔约方充分利用其对特定环境的详细知识对可能的变化作出适应性的调整。[115] Gibbons（2000）运用典型案例研究了长期供应交易中的关系契约。[116] Gibbons 指出，在一次性交易中，如果上游方拥有资产，那么极易引发经典的敲竹杠问题，此时下游方对敲竹杠问题的本能反应可能是一体化；然而在多次重复进行的长期供应关系中，上下游双方可以不通过一体化整合而是通过建立重要的关系契约来减少敲竹杠和逆向敲竹杠问题。进而 Gibbons 构建了基于触发策略博弈的关系契约概念模型（见图 2-1），该模型表明联盟中的参与方需要在短期诱惑和长期损失之间进行权衡，如果参与方有足够的耐心，那么参与方宁愿忍受短期诱惑来换取长期收益。因此，关系契约可以克服正式契约的某些困难并因此成为对正式契约的重要补充，即便是一体化决策也应该以关系作保证。

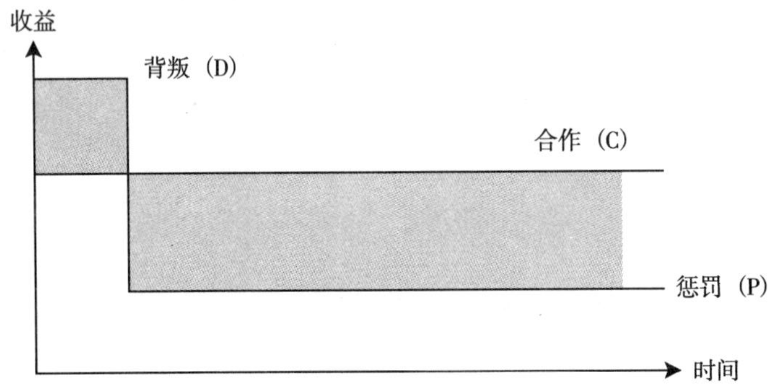

图 2-1 触发策略下可能收益的时间路径

Baker、Gibbons 和 Murphy（2002）（以下简化为 BGM）构建了一个关系契约模型来说明企业内部与企业之间的关系契约为什么以及如何不同。[40] BGM（2002）首先根据治理环境和所有权环境的组合将 Williamson 的治理结构三分法（市场、一体化和双边规制）扩展到四种类型（见表 2-1），然后对这四种类型交易治理结构下的关系契约构建了正式化的分析模型。BGM（2002）的重复博弈分析模型证明，一体化决策影响参与方对给定关系契约

表 2-1 交易的治理结构

治理环境	所有权环境	
	非一体化	一体化
市场型	市场型外包	市场型雇用
关系型	关系型外包	关系型雇用

的食言诱惑，进而影响参与方所能维持的最优关系契约，因此在交易治理当中的正式契约与关系契约交互作用、相互补充。

BGM（2004）专门研究了生物—制药企业战略联盟中的关系契约以及战略联盟中不同联盟治理结构的选择。[41] BGM（2004）首先对联盟中常见的联盟治理结构形式进行了详细讨论，并且比较了一次性适应和关系适应环境下各种治理结构的相对效率。在一次性交互中，任何一种联盟治理结构都可能达到次优，但是没有一种治理结构在一次性博弈中是最优的；而在关系契约环境下，参与方之间未来交互的可能性将以不同方式改变这些联盟的特性，而有效的治理结构是指那种可以以最高的可能贴现率来执行关系契约决策规则 $d^{RC}(s)$ 的治理结构。

尽管上述 BGM 模型深入分析了联盟交易中的关系契约特征，并且直接给出关系契约下的联盟治理结构选择模型，但是他们更多关注于没有股权参与的契约型联盟治理结构，而忽视了对诸如合资、少量持股以及单边持股等股权型联盟治理结构的分析，因此其研究结论具有一定的局限性。

三、关系契约中的声誉效应

Hart（1995）基于产权配置的不完全契约模型表明联合所有权是次优的，然而我们观察到企业联盟实践中联合所有权以及利润分享的契约型协议都非常普遍。为了进一步理解联合所有权的贡献，Halonen（2002）[39] 专门研究了声誉与所有权配置之间的关系。Halonen 指出，在重复博弈中可以通过选择所有权结构来鼓励合作，而且在所有权结构选择中需要重点考虑贴现因子。对于高的贴现率值而言，有许多所有权结构都可以鼓励合作，然而在不同的所有权结构下贴现因子的下限可能很不相同，重复博弈中的最佳所有权结构是那种以最低的贴现率来执行合作的结构。进一步分析表明，存在于重复博弈中的所有权结构权衡是：联合所有权的优势在于它提供了最高的惩罚，但是联合所有权劣势在于它源于欺骗的得益也是最高的；而单一所有权将背叛得益限制在最低，但是也使得惩罚最小。因此，单一所有权与联合所有权两者中总有一种治理结构是最佳的，而且单一所有权在重复关系中要比在静态关系中成为最佳的可能性要小。

Garvey（1995）[38] 针对日本汽车行业中广泛存在的分包缔约和合资型协议进行了理论探讨，他以产权和不完全契约理论为基础研究两个参与方对经济贡献不可缔约情况下的声誉效应模型。结果表明，统一所有权和声誉之间可以相互替代，因为长期联盟合作中参与方的最优所有权配置类似于重复博弈而非一次性博弈。进而 Garvey 得出结论：在低贴现率和重复性投资决策中，分包缔约和合资型协议更加有利，而在声誉的力量很弱的情况下，完全一体化可能是最优的选择。这表明在一次性博弈中统一所有权最优，而在重复博弈中中间协议（双方分享盈余）是最优的。Garvey 研究的不足在于：把分享比例等同于所有权结构，未能区分单一所有权和联合所有权两种联盟治理结构的不同，而且未能考虑交易中资产专用性程度对所有权结构的影响。

Rosenkranz 和 Schmitz（2004）[117] 针对“所有的所有权结构都将导致投资不足，并且联合所有权不可能最优”这一不完全契约观点进行研究。他们利用有限次重复博弈扩展了一次性交易下的标准控制权模型，并且发现了十分微妙的结果：在第一个时期做出投资决策时，参与方不仅考虑其收益而且考虑下一时期的投资均衡，即决策者考虑今天的投资行为如何影响明天的合作关系。因此，他们对决策控制权进行动态分析结果表明：当只有投资总量至关重要时，即便这些投资是实物资本形态，“联合所有权不可能最优”这一结论仍会在静态下成立，但是如果参与方可以投资两次而不是一次，那么联合所有权可能是最优所有权结构而且在第一阶段可以实现最佳投资。

Halonen（2002）、Garvey（1995）以及 Rosenkranz 和 Schmitz（2004）的研究表明，伙伴对其声誉的关注可以充当抑制机会主义行为的有效治理机制，如果在产权理论模型中引入声誉效应分析将会产生不同的讨价还价解，那么联合所有权可能是最优的，因此，他们的研究是对传统的产权和不完全契约理论进一步的拓展研究。

四、对关系契约理论的简短评论

关系契约理论不仅给出了社会关系理论的正式化模型表述，同时也是对传统的不完全契约理论（特别是交易成本理论和产权理论）的重要补充。BGM 模型将关系适应性理论融入到关系契约分析当中并对关系契约进行正式化模型表述，这对于联盟治理结构中关系因素的研究具有很高的借鉴价值。遗憾的是，该模型仅仅分析了单一控制下的战略联盟治理结构且假设资产专用性不起作用，忽视了少量股权参与、双边持股以及股权合资等更为层级化的联盟治理结构，所以这一理论的解释能力和应用范围受到限制。而 Halonen（2002）、Garvey（1995）以及 Rosenkranz 和 Schmitz（2004）在传统产权和不完全契约理论中引入动态分析，但是这些模型均假定参与方对讨价还价盈余进行对等分割而未能考虑一般情况下的盈余分享规则；而且他们仅仅关注于联合所有权结构存在的可能性，而未能分析单一所有权与联合所有权结构的深刻内涵差异，特别是未能揭示正式契约机制与关系契约的交互作用对联盟治理结构选择的影响。因此，未来的研究还要借鉴产权理论和关系契约理论的最新成果，并对传统的产权不完全契约理论加以进一步拓展研究，从而构建能够综合不完全契约理论和关系契约理论的更为一般化的联盟治理结构选择模型。

第五节　对国内外战略联盟治理结构研究的综合评价

一、对已有研究的评价

战略联盟的迅速发展引发了经济学界以及管理学界对联盟治理的高度重视，现有的联盟治理结构研究可以从总体上归结为传统的不完全契约理论（包括交易成本理论、产权以及静态不完全契约理论）和社会关系理论两个主要流派，无论是基于不完全契约理论，还是社会关系理论的联盟治理结构研究均取得了许多有价值的研究成果，且对于指导企业的战略联盟实践具有重要的借鉴和参考价值。纵观国内外现有研究成果可以看出，虽然关于联盟治理的研究成果很多，但是还存在以下不足。

第一，现有研究未能形成系统性的理论分析框架。一方面，基于传统产权和交易成本理论的不完全契约理论过于强调伙伴机会主义，并且主张建立正式的联盟治理结构（所有权结构）来抑制伙伴机会主义行为，而忽视了联盟中伙伴关系及其演进对联盟治理结构的影响，因此仍然停留在静态分析层次；另一方面，基于社会关系的非正式机制则关注重复交互关系中的声誉和信任对机会主义行为的抑制作用，而忽视了基于最优所有权配置的治理结构对于联盟成功的保证作用。由于研究者们基于不同理论视角来描述和解释联盟治理结构，且对变量的定义和测度缺乏一致性，所以往往得出含糊的、难以互相比较的甚至是截然相反的研究结论。因此，迫切需要构建能够综合不完全契约理论和关系契约理论的联盟治理结构理论体系。

第二，现有研究多为质性研究和经验研究，而正式化的数学建模研究尚显不足。国外现有联盟治理结构研究大多建立在事实描述、案例分析和经验研究基础上，而国内研究多为引介性和描述性研究，仅有少数研究者选择围绕某一个或几个典型企业战略联盟治理的案例进行剖析，尽管这种案例研究方法极为有趣和有洞察力（甚至是有说服力的），但是它不能满足战略联盟治理结构研究中严谨的理论分析和大样本实证检验的需要。而正式化的数学建模不仅有助于描述和解释实证模型，而且还可以检验非正式化观点的内在一致性，特别是当非正式化的描述性分析和经验研究在某个领域模棱两可时，数学建模方法可以给出更加深刻的结论。因此，联盟治理结构分析的思路应该从尽可能的简单转为必要的复杂，特别是在向核心观点增加假设之前必须有前期的数学建模基础。[118] 本研究通过向传统静态分析中引入不完全契约理论和关系契约理论的最新研究成果，并且将正式建模分析与非正式的描述性和经验研究结合起来，以便取得更为一致的研究结论。

第三，现有研究仅局限于联盟治理结构而忽视对联盟绩效的考察。受到传统公司治理理论的影响，现有联盟治理研究多停留于治理结构（治理模式）选择并且强调为什么选择特定的治理结构而不是其他形式，但是联盟治理不仅要解决联盟治理结构的选择问题，而且其最终目的在于改善联盟绩效。由于现实中不存在普遍适用的理想联盟治理结构，每一种治理结构都适用于不同的联盟情景，所以取得卓越联盟绩效的关键是通过联盟属性与联盟治理结构之间的战略匹配，而不是通过联盟属性本身或者特定联盟结构本身。[119] 这说明只有同时聚焦于企业联盟治理结构和联盟绩效，通过研究联盟治理结构与特定联盟情景之间的匹配程度对联盟绩效的影响，才能深刻揭示联盟治理结构研究的价值和获得正确的研究结论。遗憾的是，目前的研究中关于联盟治理结构与联盟绩效之间关系的理论和实证研究极其匮乏，人们对于联盟治理结构的选择是否系统与科学仍然知之甚少，因此也就难以评价和指导企业联盟治理决策。

第四，现有实证研究大多针对特定行业背景而缺乏跨行业的比较研究。目前国际上流行的联盟治理结构实证研究多是针对特定的行业背景，尤其是针对高技术、高成长性行业（如半导体行业、生物制药行业或者 IT 行业）。尽管这种对单一行业的关注可以取得针对性很强的研究结论，但是由于缺少跨行业比较分析，使得研究结论难以概化和推广到更加广泛的行业背景。而笔者通过企业调查表明，不同行业中企业联盟治理的特征及其驱动因素各异，例如，高技术行业尤为关注不确定性因素的影响，而传统行业更加关注交易的特征，基础行业则在很大程度上受到关系、资源以及政策环境影响。因此，为了增加研究的外部效度进而得出具有一般性特征的研究结论，还应该在研究样本中涵盖更加广泛的行业范围，通过对不同产业的联盟治理结构特征进行比较研究，取得既具有普遍性又反映各个行业特色的研究结论。

第五，缺少针对中国经济和制度背景的战略联盟治理结构研究。虽然国外研究者利用样本选择和获取资料的便利性开展统计分析，或者直接从工商管理实践中的经验对联盟治理结构进行深入探索。但是这些研究的概念构想、理论假设、研究框架通常是基于欧美等国家特定的制度和文化背景而建立的，其研究结论在中国经济、文化背景的适应程度如何仍不得而知，因此不能简单地将国外理论移植到中国并且指导中国企业的联盟治理实践。而从国内现有研究成果来看，目前国内理论界的联盟治理结构的研究基本上处于对国外理论的引入阶段且多为引介性和描述性研究（包括联盟中机会主义风险的成因、联盟治理结构类型、联盟治理理论基础的研究综述），少数研究者选择围绕某一个或几个典型企业战略联盟治理的案例进行剖析，但是缺乏能够结合中国经济转轨这一特定制度文化背景的联盟治理理论和实证研究。而且目前国内仅有的相关成果往往散见于期刊文献中，缺乏对战略联盟治理结构的系统性和连续性的系列研究。因此，虽然国内讨论战略联盟的文献不少，但是能够针对我国企业联盟治理实际的有价值的成果严重缺乏。

Hamilton 和 Bigaart（1988）指出，要想把工具性研究应用于分析经济改革，还需要考虑各种可供替代的资本主义形式之间的背景差异。[120] 因此，中国战略联盟治理结构研究也要结合中国国情和经济体制变革的实际，选择具有代表性的行业战略联盟样本进行比较研究，探究不同行业背景下的联盟治理机制，得出既具有针对性又具有普遍指导意义的研究结论。

二、尚待研究的主要问题

本书在借鉴已有研究成果的基础上，紧密结合中国企业战略联盟的实际，争取在联盟治理的理论研究和实证研究两个领域均取得突破性进展。

1. 不完全契约理论和社会关系理论的完善和发展

从 20 世纪 80 年代开始，战略联盟的治理问题就得到了广泛关注，研究者们基于不同的理论视角提出了相应的联盟治理结构理论模型。其中，由 Williamson 和 Klein 等学者完善和发展的交易成本理论抓住了联盟的交易特征并且得到许多实证支持，因此为联盟治理结构选择奠定了坚实的理论基础。但是，交易成本理论的重要缺陷在于该理论依赖于比较静态分析和机会主义行为假设，忽视了联盟关系特征及其演进历史对联盟治理结构的影响，因此无法解释现实中大量存在的契约联盟治理结构。

而近年来组织社会学家关注的社会关系理论不仅使得联盟治理理论研究更加贴近现实，而且是对交易成本理论的重要补充，使得联盟治理结构分析焦点从交易特征转向关系特征。遗憾的是，这些研究成果大多基于质性研究和经验研究，未能将现代契约经济学中不完全契约理论和关系契约理论的正式化数学建模方法引入联盟治理结构选择当中，其主要原因可能在于：一方面，不完全契约理论和关系契约理论还处于发展和完善之中，相关的研究成果还没有得到推广和应用，或者将其理论应用于联盟治理结构的研究存在一定困难；另一方面，组织理论研究者和战略管理领域的研究者对于不完全契约理论和关系契约理论的建模思想尚不熟悉，特别是对于习惯于非形式化研究以及实证研究的管理研究者而言数学建模分析仍然令人望而却步，从而影响了关系契约理论的应用和发展。

然而，不完全契约理论和关系契约理论是现代契约经济学的最新研究领域，它们分别从产权配置和关系演进的角度来对联盟治理结构进行建模分析，因此是对传统交易成本理论和社会关系理论的丰富和发展。关系契约理论强调契约的不完全性，并且认为基于不完全契约的治理结构并不是应对机会主义风险的唯一治理机制，除此之外，还存在以关系契约为纽带的自动履行机制。而且关系契约理论将战略联盟看成是以声誉和信任为基础的关系契约，并且运用重复博弈的思想很好地揭示了战略联盟的关系契约属性以及伙伴关系的演进对联盟治理结构的影响。由于关系契约理论融合了社会学、法学和组织理论的基本思想，并且运用重复博弈的基本理论来分析联盟中关系的演进及其对合作的作用，因此为联盟治理结构研究提供了一个新的理论视角。本研究将关系契约理论引入治理结构选择当中，并且将不完全契约和关系契约有机结合来构建基于双边动态契约的联盟治理结构模型，这不仅有助于克服传统不完全契约理论的不足，而且将会使得研究结论更加贴近现实并提高联盟治理决策的科学性和系统性。

2. 本研究拟解决的关键问题

针对现有研究的不足并且借鉴现代契约理论的最新研究成果，本研究预计在以下方面取得突破性进展。

第一，构建联盟治理结构选择的多维度研究框架。由于战略联盟本质上具有交易属性和关系契约属性的双重特征，而且这些特征是建立在企业特定的资源与能力基础之上的，所以本研究从企业属性、交易属性和关系属性三个维度来构建联盟治理结构分析体系，并且将企业属性（企业自身的资源与能力因素）作为控制变量，把联盟中的交易特征和关系特征因素作为自变量，进而分析交易和关系因素对联盟治理结构的影响作用。

第二，构建基于不完全契约和关系契约的联盟治理结构数理分析模型。针对当前战略联盟治理研究中正式化分析不足，本研究首先以产权和不完全契约理论为基础构建联盟治理结构选择的数理分析模型，设计能够有效抑制伙伴机会主义的正式治理结构。其次，引入关系契约理论（特别是重复博弈）来分析非正式治理机制对联盟治理结构的作用机理，在此基础上将正式治理结构和非正式关系治理有机结合，构建综合不完全契约和关系契约理论的联盟治理结构选择模型。

第三，运用大样本实证研究方法来揭示我国企业联盟治理结构特征。针对目前国内学者过多依赖质性研究而缺少实证研究的不足，本研究运用大样本的问卷调查和统计分析方法对联盟治理结构选择的相关理论假设进行实证检验，并且通过选择具有代表性的传统行业、高技术行业以及具有某种程度垄断性的能源行业的企业战略联盟样本进行比较研究，探究不同行业背景下的联盟治理机制，得出既具有行业针对性又具有普遍指导意义的研究结论。

第四，研究联盟治理匹配与联盟绩效的相关关系。由于每一种治理结构适用于不同的联盟情景（影响因素），而联盟绩效高低取决于联盟属性与联盟治理结构之间的匹配程度。因此，本研究不仅研究联盟治理结构选择，而且更加关注联盟治理结构与其影响因素之间的匹配程度，以便分析不同联盟治理匹配水平下的联盟绩效结果，从而检验联盟治理结构选择模型的预测准确性。

总之，有效地管理战略联盟以取得或者保持企业的竞争优势，并提高企业的绩效是未来研究的一个重要问题。由于源于机会主义行为的关系风险对于联盟合作构成严重威胁，它导致社会困境和次优结果，所以如何实现对战略联盟的有效治理已经成为当前研究者们共同关注的热点问题。战略联盟治理研究的核心在于如何有效地控制战略联盟中的关系风险以确保战略联盟的成功，所以研究联盟治理结构及其关键影响因素并分析治理结构与各个影响因素之间的匹配关系，对于指导企业战略联盟治理决策和确保联盟合作的成功具有现实意义。尽管战略联盟治理机制和治理结构的研究已经备受关注，但是这一问题远未得到解决，现有研究由于缺乏系统性的理论框架和形式化的逻辑表述而限制了联盟治理理论的实际应用。因此，本研究分析联盟治理结构选择及其与联盟绩效之间的相互关系，并且根据我国企业战略联盟实际对所构建的理论进行实证检验，在此基础上提出适用于中国特定产业背景的战略联盟治理对策和建议。

第三章　联盟治理的理论基础

联盟合作的复杂性以及参与方的有限理性导致几乎所有复杂的联盟契约都不可避免地是不完全的，因此联盟中的伙伴机会主义行为在所难免，这使得长期性的联盟活动面临随时终止的可能。降低联盟风险的一个重要途径是设计有效的联盟治理协调机制，而当前的联盟治理理论基础主要包括两个方面：一是以交易成本理论以及产权理论为基础的正式联盟治理机制设计，强调通过建立有效的联盟治理结构来约束交易中的机会主义行为；二是以关系型契约为基础的非正式契约治理方式，主张通过参与方的声誉和信任来促进联盟合作。

第一节　基本概念的界定

一、战略联盟

随着战略联盟的迅速发展，学术性或商业性的出版物也开始关注这一组织现象，并且频繁地使用"战略联盟"、"伙伴关系"、"增值伙伴关系"、"网络组织"、"动态联盟"等多种不同的术语来描述这一相似的概念和过程。为了避免术语上的歧义，有必要对本研究涉及的战略联盟加以明确的界定。由于本研究是基于不完全契约理论和关系契约理论探讨联盟治理结构选择及其联盟绩效，因此对战略联盟界定如下：所谓战略联盟（Strategic Alliances）

是两个或两个以上在法律上独立的企业之间为了实现各自的战略目标，通过股权或非股权参与等形式而建立的长期契约安排，它涵盖了市场和一体化之间的一系列中间组织形式。

上述战略联盟定义不仅体现出战略联盟的战略性、长期性和契约属性，而且还反映了联盟治理结构形式的多样性，它包括从简单的技术许可、研发协议、制造合同、联合营销或分销协议、采购—供应合同，到较为复杂的直接股权投资和股权合资等形式。

二、联盟治理

联盟治理是通过法律和社会控制机制的组合来协调和保护联盟伙伴所贡献的资源，管理伙伴的责任，对联盟合作活动的报酬进行分割，[121] 其核心是保证联盟各方的利益从而确保联盟合作的稳定。联盟治理的目标是通过组合应用一系列激励、约束与控制机制来解决联盟中因不完全契约而引发的伙伴机会主义行为和敲竹杠风险。

联盟治理与公司治理具有不同的含义和目标。公司治理适用于对企业中利益相关者（包括股东、债权人、经营者、雇员、供应商、政府和社区等）权责关系的相互制衡的制度安排，其核心目标是保护股东以及其他相关者的利益。公司治理目标的实现主要依赖于一系列公司治理机制，包括以治理结构为基础的内部治理机制和以控制权为核心的外部治理机制，以及介于内部治理和外部治理之间的审计、披露和中介机构等治理机制。而联盟治理则关注成员之间的机会主义行为并将其作为建立治理机制的主要依据。相对于公司治理而言，联盟治理无论从治理目标、权责制衡关系的安排以及激励与约束机制的形成方面都比公司治理更为复杂，所包含的范围也远比公司治理更加宽泛。联盟治理机制既包含各种明示的治理机制，也包含一系列隐含的自动履约机制；既包含法律控制机制，也包含社会控制机制。因此，垂直一体化、正式的法律契约、恰当的治理结构、第三方制裁和建立伙伴之间的关系契约以及非正式的社会关系规范都可以看成是联盟治理机制。[122]

三、联盟治理结构

1. 联盟治理结构的定义

广义的联盟治理结构是指有关联盟决策控制权和收益权配置的一整套制度安排，这些制度安排主要涉及联盟目标的确立、剩余控制权的分配、控制方式选择以及联盟成员之间在风险和收益上的分配等，通过这种制度安排可以有效地协调联盟参与方的责任、权力和利益，减少伙伴之间的矛盾和冲突，从而降低伙伴机会主义行为和道德风险。由于联盟治理结构关注“剩余控制权”的配置，① 所以联盟治理结构实际上是联盟参与方之间的所有权安排。而狭义的联盟治理结构则是指介于市场和一体化之间所表现出的长期合同、单边或双边持股以及合资等一系列中间组织形式，它是对广义联盟治理结构的具体化描述，因为一旦联盟组织结构被确定，其决策权也将随之确定。

2. 联盟治理结构的分类

本研究的目标在于揭示如何在各种可能的联盟治理结构之间作出选择，而为了回答这一问题，首先需要对可供选择的联盟治理结构类型加以界定。关于联盟治理结构的分类一直受到大量组织学者关注，已有研究中较有代表性的分类包括表 3-1 所示的二分法、三分法、四分法。[50-51][54][82][123-130]

表 3-1 联盟治理结构分类

分类方法	治理结构类型	分类依据	主要研究者
二分法	股权型联盟 契约型联盟	联盟中包含的层级化要素的程度	Pisano（1989，1990，1991） Hennart （1998，1997）、Gulati（1995）、 Tallman & Shenkar（1990） Osborn & Baughn（1990）
三分法	契约型联盟 少数股权联盟 股权合资	参与方之间的股权参与程度	Killing （1988） Yoshino & Rangan （1995）
四分法	股权合资 少数参股联盟 单边契约联盟 双边契约	参与方之间的资源组合结构	Das & Teng （2000） Colombo（2003）

① 剩余控制权是指对那些契约中没有事前明确规定的行为进行控制的权力，这些决策权一般分配给耐久资产的所有者。

虽然联盟治理结构的分类方法很多，但是每一种分类方法都反映了联盟中的层级化程度，而且最终都可以归结为股权型联盟治理结构与契约型联盟治理结构两种类型。因此，本书采用二分法将联盟治理结构区分为契约型联盟治理结构和股权型联盟治理结构。其中，契约型联盟治理结构是指两个或者两个以上的企业通过协议而非筹措股本的方式建立的合作关系，联盟参与方之间没有股权交换和共享，而仅仅借助于契约来维系关系，因此没有形成独立的法律实体。而股权型联盟治理结构是指伙伴以产权共享方式将各自的能力结合起来，并组建了由合作企业共同所有和经营的新经济实体，因此是涉及股权参与的紧密合作形式。另外，契约型联盟治理结构和股权型联盟治理结构还可以进一步细分为不同形式。图 3–1 概括了对于两种联盟治理结构详细分类情况。

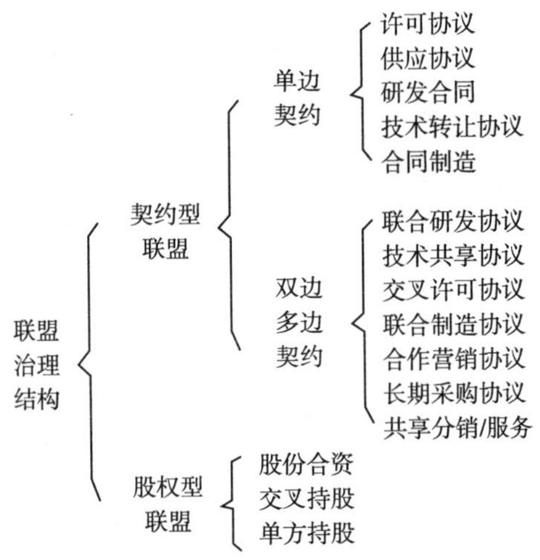

图 3–1　股权型联盟治理结构和契约型联盟治理结构的表现形式

3. 股权型和契约型联盟治理结构特征的比较

为了进一步揭示股权型和契约型联盟治理结构的特征，还需要比较两种联盟治理结构之间在成本和效益上的差别。表 3–2 显示了股权型和契约型联盟治理结构的主要差异。

第一，在管理和决策方面：股权型联盟治理结构通常面临着更高的成本（包括组建联盟需要对特定的设备、技术、流程进行的专门投资成本，为管理控制建立相应的运行规则所带来的管理和协调成本，以及由于层级化水平的提高而引发的官僚成本）。[131] 而且股权联盟的经营决策更加集权，对各方的资源配置、出资比例、经营责任和利益分配都有严格的界定。相反，契约型联盟中各参与方相对独立、地位平等，所以联盟集权程度较低，各参与方在经营决策以及利益分配等方面具有很大的自主权。

第二，在监督和风险控制能力方面：股权联盟比契约型联盟具有更大的风险控制能力。一方面，股权投资被看成是伙伴之间的相互抵押并且在某种程度上充当了对联盟合作的承诺，股权联系不仅增强了企业之间相互依赖性和相互协调的意愿，而且更高水平的协调和控制有利于监督伙伴机会主义行为，从而缓解了与不确定性有关的许多缔约问题。另一方面，股权联盟建立的相对稳固、持久的合作关系为监督与控制伙伴行为提供基础，未来影响（shadow of the future）效果降低了股权联盟中任何一方机会主义的可能性，[132] 进而各方也有更强的动机来诚实地行动并自觉限制机会主义行为。

第三，在协调适应性方面：由于股权联盟的所有权共享合作特征使各方形成利益共同体并且以目标一致性的方式行事，所以股权联盟能更好地实现联盟活动的协调一致，而且股权联盟共同的决策平台和一致性的联盟活动控制使得伙伴更多的信息沟通成为可能，从而减少伙伴之间的冲突，并且增加了伙伴达成战略决策一致性的机会。[50]

第四，在自发适应性方面：股权联盟的市场适应性较低，因为股权联盟通常因涉及大量专用性资产而缺乏柔性，所以难以对外部环境的变化迅速作出反应，而契约型联盟通过协调与默契而建立的伙伴联系使得组织间的相互依赖性降低，因此契约型联盟治理结构能够使参与方迅速地适应外部环境的变化并且灵活地进入和退出联盟。

表 3-2　股权型联盟与契约型联盟治理结构的比较

项目	联盟治理结构	
	股权型联盟	契约型联盟
一体化程度	准层级	准市场
资产所有权	股权分享	独立所有
组建和治理成本	高	低

续表

项目	联盟治理结构	
	股权型联盟	契约型联盟
退出难度	难以退出	灵活进退
决策集中度	集权化决策	半独立决策
管理控制	广泛	狭窄
监督协调	容易	困难
协调适应性	高	低
自发适应性	低	高

第二节　交易成本理论

当前关于联盟治理的研究大多是以交易成本理论为基础，本研究继承以往研究传统运用交易成本理论研究联盟治理结构，同时将关系契约理论纳入联盟治理研究之中，以便构建系统性的理论分析框架。

一、交易成本理论的基本内涵

交易成本的概念由 Coase（1937）首次提出并将其开创性地用于分析“企业边界”问题，[42] 他认为企业与市场这两种制度是可以相互替代的资源配置和协调手段，交易最终采用企业还是市场形式取决于二者的交易成本的大小。当内部化协调能降低治理成本时，企业的内部化交易更加有利；而在其他情况下则市场扮演着重要的角色。

而交易成本理论的集大成者 Williamson（1985）综合了法学、社会学、经济学和组织理论领域的研究成果，对交易成本理论进一步加以完善和发展。[133] Williamson 提供了可供实证检验的决定交易成本大小的三个关键维度——资产专用性、不确定性和交易频率。其中，①资产专用性是指在不牺牲其生产能力的前提下，该资产能够被重新配置于其他替代用途或是被替代使用者重新调配使用的程度，它包括场地专用性、物质资产专用性、人力资产专用性、专项资产专用性、品牌资本专用性、临时专用性六种独特的类型。②不确定性是由于环境因素中充满不可预期性和各种变化导致的交易不稳定性，不确定性源于交易中的各种干扰：一方面是由于市场环境的变化和消费者偏好的改变导致交易的不确定性；另一方面是由于交易双方的信息不对称和相互依赖程度的不对称而导致交易的不确定性。交易的不确定性势必引发后期持续不断的监督、谈判、协商，从而导致监督成本、谈判成本、议价成本等交易成本上升。③交易频率体现了交易在时间序列里的状况。当交易发生次数较为频繁时，因成本在多次交易中的分摊而使得交易费用降低；而当交易只发生一次或有限的几次时，因投资成本较大可能面临着无法收回的风险。

Williamson 还指出了交易成本理论的两个重要认知假设——有限理性和机会主义。有限理性是指各参与方试图实现其效用的最大化，但是由于其获取和处理信息的能力有限，结果他们“在主观上追求理性，但是只能在有限程度上做到这一点”；[134] 而机会主义是指不完全的或者歪曲的信息揭示，尤其是以欺诈手段寻求自利的行为（包括精心算计的误导、欺骗、混淆或者制造其他混乱的努力），它反映了人性中损人利己的一面，表现的是人们以不诚实或者欺骗的方式追求自身利益的行为倾向。一般认为，交易中的机会主义行为通常在下面四种情况下产生：一是信息不对称引发的道德风险问题，即伙伴利用参与方无法确切观察和监督其对合作的贡献和努力程度而减少其投入和努力；二是专用性投资带来的敲竹杠问题，即在涉及专用性资产投资的情况下，一方将另一方专用性资产所产生的准租据为己有；三是集体行动中的搭便车行为，即伙伴利用团队协作中难以精确地区分和测定每个成员的个人贡献而采取偷懒的行为；四是伙伴追求短期利益最大化的行为。

机会主义假设反映了人们为实现目标而寻求自我利益的深层次动机，由于伙伴机会主义的存在，特别是当机会主义风险与有限理性缠绕在一起的时候，将产生法庭无法证实的策略理性决策并引发敲竹杠风险。Williamson 认为有限理性是机会主义行为产生的根源，如果没有有限理性，则当事人就可以通过事前制定详细而完整的合约对交易中各个方面做出明确规定，然而有限理性的存在使得交易参与方无法确定在未来发生的交易的确切条件，所以契约中无法详述未来可能发生的所有意外情况。契约的不完全性使得交易各方监督和控制其他方履行契约的能力受到限制，此时通过纵向一体化建立的层级化交易治理结构不仅可以降低交易成本，而且对伙伴机会主义行为具有很好的抑制作用。

二、交易成本理论框架下的联盟治理结构选择

交易成本理论从有限理性和机会主义两个重要行为假设出发来研究不完全契约下的交易治理机制，并且指出在战略联盟中参与方的有限理性是契约不完全性产生的根源。联盟治理的目标在于通过恰当的治理结构来有效地控制联盟风险和管理不确定性，从而提高联盟组织的适应性。由于联盟治理结构通常涵盖了介于市场交易和一体化组织之间的整个组织频谱（见图 3–2），[135] 随着交易治理结构频谱从左向右移动，交易在逐渐趋于内部化的同时，其复杂性渐增，因而其治理结构也更加复杂。那么，参与方究竟是应该选择更接近于市场还是更接近于层级的联盟治理结构？交易成本理论对这一问题给出了明确的回答：联盟治理结构选择，一方面取决于不同治理结构的效率和成本，另一方面取决于交易特征，因此最终的联盟治理结构选择需要在联盟交易特征和各种联盟治理结构效能之间进行综合权衡。

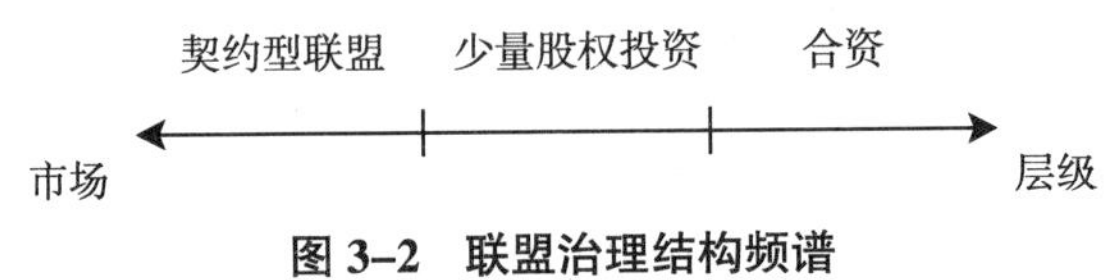

图 3–2 联盟治理结构频谱

联盟交易的特征包括资产专用性、不确定性和交易频率。其中，资产专用性和不确定性是决定联盟治理结构的关键变量。资产专用性不仅引起事前的激励反应（如投资不足），更重要的是它还引起复杂的事后治理问题（包括机会主义行为和敲竹杠问题、关系破裂等），而且当资产专用性与不确定性和有限理性缠绕在一起时，战略联盟尤为脆弱。一方面，有限理性的存在导致难以写下完整的契约，常常需要通过事后谈判来适应不可预见的事宜；

另一方面，关系专用性资产投资极易引发根本性的转换进而导致市场失灵，①因此联盟各方无法通过市场机制来约束机会主义行为。[136] 而且联盟中的资产专用性程度越高，双边依赖程度也越高，进而为联盟提供专用资产的一方被伙伴敲竹杠或机会主义侵占的风险越大。

联盟治理中的不确定性是指联盟中因无法预期的环境变革而改变交易条件的程度。根据交易当中不确定性的根源，可以把不确定性进一步区分为行为的不确定性和技术的不确定性。其中，技术的不确定性是指技术中未曾预期变化的可能性，而行为的不确定性是指难以观察和度量伙伴对契约性协议的忠诚度，并且难以度量这些伙伴的绩效。不确定性的存在使得契约描述、执行和监督困难并导致交易成本增加：首先，不确定性会产生签订和执行契约的成本，因为联盟交易中的不确定性越大，在合同中完整地描述交易越困难，从而越需要再谈判以适应不可预见的环境；其次，不确定性将引发无法察觉的逃避责任的成本，由于行为的不确定性导致对单个企业活动及其贡献测度的难度增加，这又进一步增加了伙伴逃避的可能性，所以对联盟伙伴的监督成本上升；[62] 再次，不确定性还可能引发协调的成本，因为不确定性的存在常常导致伙伴之间激励相容水平下降和冲突增加，为了减少因利益冲突导致的事后不适应以及敲竹杠问题，常常需要更多的协调与控制，这势必引起联盟交易成本的增加。

交易成本理论表明，联盟中的伙伴机会主义风险随着资产专用性和不确定性水平的提高而增加，为了有效抑制联盟合作中的机会主义风险，交易各方需要在契约设计和组织设计中加入某些保护措施，而在成本和效能上与交易特征相互匹配的联盟治理结构可以看成是应对伙伴机会主义风险和不确定性的有效治理机制。交易成本理论强调股权型联盟治理结构对机会主义行为的抑制作用，并且指出股权型联盟治理结构作为层级化程度更高的联盟治理结构，通常比契约型联盟治理结构提供了更多的保证措施。一方面，股权联

① 经济学中的根本性转换是指由事前的大量交易商之间的竞价转化为契约执行阶段或者续签阶段的少数交易商之间交换关系的市场局面，经济学家通常把这种由于交易专用性投资引发的交易根本性转换称为双边依赖。由于在双边依赖交易中买方难以转换替代的资源供应，所以卖方必须以牺牲产品价值为代价才能将专用资产用于下一个用户。

盟实际上是将专用资产内部化，通过股权分享和互换抵押可以将伙伴的利益联系起来并且使联盟成员达到激励相容，从而削弱伙伴的机会主义动机；另一方面，股权型联盟治理结构具有更高的集中命令、监督、控制的能力，这不仅提高了联盟决策的适应性和一致性，也便于对伙伴行为的观察和伙伴绩效的评估，因此降低了不确定性因素对联盟绩效的影响。

总之，交易成本理论将最优联盟治理结构看成是交易特征的函数，当联盟涉及较多专用资产或者涉及较大的不确定性时，采用具有产权共享特征的股权型联盟治理结构可以抑制机会主义行为的发生；相反，当联盟涉及较少的专用资产投资或者涉及较低的不确定性时，则更可能选择没有股权参与的契约型联盟。图 3–3 显示了联盟治理结构与交易特征之间的依赖关系。

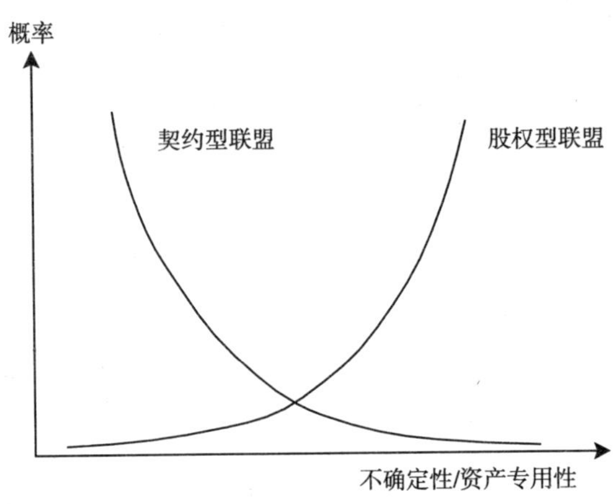

图 3–3 联盟治理结构与交易特征之间的关系

第三节　关系契约理论

一、关系契约的产生和发展

法律层面的契约是两人或多人之间为在相互间设定合法义务而达成的具有法律强制力的协议。交易过程中存在的不完美性促使各方依赖于法律契约来促进交易顺利进行，由于契约详细规定了交易各方的权利、义务和承诺条件，所以为合作的维持提供了稳定环境。然而，法律上的契约倾向于把每一次交易看成是孤立的、个别的交易活动，忽视了契约设计中的社会关系属性。实际上，法律仅仅是全部契约关系的内在组成部分而不是契约的全部，以法律为取向的古典契约定义势必把一些特定的关系排斥在契约之外。

关系契约的概念由社会学家 Macaulay（1963）首次提出；[83] 他指出在现实商业关系中大量存在的关系和信任是合作的社会基础，企业之间非正式的、不涉及法律的非契约关系在交易中居于支配地位。相反，详尽的正式契约埋下了怀疑的种子，甚至会导致相互关系中信任水平的下降，因此真正依靠法律的明确制裁极为罕见。

法社会学家 Macneil（1978）将契约分成古典的、新古典的和关系的契约三类，并且将契约现象分成“个别性契约”和“关系性契约”两种理想形态。[106] 个别契约（Discrete Contract）是古典以及新古典契约法设定的，在完全独立平等而又不相识的个人之间通过交涉缔结的，当事人之间除了单纯的物品交换之外不存在任何关系。但是在现实契约关系中，这种以一次性利益互惠为特征的个别性契约并不普遍，相反，大多数契约行为是连续性的和关系性的协议过程，是从个别性交易到关系型交易的阶段性连锁。Macneil 把关系契约定义为伙伴之间相互利益交织在一起形成的“环环相扣的关系连锁”，契约的履行和纠纷的处理都以保护这种长期性关系为原则，即使是个别性契约，其内容和履行过程也要受到外在社会关系的制约，一切契约都必须在社会关系中才有实际意义。

契约经济学则强调由于信息不完全性和交易方有限理性导致契约不可避免地存在某些方面不完全，因此需要通过理性尝试来诱发有效的事前投资或者减少事后讨价还价以及敲竹杠危险。契约经济学的核心是通过选择恰当的治理结构来建立有效的治理机制，但是该理论未能抓住联盟合作重要的关系因素，也未能考虑交易的社会基础、交易的中间形式或者契约的关系特征。

关系契约理论则指出在不完全契约情况下，企业之间成功的交易通常借助于关系契约的自动履约机制来实现环境适应，并且把自动履约机制看成是同第三方强制执行和纵向一体化并列的风险治理机制。[31-32] 关系契约理论认为在契约不完全条件下，市场当中的重复交互行为可以引发声誉的产生：一方面，交易方的机会主义行为会导致声誉损失，进而影响此后的交易行为；另一方面，交易方良好的声誉则可以带来进一步交易的机会，因而有效地防止机会主义行为的发生。关系契约理论不仅是对社会关系理论的正式化模型表述，同时也是对不完全契约理论（特别是交易成本理论和产权理论）的重要补充。

二、关系契约的界定

关系契约是在第三方无法监督执行的特定环境中，交易参与方依赖于未来关系价值而达成的自动履行协议。这种由未来契约关系价值所维持的非正式协议不仅有助于避免正式契约中昂贵的事前陈述，而且使得缔约方充分利用其对特定环境的详细了解来适应各种可能的变化。然而关系契约是不能由第三方强制执行而必须是自动履行的，只有未来契约关系的价值大到足以使得任何一方都不愿意食言时，缔约方才不会违约。正是在这个意义上，关系契约有时也被称为“自动履行”契约、“暗示性”契约或者兼而有之。[110][137-138]

正式契约（或显性契约）通常必须被描述成明示的、可由第三方事后证实的事前条款，而且其执行常常依赖于法律或第三方仲裁，所以正式的契约机制往往代价高昂且不能解决全部契约治理问题。关系契约的执行机制与正式契约机制具有显著的不同，虽然正式契约的不完全性导致其约束能力受到限制，但是当交易参与方掌握了可以被双方观察到但不能由第三方（诸如法庭）所证实的共同知识时，作为非正式治理机制的关系契约就可以依赖自动履约机制来实现长久合作。这表明关系契约通过一种隐性契约执行机制（也称为自动履行的契约）来防止机会主义，它是对正式治理机制的有效补充。

三、关系契约的自动履行机制

关系契约的自动履行机制通过两种方式来实现对违约者施加惩罚：一种方式是终止交易关系。因为许多关系会长期延续而且各方都拥有双向和自动控制的能力，所以一旦一方出现违约行为（机会主义），其他方将会通过针锋相对策略或者触发策略来终止与对方的交易关系，从而给对方造成经济损失。另一种方式是通过声誉损失，即联盟合作双方可以通过建立声誉使得契约伙伴做出可信的承诺，一旦交易方采取机会主义行为，其他参与方将会把契约失败公布给市场，从而造成该交易方市场声誉的贬值，进而打算与其交易的未来伙伴了解该交易方违约的前科而不相信其承诺。声誉的建立是一个成本很高的过程，常常需要伙伴投资于产品质量和销售服务，并为其产品和服务做广告以赢得良好的声誉，这种声誉将会变成其无形资本的组成部分，一旦参与方机会主义地行事，那么这种声誉将会丧失殆尽。

以上分析表明，声誉效应在关系契约的自动履行当中扮演着重要角色。基于声誉的重复交互可以作为支持合作的一种约束机制，并且这种机制可以借助于不太正式的隐性方式来减少机会主义和道德风险。声誉效应对联盟机会主义的抑制作用通常表现为伙伴选择效应、威慑效应、信号传递效应、网络举荐效应。

（1）声誉的合作伙伴选择效应。声誉包含了联盟各方交易的历史和社会情景，它可以作为衡量未来行为的一种尺度。一方面，通过提供一个伙伴行为的前期信息，企业可以更好地评价哪个企业可能会合作并遵守协议条款，从而识别那些关注相互利益关系的伙伴；另一方面，企业根据各方过去的业绩来推断他们将如何做出反应，并且避免与那些关注自身短期利益的各方进行代价高昂的交易。在缺乏正式控制机制的情况下，声誉的这种伙伴选择效应是非常重要的。

(2) 声誉对机会主义的威慑效应。在高度不确定性环境下，由于合作与柔性变得日益重要，所以对关系治理的依赖也就更为强烈。在声誉机制下，企业基于伙伴过去行为方式的信息而做出决定，机会主义方将冒着践踏其声誉的风险，并可能失去与外部各方进行交易的机会。面对将会受到的严重制裁，企图回避责任的联盟参与方会自觉抑制机会主义活动。从这个意义上，声誉可以作为对机会主义的防御性信号。

(3) 声誉的合作信号传递效应。声誉不仅具有防御性的功能，而且可以作为传递合作信息的积极信号。为了促进交易的进行，联盟参与方可能希望合作；而为了显示其合作的期望，联盟参与方将会限制自身的机会主义行为。此时声誉资本可以看成是对专用资产投资的替代，这种声誉资本投资常常是理性的并存在着对未来的预期，它意味着牺牲短期利益来获取长期利益。当然如果个体和企业仅仅期望短期利益就不会投资于声誉资本。

(4) 声誉的网络举荐效应。作为一种信息交换的网络，声誉体系发挥作用的前提是企业之间能共享机会主义参与方的相关信息，因为声誉信息共享有助于企业通过威胁玷污机会主义参与方的声誉来阻止其他企业与之进行合作。在这个信息交换的网络中，声誉是一种自发的治理机制，Kreps (1990)[112] 将这个自发的或近乎自发的声誉效应网络进一步描述为：声誉效应成功地从不变的 A 与 B 之间的简单重复博弈而扩展到许多 A 与不变的 B 的博弈、许多 A 与一连串的 B 的博弈、许多 A 与许多 B 在许多时期里的博弈。换言之，当联盟参与方违背交易规则时，企业将终止与其交易并且将其有关行为告知其他企业，由此建立了违规方机会主义行为的声誉，而且这种声誉一旦建立起来就难以恢复有利的声誉。

(5) 声誉的成本节约效应。声誉有助于降低联盟交易的治理成本，因为声誉机制解决了不确定性环境下许多与关系交易有关的问题，企业通过其他方的报告来扫描一个潜在伙伴过去的绩效，并基于潜在伙伴的以往信息做出决定。潜在合作伙伴的声誉可以作为强有力的工具，因为声誉信息不仅有助于减少事前的缔约成本，而且还可以降低事后的风险控制成本。

四、关系契约中声誉机制发挥作用的前提条件

声誉效应的存在使得联盟各方关注于自身声誉资本的投资，这意味着牺牲短期利益来获取长期利益，而且声誉资本投资常常是理性的并且伴随着对未来的预期，如果交易方仅仅关注短期的利益就不会做出声誉资本投资。需要指出的是，尽管以声誉为基础的非正式联盟治理机制其重要性日益增长，但是如果机会主义产生的当期收益超过未来合作的贴现收益值时，或者当交易结果高度不确定时，或者当交易结果模糊难以准确度量时，声誉机制就难以担当联盟治理的重任。为了使得声誉体系有效地发挥作用，还必须满足特定的前提条件。

首先，声誉必须建立在持续较长的时间水平上。如果联盟参与方知道交易将存在于一个有限的时间水平上，那么他就不太可能合作，因为有限的交易时间将会导致很少的信息共享，此时参与方如果破坏协议，其短期得益将超出未来业务的损失。相反，如果交易持续的时间不定，那么人们可能把交易看成是重复博弈。假定行为是一致的，一旦企业了解到该参与方遵守协议的声誉很差，那么他们将限制与之进行交易。特别是如果企业与各方交易时间足够长，且在可以预见的将来并未看到这种关系会改变，那么合作将会一直持续下去。需要指出的是，如果交易情形是动态的或未来是高度不确定性的，那么声誉机制难以发挥作用，此时企业就需要另外的保护来防止机会主义。

其次，声誉机制的效果还取决于机会主义行为带来的短期收益水平。声誉的建立需要消耗时间，声誉资本投资意味着牺牲短期利益来获取长期利益，只有当参与方对未来的折扣充分小时，建立声誉的长期利益才会超过短期利益。相反，在一个给定的时间段内，当参与方机会主义的回报超过未来合作的贴现值时，或者当参与方关注的交易涉及许可方的专门技术诀窍时，参与方承担机会主义行为产生的负面声誉效果可能是值得的。例如，被许可方可能会将这种技术用于未经许可的业务范围，那么机会主义参与方获取的租金远远高于所限定交易的租金，此时被许可方的机会主义行为将导致许可

方失去在技术方面的相对竞争优势。

最后，声誉机制的效果还取决于参与方之间的信息共享和公开信息披露程度。一方面，信息分享对于声誉机制的建立至关重要。通过信息分享，掌握充分信息的企业能识别那些回避责任的机会主义参与方并避免与之交易，从而防止受到声名狼藉企业的欺骗。信息共享的另一个优势是有助于控制联盟交易中的机会主义行为，机会主义行为方因损害其在同行当中的声誉而遭到排斥，最终失去与外部各方以及与它非法侵害的伙伴进行交易的可能。另一方面，有时声誉可能是控制机会主义的一种不充分方式。当交易结果存在显著不确定性时，机会主义行为可能无法察觉，此时参与方如果采用机会主义行为不仅不会遭遇声誉的下降，反而可以在随后的交易中重复这种行为而不受惩罚。公开披露对于声誉机制的建立至关重要，因为声誉信息披露可以作为可信的威胁，它要求某一个特定交易实体要愿意使其他方了解其交易特征，这种情况可以用博弈论的语言描述为：博弈参与方愿意通过一种具有信号传递效应的策略扰动来建立起合作的声誉。

第四节　战略联盟的关系契约属性

一、战略联盟本质上是一种关系契约

企业在战略联盟实践中常常通过以下方式建立密切的伙伴关系。第一，战略联盟是长期的并且涉及双方在较长时间水平上持续交互（有些甚至几十年）。本研究的调查资料表明，联盟平均持续时间为 4.28 年，全部样本中有 14.67%的联盟预期持续 10 年以上，另外有 5.34%的联盟预期持续 20 年以上。第二，企业经常与同一个伙伴从事重复的联盟，因此每一方都会根据对方未来可能的反映来选择其当前的行动。本研究的调查数据显示，约 40%的企业与对方曾经有联盟合作关系，而且 10.27%的伙伴之间前期联盟合作次数在 3

次以上。第三，参与方丰富的联盟经历使之建立了密集的联盟关系网络，特别是居于核心地位的大型企业集团的关系网络更加密集，其合作伙伴数目通常在 10 个以上。

上述调查数据说明，基于长期性关系和重复交互而建立的战略联盟是利益交织的、环环相扣的关系连锁。战略联盟的这种关系契约属性表明，联盟成功在某种程度上是伙伴之间关系质量的函数，因此需要将关系特征纳入联盟治理结构选择的理论框架当中，并且使关系因素处于治理地位。特别是在存在高度不确定性的情况下，参与方希望在出现不确定性之后能够做出迅速反应，因此联盟治理更需要关注伙伴关系以及合作的适应性，并且通过组织间有效的关系治理实现合作的潜在价值。

二、关系契约下的联盟治理机制

企业联盟的实践表明，联盟治理的真正挑战在于将合作协议转化为有效的关系，许多联盟过早终结的原因是关系问题。联盟关系契约通常依赖于诸如声誉、互惠、信任和社会交互行动等多种协调机制，这些关系治理机制同样可以降低联盟中的机会主义风险。因此，关系契约在某种程度上可以看成是对层级化治理结构的有效替代。

（1）声誉效应的存在确保了联盟合作成功。战略联盟伙伴之间基于重复交互行为产生的声誉可以作为一种支持合作的隐性约束机制，如果公司相信好的声誉影响未来交易的机会，那么交易方为了取得合作的长远利益将会愿意抵制欺骗带来的一次性眼前利益的诱惑。因此，具有良好的声誉可以抑制公司采取机会主义行为，那些与有良好声誉的交易方缔结的契约常常得到恰当的履行，一旦发生分歧也会得到迅速解决。由此可见，基于声誉的重复交互不仅可以作为合作的促进机制，而且这种非正式机制可以借助于隐性方式来降低机会主义和道德风险。

（2）信任机制充当对正式联盟契约的有效替代。没有前期合作经历的交易参与方之间开始联盟时常常采用正式的契约关系，这样合作方仅仅暴露于很小的风险中，此时企业会尝试使用某些层级治理形式来保护其交易中的专用资产（即以股权契约作为防止潜在机会主义的法律保证）。常见的层级治理机制包括：授予一方对另一方的决策权、建立对特定问题拥有控制权力的中立实体、在联盟内实施标准运行规程。随着联盟伙伴之间交易的增加，伙伴之间重复的交互行为导致信任的产生并且减少机会主义行为的动机：一方面，持续的联盟使得彼此互相理解，因而减少对详细监督和控制机制的需求；另一方面，彼此信任的企业可能了解或者愿意了解各种应该遵循的规则、流程和常规，而且由于信任源于前期交互行为，所以企业可能更容易从他们前期经历中建立共同的程序。这种信任的产生和发展有助于企业之间减少协调成本和解决冲突，因此促进企业之间不断的学习和适应。

（3）参与方基于前期契约以及多元联系而积累的经验可以作为正式治理机制的有效替代。联盟关系促进了各方在前期缔约中以及多元关系中彼此了解，通过经历、学习和协调而取得关于对方行为、经营组织、争端解决等方面的信息，因此降低了各方签订完全契约的必要性，并增加了从事更大风险交易的可能。

综上所述，联盟本质上是介于市场和企业之间的关系型契约，联盟关系的演变产生于参与方彼此交互的历史和社会关系基础。基于声誉和信任的关系型治理不仅有助于弥补正式联盟契约不完全性的不足，而且会减少混合契约的成本。正式契约之外的关系契约或约束机制不仅可以应对与市场契约有关的不确定性和机会主义行为，而且还可以有效地激励伙伴之间的合作，所以在某种程度上替代正式契约治理机制。

三、关系契约下有效联盟治理结构的定义

虽然本章第一节将联盟治理结构（g）定义为联盟各方的决策权和收益权配置，但是联盟交易的治理不仅可以通过参与方之间的所有权配置来实现，而且还可以通过参与方之间的契约协议来完成。由于本研究从战略联盟的关系契约属性出发探究联盟治理结构特征，所以联盟治理结构还可以进一步定义如下：联盟治理结构是通过契约或者资产所有权来对参与方的决策权和收益权进行分配。给定可行的联盟治理结构集合为 G，那么每种联盟治理结构

$g \in G$ 可以表示为参与方之间关于决策权和收益权的配置。

尽管根据资产的决策权和收益权配置情况可以把联盟治理结构区分为合并、合资、少量持股、双边契约（如联合制造、合作研发）以及单边契约（许可协议、特许、外包）等不同的类型，但是本研究根据联盟双方是否涉及股权参与而将联盟治理结构区分为股权型（Equity Joint Venture，简称 EJV）和契约型治理结构（Non-Equity，简称 NE）两种形式。其中，股权型联盟治理结构（即联合所有权结构）涉及参与方之间通过资产所有权分配实现共同控制，从而双方共同拥有给定的决策权和收益权。而契约型联盟治理结构（单一所有权结构）则主要通过利润分享协议而不是通过所有权分配来实现联盟治理，即完全由一个企业拥有给定的决策权和收益权。为了分析问题的方便，本书将具有共同控制特征的股权型联盟治理结构和具有单一控制特征的契约型联盟治理结构分别表示为 g^{EJV} 和 g^{NE}。

由于有效的联盟治理结构要求将权力（决策权和收益权）分配给能够产生最大总盈余的一方，所以本书将有效的联盟治理结构定义为：在每种环境下使得社会总盈余最大化的决策权和收益权分配。又由于联盟治理结构选择的目标是诱发参与方采取不可证实的、关系专用性的、外部市场中价值为 0 的有效率投资（或者行动），所以本研究关于有效的联盟治理结构选择是在股权型和契约型联盟治理结构之间进行效率的权衡。[①] 为了分析问题的方便，本书将股权型联盟治理结构（g^{EJV}）和契约型联盟治理结构（g^{NE}）的总盈余收益分别表示为 π^{EJV} 和 π^{NE}，因而有效联盟治理结构可以表示为 $\max_{g}(\pi^{EJV}, \pi^{NE})$。

① BGM（2004）将有效的治理结构定义为以最大的贴现因子将最优决策规则支持为关系契约的治理结构形式。而 Halonen（2002）则定义有效的治理结构为源于欺骗的得益相对于惩罚而言是最低的所有权结构。

本章小结

面对参与方的有限理性和机会主义，联盟管理者需要建立有效的治理机制来约束机会主义行为。交易成本经济学把治理结构看成应对与市场缔约有关的不确定性风险、减少机会主义的有效治理机制，然而基于交易成本理论的正式治理结构却忽视了联盟中广泛存在的关系因素，所以往往得出与现实不相符合的研究结果。社会学家虽然提出了经济交易的社会基础，但是仅局限于正式契约与关系契约之间的相互补充与替代关系分析，或者在一系列固定的假设下使用理论模型来预言契约形式，却缺乏将社会基础与交易治理相联系，很少有社会学研究基于交互关系的特征（如多重关系以及重复交互）是否以及如何影响正式的治理机制，所以，迄今为止还没有多少社会学者能清晰地说明基于关系和信任的联盟究竟应该处在治理选择频谱中的什么位置。

战略联盟本质上是一种关系契约，基于声誉和信任而建立的关系契约为长期联盟的成功提供了更加灵活的方式。战略联盟的关系契约属性表明，管理者需要将关系特征也纳入联盟治理结构选择的理论框架当中，并且突出关系因素在联盟中的治理地位。因此，本书第四章将运用关系契约理论研究战略联盟的关系特征及其治理机制，并且运用数学建模方法来刻画关系契约下联盟治理结构选择的机理。

第四章　联盟治理结构选择模型的构建

联盟治理结构选择是应对不完全契约下机会主义风险的正式治理机制，如果围绕某种治理结构的契约不完全时可以考虑转向另外一种治理结构。然而，现实当中还存在应对不完全契约的另外一种治理机制，即借助于非正式的关系契约来克服正式契约机制的局限性。因此，本章组合运用不完全契约和关系契约理论对联盟治理结构进行建模分析和深入的数学机理刻画，构建基于双边动态契约的联盟治理结构选择模型。

第一节　建模的参照点

现有关于交易治理结构的研究大多基于交易成本理论和社会关系理论，且主要采用质性研究和经验研究方法，而关于联盟治理结构的建模分析和深入的数学机理刻画的研究文献并不多见。随着产权和不完全契约理论的完善和发展，少数研究者开始关注跨组织边界的交易治理及其所有权配置问题，笔者通过前期的文献研究检索到与本研究密切相关的研究文献 3 篇，这些文献对本书理论模型的构建奠定了基础。

一、Garvey 的声誉效应模型——合资与一体化之间的选择

Garvey（1995）[38] 以 GHM 理论框架为基础，并且将声誉效应引入资产所有权配置当中，重点揭示如何在合资与垂直一体化之间作出选择。模型假定参与方 A 和 B 联合行动产生收益（a + b），由于个人投资或努力不可证实，但是收益是可以证实的，所以双方可以事前选择收益分配方式。Garvey 用 A 方收益份额 $0 \leqslant \rho \leqslant 1$ 代表剩余控制权的配置，且假设当 $\rho = \frac{1}{2}$ 时为双方合资，而很大的 ρ（即 ρ 远大于 1/2）和很小的 ρ（即 ρ 远小于 1/2）分别对应于由 A 和 B 拥有所有权的一体化。Garvey 模型分别研究了在一次性博弈和重复博弈下的最优剩余控制权安排，结果表明，在一次性博弈中 ρ 的最优值 ρ_1^* 可以通过总盈余函数 $S(\rho) = \rho\alpha - \frac{(\rho\alpha)^2}{2\alpha} + (1-\rho)(1-\alpha) - \frac{(1-\rho)^2(1-\alpha)^2}{2(1-\alpha)}$ 的一阶条件给出，且 $\rho_1^* = \alpha$；而重复性博弈中 ρ 的最优值 ρ_2^* 可以通过参与方取得最小的共同贴现率来求解，且 $\rho_2^* = \alpha^{1/2}/[\alpha^{1/2} + (1-\alpha)^{1/2}]$。Garvey 的声誉模型从合资与一体化选择的层次上揭示出统一资产所有权和声誉之间互相替代效果，并且得出了与 Grossman 和 Hart（1986）相反的结果，即重复博弈比一次性关系中更可能选择合资型协议而不是一体化。

Garvey 模型的主要贡献表现为两个方面：一是构建了从一次性博弈到重复性博弈的分析框架；二是揭示了长期重复交易关系下声誉的重要度，并且给出了关于声誉的简单计算分析方法。该模型的不足之处在于：①模型仅仅关注合资与一体化选择，对于企业之间的联盟与并购决策具有很好的借鉴意义。然而，实践中除了一体化与合资之外，还存在诸如长期契约以及交叉持股和单边持股等其他所有权结构形式，但是该模型未能对长期合作中契约型联盟与股权型联盟治理结构之间的差异及其影响因素加以区分。②未能考虑资产专用性对所有权结构的影响，而经验研究恰恰表明资产专用性是决定合资与垂直一体化选择的关键因素。③模型虽然强调声誉很重要时会导致非层

级化的组织模式选择，但是未能进一步揭示声誉效应赖以发挥的关系契约环境及其约束条件。

二、Halonen的声誉模型——单一所有权与联合所有权之间的选择

为了解决任何所有权结构下的敲竹杠问题，Halonen（2002）[39] 构建了所有权配置中的声誉模型，代理人 i 的投资成本函数抽象为 $c(v_i)$，且假设成本函数满足 $v_i \in [0, V]$。其中 $V>0$，$c(v_i) \geqslant 0$ 且 $c(0)=0$，c 是二阶可微分的。对于 $v_i \in [0, V]$，有 $c'(v_i)>0$，$c''(v_i)>0$，而且 $\lim\limits_{v_i \to 0} c'(v_i)=0$，$\lim\limits_{v_i \to v} c'(v_i)=\infty$。Halonen 首先研究了一次性博弈中的最优投资 v_i^* 和最优联合总盈余 $S^*=2[v_i^*-c(v_i^*)]$，然后分别研究了一次性博弈中和重复博弈中联合所有权和单一所有权下的投资和收益。

在一次性博弈中，联合所有权下的代理人按照 50∶50 分割盈余，并且代理人的收益为 $P_i=\frac{1}{2}(v_1+v_2)-c(v_i)$，而代理人投资 v_1^j 和 v_2^j 由下式给出：$\frac{1}{2}c'(v_i^j)=0$。在只有一个所有者时代理人的收益为 $P_1=\lambda v_1+\frac{1}{2}[(1-\lambda)v_1+v_2]-c(v_1)$ 和 $P_2=\frac{1}{2}[(1-\lambda)v_1+v_2]-c(v_2)$，而投资 v_1^1 和 v_2^1 由一阶条件给出：$\frac{1}{2}(1+\lambda)-c'(v_1^1)=0$ 和 $\frac{1}{2}-c'(v_2^1)=0$。结果表明：在一次性博弈中，联合所有权严格占优。这一结果与 Hart 和 Moore（1990）框架下得出的结论相同。

而在重复博弈中，仅当从有效行为的收益流超过双方来自背叛路径的收益流时，最优才可能在均衡中得以支持，进而给出了代理人的激励相容约束：$\frac{1}{1-\delta}(T-c(v^*)) \geqslant P_1^d+\frac{\delta}{1-\delta}P_1^p$ 和 $\frac{1}{1-\delta}(2v^*-T-c(v^*)) \geqslant P_2^d+\frac{\delta}{1-\delta}P_2^p$。其中，δ 为贴现因子，T 是在合作情况下代理人 1 从代理人 2 获得的转移收益，P_i^d 是参与方 i 的一次性背叛收益，P_i^p 是参与方 i 的惩罚路径上的收益。而

且 Halonen 根据所定义的最佳分享规则给出能够实现社会最优的关系契约下的贴现因子范围：$\delta \geqslant \frac{G}{G+L}$，其中 $G \equiv P_1^d + P_2^d - S^*$，$L \equiv S^* - P_1^p - P_2^p$。结果表明：在重复博弈中，那种以最低贴现因子来执行合作的所有权结构是最佳配置，而且所有权结构取决于参与方投资（v_1^1）相对于盈余分享的弹性高低：对于非弹性投资，需要联合所有权来触发在惩罚路径上的盈余急剧下降；而对于弹性投资，即使是单一所有权就提供了足够大的惩罚。

相比 Garvey 仅仅局限于合资与一体化选择的研究而言，Halonen 声誉模型范围扩展到更具有一般性的单一所有权和所有权结构分配。但是 Halonen 模型的不足在于：①对最佳的所有权结构的定义较为概括，认为最佳的所有权结构是那种源于欺骗的得益相对于惩罚而言是最低的情况，而未能给出贴现率、背叛收益、合作收益、处罚收益的清晰界定和精确表达；②仅仅给出对于盈余分享规则以及最优产出下的激励相容约束条件的概念描述，而未能揭示出各个参数的确切经济含义；③模型简单地假定参与方按照对等比例进行收益分配，然而这一分配比例在不同的所有权结构下可能存在很大差异，即便是在相同治理结构下也表现出某些差异，因此需要给出一般化的表达。

三、BGM 关于交易治理的适应性模型

与 Garvey 和 Halonen 模型均强调资产所有权配置不同的是，Baker、Gibbons 和 Murphy（2004）[41]（简称 BGM）认为不需要通过资产所有权而通过契约同样可以配置某些决策权和收益权，因此 BGM 将资产 a 和 b 定义为收益权 π_a 和 π_b 以及决策权 D_a 和 D_b 的组合，又将治理结构定义为决策权和收益权从一方向另一方的分配。由于 BGM 的关系适应性理论模型假设不存在事前行为，所以合作关系在丰富分享规则可行集合以及改进事前激励方面不起作用，但是通过自动履行的关系契约可以有效地解决事后讨价还价问题并实现对现实状态的有效适应。

BGM 构建了进行中关系适应性的一般化模型，该模型包括任意数目的参与方(I)、资产(J)、与任何收益权无关的可让渡决策权(K)、与任何决策权无

关的可让渡收益权（M）、不可让渡的私人决策权（D_i）。并且 BGM 模型给出如下基本定义：①将治理结构 $g \in G$ 定义为资产、决策权和收益权在参与方之间的分配；②将参与方 i 在状态 s 和治理结构 g 下的总收益定义为 $\pi_{ig}(\vec{d}, s) \equiv \pi_i(\vec{d}, s) + \sum_{j \in J(i, g)} \pi_j(\vec{d}, s) + \sum_{m \in M(i, g)} \pi_m(\vec{d}, s)$；③将参与方 i 在治理结构 g 下的决策空间定义为 $\vec{D}_{ig} \equiv \vec{D}_i \times \prod_{j \in J(i, g)} \vec{D}_j \times \prod_{k \in K(i, g)} \vec{D}_k$；④定义每种治理结构 g、每种状态 s 下存在的唯一纳什均衡 $\vec{d}_g^{NE}(s)$ 可以求解为 $\max_{\vec{d}_{ig} \in \vec{D}_{ig}} \pi_{ig}((\vec{d}_{ig}, \vec{d}_{-ig}^{NE}(s)), s)$。⑤将参与方 i 在静态（一次性交易）治理结构 g 下的期望收益定义为 $V_{ig}^{ST} \equiv E_s[\pi_{ig}(\vec{d}_g^{NE}(s), s)]$。BGM 模型结果表明，在一次性交易中没有一种静态治理结构能在每种状态下达到最优（$V^{ST} < V^{FB}$），但是次优治理结构可以求解为 $V^{ST} \equiv \max_{g \in G} V_g^{ST}$。

BGM 将重复博弈中的均衡解释成关系契约，并给出关系治理环境下决策规则 $d^{RC}(s)$ 能够作为给定治理结构 g 下的关系契约的充要条件是：$R_g^{RC} \equiv \max_s \left[\sum_i(\pi_{ig}^{BR}(s) - \pi_{ig}^{RC}(s))\right] \leq \frac{1}{r}(V^{RC} - V^{ST})$，即必须使遵循这一决策规则获得的盈余大到足以阻止所有参与方在各种状态下食言。因此，最优治理结构是可以以最高的贴现率将最优决策规则支持为关系契约的治理结构，即使最优决策规则的最大总食言诱惑最小化的治理结构。

BGM 模型的主要贡献在于：第一，该模型对 GHM 理论和契约文献中的剩余决策权进行了详细区分（资产私人决策权、可让渡决策权、不可让渡的私人决策权）；第二，研究了一次性交易和关系环境下两种替代治理结构的相对效率；第三，提供了在关系环境下的有效治理结构的特征，因此 BGM 模型为分析现存的更广泛的治理结构提供了丰富的理论框架。

BGM 模型的局限性在于，由于 BGM 关注的焦点不在于通过资产所有权来配置决策权和收益权，而是通过契约来配置某些决策权和收益权，所以该模型仅仅局限于外包、许可、授权等契约型联盟治理结构，未能研究具有联合控制权特征的股权型联盟治理结构。此外，BGM 基于抽象的概念分析来构建治理结构模型，得出的结论仍然不够清晰和具体，而且也无法直接进行实证检验，因此其对现实的指导意义如何尚不得而知。

四、小结

Garvey（1995）和 Halonen（2002）最早在产权理论研究中引入动态分析，并且运用重复博弈的思想分析声誉效应的存在对于所有权结构的影响，虽然这两位研究者始终没有提及关系契约的概念，但是他们关于声誉机制的研究恰恰是关系契约的核心所在。Baker、Gibbons 和 Murphy（2004）（以下简称为 BGM）对现代关系契约理论的发展作出了贡献，他们在系列研究中不仅对关系契约理论进行了正式化的建模分析，而且将关系契约理论运用于企业之间的战略联盟治理结构分析，并且分析正式契约和非正式契约之间的交互作用，因此使得现有实证研究可以更加深入。

第二节 建模的思路和经济背景

一、建模思路

本研究的目的在于运用不完全契约和关系契约理论的最新成果来揭示联盟治理结构选择。以 GHM 理论为代表的传统静态模型强调事后盈余分享产生了对不可缔约的专用性投资的事前激励，而 Gravey（1995）、Halonen（2002）、BGM（2004）在静态产权模型中加入关系变量后，不仅丰富了事后盈余分享的可能集合，改进了事前激励，而且也改变了相对于静态模型的资产所有权有效结构，关系变量的引入减少了静态治理下的事后无效性。因此，本书接下来将在 Gravey（1995）、Halonen（2002）、BGM（2004）已有研究成果的基础上，通过引入资产专用性、关系契约以及最佳盈余分享等参数，构建能够涵盖股权型与契约型联盟治理结构选择的理论模型，从而对 BGM（2004）模型作进一步拓展。

针对 Halonen 对最佳所有权结构定义含糊的不足，[①] 本书以关系契约理论为基础并且借鉴 BGM 模型对重复博弈下的最优联盟治理结构给出更为清晰的界定：所谓最优联盟治理结构是以最低约束条件（贴现率）来达到总盈余收益最大的所有权结构；将食言诱惑（背叛收益）定义为参与方的最优反应收益；惩罚收益为静态博弈收益；遵循关系契约的收益为均衡路径收益。因此，总盈余收益等于食言诱惑与惩罚收益之差，而激励相容约束条件是：参与方的食言诱惑小于等于总盈余收益。

为了揭示联盟治理结构选择的机理，本书不仅引入治理结构选择中的一个关键因素——资产专用性，而且基于双边动态契约的建模分析使得关系契约理论思想体现在治理结构选择中；本书利用参数 ρ 作为盈余分享比例的一般表达式，避免了产权分析中假定参与方采取对等盈余分割这一过于简化的情况，从而丰富了联盟中的不同盈余分享规则。另外，本书将研究视角从合资与一体化选择转向探讨中间型组织形态之间的选择，即对联盟中股权型与契约型联盟之间的选择，因此是对 Gravey（1995）、Halonen（2002）、BGM（2004）理论的进一步发展。

二、建模的经济背景描述

1. 经济环境以及模型参数的设定

（1）联盟投资（或者努力）成本函数的构建。假设有两个风险中性的参与方 A 和 B 事前分别就某项活动做出有效率的投资（或努力）a 和 b，这种投资（或努力）使得双方对资产的使用更有效率。而且假设 a 和 b 的价值远

---

① Halonen 指出，最佳所有权结构是那种源于欺骗的得益相对于因欺骗而受到的惩罚而言是最低的情况。

远小于 A 和 B 的核心资产价值，因而对于双方而言，不值得并购而是选择少量参股或者缔结长期契约协议。进一步假设双方的投资（或努力）a 和 b 需要协同使用才能实现其价值，而且在联盟中有效率的投资（或努力）a 和 b 产生的价值分别用 v_1 和 v_2 来表示，相应地，投资（或努力）的成本为 $c(v_1)$ 和 $c(v_2)$。

根据上述基本假定条件，并且借鉴 Garvey（1995）和 Halonen（2002）以及 BGM（2004）的研究成果，本书设定联盟参与方 A 和 B 的成本函数分别为 $c(v_1)=2\alpha(e^{v_1}-1)$和 $c(v_2)=2(1-\alpha)(e^{v_2}-1)$。从经济学意义上，这一成本函数完全符合 Halonen（2002）以及 BGM（2004）研究中对联盟合作中投资（或者努力）成本函数的一般特征，即成本函数满足下面的条件：$c(v_i)\geqslant 0$，$c_i(0)=0$，$c'(v_i)>0$，$c''(v_i)>0$。这一成本函数还能够很好地反映联盟中参与方对合作贡献的高低，因为成本函数中给定参与方对合作总盈余的相对贡献程度系数 α（$0\leqslant\alpha\leqslant1$）。随着 α 的增加，A 投资（或者行动）比 B 投资（或者行动）更有效率，因为 α 越大，参与方 A 对总盈余的边际贡献越大。另外，本书假定在双方未作出任何投资（或努力）的情况下（即 $v_i=0$）其成本为 $c(v_i)=0$，所以成本函数可以表示为参与方的重要度 α 与 $(e^{v_i}-1)$ 的乘积。

为了比较本书构建的成本函数与 Garvey 成本函数在定义域上对参数 v 和 α 的变化趋势，需要比较两个成本函数对参数偏导数的大小。不难计算成本函数（这里考虑第一个参与方 A）对 v 的偏导数分别为 $c_1'=2\alpha e^v$ 和 $c_{1-Garvey}'=\frac{v}{\alpha}(0\leqslant\alpha\leqslant1, v\geqslant0)$，图 4-1 比较了两个成本函数曲线相对变化速度。可以看出，$c_1'=2\alpha e^v$ 为一条指数曲线，而 $c_{1-Garvey}'=\frac{v}{\alpha}$ 为一条过原点的直线，而且在 v 和 α 的某一范围内直线 $c_{1-Garvey}'=\frac{v}{\alpha}$ 一直在曲线 $c'_1=2\alpha e^v$ 的下方，说明指数成本函数曲线比二次成本函数曲线变化平缓；在 v 和 α 的某一范围内，$c_{1-Garvey}'=\frac{v}{\alpha}$ 与 $c_1'=2\alpha e^v$ 有两个交点；而在 v 和 α 临界状态下 $c_{1-Garvey}'=\frac{v}{\alpha}$ 与 $c_1'=2\alpha e^v$ 相切于某一特定点 v_0，下面计算这一临界状态下的参数取值。

由于在临界状态下，指数曲线 $c_1' = 2\alpha e^v$ 与直线 $c_{1\text{-Garvey}}' = \frac{v}{\alpha}$ 相切，假定两线在切点处 v 的取值为 v_0，这时曲线在 v_0 点的斜率为 $2\alpha e^{v_0}$，因此切线方程可以表示为

$$2\alpha e^{v_0}(v - v_0) = y - 2\alpha e^{v_0} \tag{4.1}$$

又由于切线 $c_{1\text{-Garvey}}' = \frac{v}{\alpha}$ 是一条过原点的直线，所以这条切线方程还可以表示为

$$y = 2\alpha e^{v_0} v \tag{4.2}$$

通过对（4.1）和（4.2）两个方程式联立求解得 $v_0 = 1$ 和 $2\alpha e = \frac{1}{\alpha}$，进一步化简得该临界点为 $\left(v_0 = 1，\alpha = \frac{1}{\sqrt{2e}}\right)$。这表明在 $\frac{1}{\sqrt{2e}} \leqslant \alpha < 1$ 时，永远有 $c_1' = 2\alpha e^v \geqslant c_{1\text{-Garvey}}' = \frac{v}{\alpha}$；但在 $\frac{1}{\sqrt{2e}} > \alpha > 0$ 时 c_1' 和 $c_{1\text{-Garvey}}'$ 存在两个交点，给定任一个 α 值可由方程 $2\alpha e^v = \frac{v}{\alpha}$ 解出 v 的两个交点值，但没有显示。

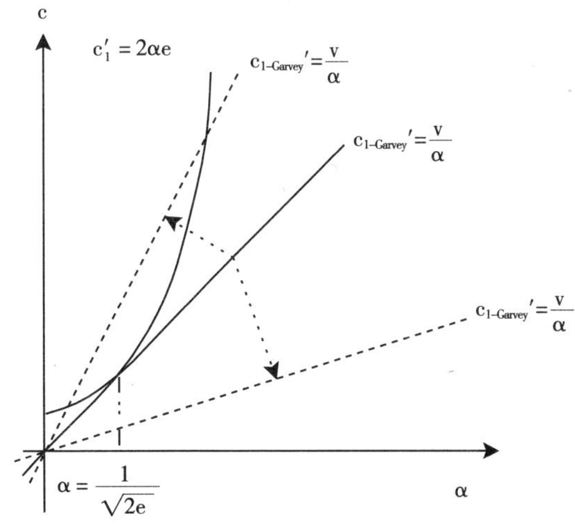

图 4-1　两种成本函数曲线的相对变化趋势

从上面的分析可以看出，在临界点$\left(v_0=1,\ \alpha=\frac{1}{\sqrt{2e}}\right)$附近，本书构建的成本函数比 Garvey（1995）的二次成本函数具有更高的参数灵敏度，因而更能反映因投资水平而引发的成本变化。

（2）联盟合作的收益函数。本书联盟治理决策的时间模型如图 4–2 所示。在时间 T1 双方选择某一个治理结构，即就决策权和收益权进行分配并且伴随着对有收益权方的一个补偿性收益。在时间 T2 双方作出相应的投资（或者努力）决策，这一决策取决于事前的决策权配置。最后，在时间 T3 双方在治理结构 g 下实现各自的收益。

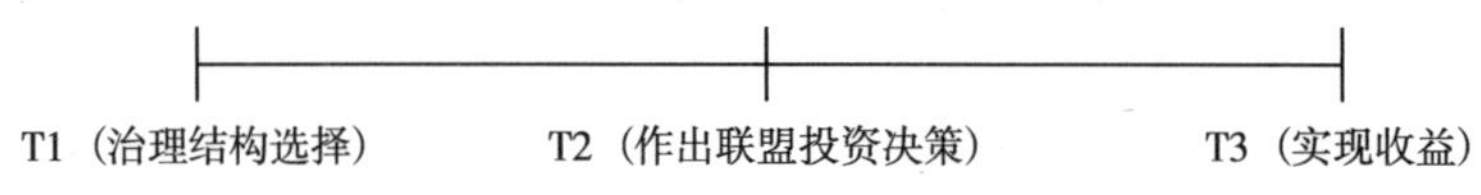

图 4–2 联盟治理决策的时间模型

假定在战略联盟中参与方的投资（或努力）可以彼此观察，但是不能被第三方（如法庭）所观察和证实，这种参与方的个人投资（或努力）的不可证实性导致事前无法签订完全的契约来规定彼此的行为，进而引发了投资以后的讨价还价。由于参与方 i 预见到在其支付了全部投资成本以后，他通过投资产生的部分盈余在事后争价中被盘剥，所以将会产生投资不足（敲竹杠）问题。

虽然双方投资（或者努力）可以彼此观察而不能被第三方证实，但是由于双方投资（或者努力）的收益是可以证实的，所以参与方可以在事前通过所有权分配（选择恰当的联盟治理结构）来诱发最高的投资。本书用 $\rho\ (0\leqslant\rho\leqslant1)$ 来反映参与方之间的盈余分配规则，并代表参与方 A 在总盈余 π 中的收益份额，这样参与方 A 获得 $\rho(v_1+v_2)$，参与方 B 获得 $(1-\rho)(v_1+v_2)$。其中，参数 ρ 可以通过利润分享或所有权协议来直接选择，因此，双方事前可以选择签订利润分享协议以及所有权配置两种盈余分配方式，双方合作的总盈余为

$$\pi=v_1+v_2-2\alpha\left(e^{v_1}-1\right)-2(1-\alpha)\left(e^{v_2}-1\right)\tag{4.3}$$

为了使研究结论更加贴近现实，本书假定参与方 A 和 B 合作的总盈余

$\pi \geqslant 0$，因为只有当合作的总盈余收益为正数的情况下参与方才可能进行合作。

需要指出的是，参与方是否具有外部选择对于联盟治理结构选择具有重要的影响。本书假设如果没有代理人 B 的贡献，而代理人 A 单独拥有资产所有权时的交易价值为 λv_1，其中 λ（$0 \leqslant \lambda \leqslant 1$）代表了代理人 B 的投资（或者努力）对代理人 A 投资价值实现的重要性。如果参与方 B 的贡献对参与方 A 投资价值的实现是不可或缺的（即参与方 A 没有外部选择），那么 $\lambda = 0$；反之，如果代理人 B 对代理人 A 的交易价值的实现是可有可无的（即参与方 A 可以不费任何代价地选择外部人来取代参与方 B），那么 $\lambda = 1$。从这个意义上，参数 λ 不仅反映了参与方 A 外部选择的可能性，而且也反映了联盟交易中双方投资专用性程度的高低，资产专用性程度随着 λ 的增加而逐渐降低。

2. 联盟治理结构选择的目标——实现社会最优产出

为了分析参与方的不同联盟治理结构选择，本书首先给出社会最优水平下的投资和收益函数，并且以此作为联盟治理结构选择的对比基础。为了达到社会最优（First-best）产出水平，要求参与方 A 和 B 选择使得社会总盈余最大化的投资（或努力），即 v_1 和 v_2 满足：

$$\max \pi = v_1 + v_2 - 2\alpha(e^{v_1} - 1) - 2(1-\alpha)(e^{v_2} - 1) \tag{4.4}$$

并且（4.4）式中参与方的最优投资水平 v_1 和 v_2 分别由下面的一阶条件给出：

$$\frac{\partial \pi}{\partial v_1} = 1 - 2\alpha e^{v_1} = 0 \tag{4.5}$$

$$\frac{\partial \pi}{\partial v_2} = 1 - 2(1-\alpha)e^{v_2} = 0 \tag{4.6}$$

对（4.5）式和（4.6）式的一阶条件求解得到参与方 A 和 B 的最优投资水平分别为：

$$v_1^{FB} = \ln\frac{1}{2\alpha} \tag{4.7}$$

和

$$v_2^{FB} = \ln\frac{1}{2(1-\alpha)} \tag{4.8}$$

相应地，最优投资水平下双方承担的私人成本分别为：

$$c_1^{FB} = 1 - 2\alpha \tag{4.9}$$

和

$$c_2^{FB} = 2\alpha - 1 \tag{4.10}$$

进一步，可以得到社会最优水平下的总盈余为：

$$\pi^{FB} = \ln\frac{1}{4\alpha(1-\alpha)} \tag{4.11}$$

需要指出的是，在一次性交易中由于有限理性和机会主义的参与方常常遵从私人利益最大化准则进行投资（或努力）决策，因此社会最优结果常常无法实现。而在长期的重复交互关系中，基于声誉和信任而建立的关系契约可以促进参与方作出最优治理结构选择并且确保社会最优结果的实现。因此，本章接下来的两节分别对一次性交互和重复交互状态下，参与方如何在股权型（EJV）和契约型（NE）两种联盟治理结构之间选择，并且对联盟治理结构决策的过程进行建模分析。

第三节　基于静态契约理论的联盟治理结构选择

一、静态博弈下的股权型联盟治理结构

由于在股权型联盟治理结构下双方均有 0 个外部选择，所以参与方 A 只有通过与参与方 B 达成协议才能实现其投资价值。假设参与方 A 和 B 在事前约定按照特定的盈余分割比例 ρ：（1 – ρ）来对总盈余进行分配，[①] 那么参与方各自的盈余收益可以用下面的表达式给出

$$\pi_{1-EJV}^{ST} = \rho(v_1 + v_2) - 2\alpha(e^{v_1} - 1) \tag{4.12}$$

① Garvey（1995）以盈余分割比例 ρ 代表双方的事前收益分配规则，且当 ρ = 1 时代表参与方 A 有所有权，当 ρ = 0 时代表参与方 B 有所有权，当 ρ = 1/2 时代表双方合资。而本研究中不同的是这一盈余分享比例与所有权结构不一定对应，因为盈余分享也可能是通过契约协议而不是通过所有权来实现。

$$\pi_{2-EJV}^{ST}=(1-\rho)(v_1+v_2)-2(1-\alpha)(e^{v_2}-1) \tag{4.13}$$

由于在静态博弈（一次性交易）中参与方根据私人利益最大化准则来选择投资或者行动，因此其最优投资（或努力）水平可以由下面的一阶条件给出

$$\frac{\partial\pi_{1-EJV}^{ST}}{\partial v_1}=\rho-2\alpha e^{v_1}=0 \tag{4.14}$$

$$\frac{\partial\pi_{2-EJV}^{ST}}{\partial v_2}=(1-\rho)-2(1-\alpha)e^{v_2}=0 \tag{4.15}$$

对（4.14）式和（4.15）式中的一阶条件方程求解得到静态博弈中股权型联盟治理结构下参与方的最优投资水平分别为：

$$v_{1-EJV}^{ST}=\ln\frac{\rho}{2\alpha} \tag{4.16}$$

和

$$v_{2-EJV}^{ST}=\ln\frac{1-\rho}{2(1-\alpha)} \tag{4.17}$$

相应地，投资或者努力的成本分别为：

$$c_{1-EJV}^{ST}=\rho-2\alpha \tag{4.18}$$

和

$$c_{2-EJV}^{ST}=2\alpha-1-\rho \tag{4.19}$$

公式（4.16）至（4.19）中，上标 ST 代表一次性的静态博弈（Static），而下标 1-EJV 和 2-EJV 则分别代表参与方 A 和 B 的股权型联盟治理结构（Equity Joint Venture）。将上述静态博弈下参与方 A 和 B 的最优投资水平 v_{1-EJV}^{ST} 和 v_{2-EJV}^{ST} 以及承担的私人成本 c_{1-EJV}^{ST} 和 c_{2-EJV}^{ST} 代入（4.3）式中得到静态博弈中股权型联盟治理结构下的最大社会总盈余为：

$$\pi_{EJV}^{ST}=\ln\frac{\rho(1-\rho)}{4\alpha(1-\alpha)}+1 \tag{4.20}$$

此时，参与方 A 的最佳盈余分享比例 ρ_{EJV}^{ST} 可以通过下面的一阶条件来求解：

$$\frac{\partial\pi_{EJV}^{ST}}{\partial\rho}=0 \tag{4.21}$$

即

$$\rho_{EJV}^{ST} = 0.5 \tag{4.22}$$

这一结果表明，静态博弈中股权型联盟治理结构下的最优盈余分享比例为：双方各自分享总盈余的一半，即采取对等的盈余分享规则。这一结果与传统产权理论中关于收益分配的基本假设相一致。

二、静态博弈下的契约型联盟治理结构

在静态博弈中，如果仅有一方所有者（本书假定为参与方 A）拥有资产所有权，那么拥有资产所有权的参与方 A 的盈余收益包括两部分，一部分是其直接投资取得的单方控制权收益 λv_1，另一部分是按照约定的分享比例 ρ 对盈余差额（再谈判盈余）进行分割的收益 $\rho[(1-\lambda)v_1+v_2]$；而参与方 B 只能分享差额中 $(1-\rho)$ 的份额。[①] 因此，参与方 A 和 B 各自的盈余收益可以用下面的表达式给出：

$$\pi_{1-NE}^{ST} = \lambda v_1 + \rho[(1-\lambda)v_1 + v_2] - 2\alpha(e^{v_1} - 1) \tag{4.23}$$

$$\pi_{2-NE}^{ST} = (1-\rho)[(1-\lambda)v_1 + v_2] - 2(1-\alpha)(e^{v_2} - 1) \tag{4.24}$$

(4.23) 式和 (4.24) 式中的下标 NE 代表没有股权参与的（Non-equity）契约型联盟治理结构。同样，由于参与方在静态博弈中遵从私人利益最大化准则来选择投资行动（或者努力），因此其最优投资（或努力）水平可以由下面的一阶条件给出：

$$\frac{\partial \pi_{1-NE}^{ST}}{\partial v_1} = (\lambda + \rho - \rho\lambda) - 2\alpha e^{v_1} = 0 \tag{4.25}$$

$$\frac{\partial \pi_{2-NE}^{ST}}{\partial v_2} = (1-\rho) - 2(1-\alpha)e^{v_2} = 0 \tag{4.26}$$

对上述一阶条件求解得到参与方 A 和 B 的最优投资水平分别为：

$$v_{1-NE}^{ST} = \ln\frac{\lambda + \rho - \rho\lambda}{2\alpha} \tag{4.27}$$

① 在 Halonen（2002）以及 HM（1995）模型中，这一盈余分享比例通常被确定为 1/2，即假定双方具有对等的讨价还价实力，因此各自分享盈余差额（再谈判盈余）的一半。而本研究假定参与方具有不同的讨价还价能力，因此将分享比例用更具有一般性的 ρ 来表示。

和

$$v_{2-NE}^{ST} = \ln\frac{1-\rho}{2(1-\alpha)} \tag{4.28}$$

相应地，参与方 A 和 B 承担的私人成本分别为：

$$c_{1-NE}^{ST} = (\lambda + \rho - \rho\lambda) - 2\alpha \tag{4.29}$$

和

$$c_{2-NE}^{ST} = 2\alpha - 1 - \rho \tag{4.30}$$

将上述投资和成本分别代入（4.3）中得到静态博弈中契约型联盟治理结构下的最大社会总盈余为：

$$\pi_{NE}^{ST} = \ln\frac{(1-\rho)(\lambda+\rho-\rho\lambda)}{4\alpha(1-\alpha)} - (\lambda - \rho\lambda - 1) \tag{4.31}$$

而且在静态博弈中，契约型联盟治理结构下 A 的最佳再谈判盈余分享比例 ρ_{NE}^{ST} 可以通过下面的一阶条件来求解：

$$\frac{\partial \pi_{NE}^{ST}}{\partial \rho} = \lambda - \frac{(\lambda+\rho-\lambda\rho)+(1-\rho)(1-\lambda)}{(1-\rho)(\lambda+\rho-\lambda\rho)} = 0 \tag{4.32}$$

对（4.32）进一步求解得到：

$$\rho_{NE}^{ST} = \frac{(2\lambda^2 - 3\lambda + 2) - \sqrt{4(\lambda-1)^2 + \lambda^2}}{2(\lambda^2 - \lambda)} \tag{4.33}$$

不难看出在契约型联盟治理结构下，最优的再谈判盈余分享比例取决于参数 λ。参数 λ 不仅揭示了参与方之间投资的专用性程度，而且还代表参与方 A 进行外部选择的可能性，$\lambda = 0$ 表示参与方 B 的贡献对于参与方 A 投资价值的实现至关重要，此时参与方 A 做出了完全专用性的资产投资，所以 A 外部选择的可能性为 0。通过比较契约型联盟治理结构和股权型联盟治理结构下的最优再谈判盈余分享比例得到：

$$\rho_{NE}^{ST} - \rho_{EJV}^{ST} = \frac{(\lambda^2 - 2\lambda + 1) + 1 - \sqrt{4(\lambda-1)^2 + \lambda^2}}{2(\lambda^2 - \lambda)} \leqslant \frac{1}{2(\lambda - 1)} < 0 \tag{4.34}$$

因此，参与方 A 在股权型联盟治理结构下可以获得比契约型联盟治理结构下更大的再谈判盈余分享比例，而且当资产专用性程度很高（即 $\lambda \to 0$）时，两种联盟治理结构下的再谈判盈余分享比例相等（即各自分得 0.5），而当资产缺乏专用性（即 $\lambda \to 1$）时，参与方 A 的再谈判盈余分享比例 $\rho_{NE}^{ST} \to 0$。

三、静态博弈下两种联盟治理结构的比较

1. 静态博弈下股权型和契约型联盟治理结构都无法实现社会最优结果

首先，比较社会最优状态与股权型联盟治理结构下总盈余收益：

$$\pi^{FB} - \pi_{EJV}^{ST} = \ln\frac{1}{4\alpha(1-\alpha)} - \ln\frac{\rho(1-\rho)}{4\alpha(1-\alpha)} - 1 = \ln\frac{1}{\rho(1-\rho)} - 1 \tag{4.35}$$

由于 $\ln\frac{1}{\rho(1-\rho)}$ 在 $\rho = 0.5$ 处取得极小值 ln4，进而有 $\pi^{FB} - \pi_{EJV}^{ST} \geqslant (\ln 4 - 1) > 0$，所以可以断定在股权型联盟治理结构下的总盈余低于社会最优水平下的总盈余。即

$$(\pi^{FB} - \pi_{NE}^{ST}) > 0 \tag{4.36}$$

其次，比较社会最优状态与契约型联盟治理结构下的总盈余收益得到

$$\pi^{FB} - \pi_{NE}^{ST} = \ln\frac{1}{(1-\rho)(\lambda+\rho-\rho\lambda)} + (\lambda - \rho\lambda - 1) \tag{4.37}$$

然后令

$$\ln\frac{1}{(1-\rho)(\lambda+\rho-\rho\lambda)} = h \tag{4.38}$$

由于当 $\rho \geqslant \frac{1-2\lambda}{2(1-\lambda)}$ 时，h 对 ρ 的一阶导数大于等于 0，所以可以判定 h 为单调递增函数；而且当 $\rho = \frac{1-2\lambda}{2(1-\lambda)}$ 时，h 取得极小值 ln（1 − λ），因此有

$$(\pi^{FB} - \pi_{NE}^{ST}) > 0 \tag{4.39}$$

通过（4.36）和（4.39）可以看出，在静态博弈中，无论是股权型联盟治理结构还是契约型联盟治理结构下的总盈余均低于社会最优产出水平，所以没有一种联盟治理结构能够在静态博弈中取得社会最优的结果。因此可得到如下命题：

命题 1 静态博弈中两种联盟治理结构都无法实现社会最优。

2. 在静态博弈下股权型联盟治理结构优于契约型联盟治理结构

通过比较在静态博弈下股权型联盟治理结构与契约型联盟治理结构的总盈余

$$\pi_{EJV}^{ST}-\pi_{NE}^{ST}=\ln\frac{1}{[\rho+\lambda(1-\rho)]}+\lambda(1-\rho) \tag{4.40}$$

令

$$k=\pi_{EJV}^{ST}-\pi_{NE}^{ST} \tag{4.41}$$

然后就 k 对 ρ 求导数得到

$$\frac{\partial k}{\partial \rho}=\frac{\lambda[1-\rho(\lambda+\rho(1-\lambda))]}{\rho(\lambda+\rho-\rho\lambda)} \tag{4.42}$$

因为 $\lambda+\rho(1-\lambda)\leqslant 1$，所以 $[1-\rho(\lambda+\rho-\rho\lambda)]\geqslant 0$，从而

$$\frac{\partial k}{\partial \rho}\geqslant 0 \tag{4.43}$$

(4.43) 式说明 $(\pi_{EJV}^{ST}-\pi_{NE}^{ST})$ 是关于 ρ 的递增函数，而且，当 $\lambda=0$ 时 k 取得极小值 0。因此

$$\pi_{EJV}^{ST}\geqslant\pi_{NE}^{ST} \tag{4.44}$$

(4.44) 式表明，尽管两种联盟治理结构均无法实现社会最优，但是，在静态博弈中股权型联盟治理结构比契约型联盟治理结构能够产生更大的收益，所以有下面的命题：

命题 2　静态博弈中股权型联盟治理结构是次优选择。

3. 当静态博弈中的参与方投资具有完全专用性时，更倾向于选择股权型联盟治理结构

通过比较 (4.20) 式和 (4.31) 式可以发现，在静态博弈中，当 $\lambda\to 0$ 时，契约型联盟治理结构下的总盈余收益趋近于股权型联盟治理结构下的总盈余收益，即 $\pi_{NE}^{ST}\to\pi_{EJV}^{ST}$；而且当 $\lambda=0$ 时，$\pi_{NE}^{ST}=\pi_{EJV}^{ST}$。这表明，随着联盟中参与方投入资产专用性的增加，参与方将更加趋向于选择具有联合控制特征的股权型联盟治理结构。这一结果与交易成本理论的研究结论完全一致。

命题 3　在静态博弈中，如果联盟中涉及高度专用性资产投资，那么参与方将更可能选择股权型联盟治理结构。

第四节 基于动态契约理论的联盟治理结构选择

一、重复博弈下关系契约产生的机理

在重复性博弈中，参与方 A 和 B 进行关系专用性投资以便实现社会总盈余最大化。假设参与方不知道博弈的终结点，但是假定参与方 A 和 B 有共同的时间偏好，因此都以共同的贴现率 δ 来对未来收益进行贴现。在最优关系水平上设定最优的盈余分享比例使得参与方采取的行动构成可自动履行的协议。[①] 重复博弈中的关系契约建模可以通过标准的 Nash 触发策略来实施，其基本思想是：参与方首先试探与对方合作，如果对方也合作则继续报以合作，一旦发觉对方不合作，则此后阶段一直采用不合作相报复。这说明，如果任何一方破坏协议则此后阶段将转向有效静态博弈。

为了使得触发策略可以被支持为一个给定治理结构下的关系契约（即使得一个最优关系契约成为一个重复博弈均衡），那么存在必须满足的激励相容约束条件：即参与方的食言诱惑必须小于因食言而遭受的长期损失。[②] 因此，参与方 A 和 B 的激励相容约束条件（即关系契约得以自动履行的条件）可以表述为

$$P_1^d \leqslant \frac{\delta}{1-\delta} P_1^p \tag{4.45}$$

$$P_2^d \leqslant \frac{\delta}{1-\delta} P_2^p \tag{4.46}$$

① 这种自动履行协议称为双方在给定治理结构下的关系契约，也可以进一步理解为重复博弈的均衡路径。

② 双方在做出关系专用性投资之前就所有权结构和利润分享比例达成协议，在契约实施过程当中采用触发策略来诱发参与方采取最优的关系契约决策。BGM（2004）给出最优关系契约存在的充要条件是：使得在治理结构下对关系契约食言的诱惑值小于等于因惩罚而引起的长期收益损失的贴现值。

式中，δ——贴现率；

P_1^d——参与方 A 对关系契约食言的诱惑值（即背离合作所获得的短期利益）；

P_2^d——参与方 B 对关系契约食言的诱惑（即背离合作所获得的短期利益）；

P_1^p——参与方 A 对关系契约食言而遭受的惩罚（背离合作的长期损失）；

P_2^p——参与方 B 因对关系契约食言而遭受的惩罚（背离合作的长期损失）。

这里结合系数$\frac{\delta}{1-\delta}$与 $0<\delta<1$ 可以判断，从下一期开始每一期的惩罚贴现后的总和为$\frac{\delta}{1-\delta}=\delta+\delta^2+\cdots+(\delta^n)_{(n\to\infty)}$。而且激励相容约束中参与方的食言诱惑和长期惩罚可以进一步表示为

$$P_1^d=\pi_1^{BR}-\pi_1^{FB} \tag{4.47}$$

$$P_2^d=\pi_2^{BR}-\pi_2^{FB} \tag{4.48}$$

$$P_1^p=\pi_1^{FB}-\pi_1^{ST} \tag{4.49}$$

$$P_2^p=\pi_2^{FB}-\pi_2^{ST} \tag{4.50}$$

式中，π_i^{BR}——其他参与方 j（B 或者 A）采取关系契约决策时，参与方 i（A 或 B）根据私人利益最大化准则作出最优反应（Best-response）时取得的盈余收益；

π_i^{FB}——双方均采用关系契约决策（即最优策略）时参与方 i 的决策收益；

π_i^{ST}——双方均采用有效静态决策时参与方 i 的静态均衡策略收益。

因此，$(\pi_i^{BR}-\pi_i^{FB})$ 代表参与方 i 的短期食言诱惑，本书用 P_i^d 表示；而 $(\pi_i^{FB}-\pi_i^{ST})$ 代表参与方 i 因违背关系契约而遭受的长期损失，本书用 P_i^p 表示。由于静态博弈中没有一种联盟治理结构可以实现社会最优，即 $\pi_i^{FB}-\pi_i^{ST}>0$ 恒成立，所以，激励相容约束不等式（4.45）和（4.46）右边的 P_i^p 均严格取正值。

以上描述的激励相容约束条件表明，为了使得联盟参与方的投资决策成为最优关系契约，必须使得遵循关系契约所取得的总盈余相对于有效静态治理产生的总盈余而言足够大，即必须使参与方有效决策行为的收益超过因背叛而遭受的长期损失。而为了阻止所有参与方的食言，要求贴现率 δ 的下限应该满足：参与方 i 在关系契约决策下的净盈余现值$\frac{\delta}{1-\delta}P_i^p$超过食言诱惑值$P_i^d$。因为，只有在这一贴现率 δ 取值范围内，给定的联盟治理结构才能够确保关系契约得以自动履行；相反，当贴现率 δ 取值超过这一范围，在给定的治理结构下没有能够诱发最优决策的关系契约。

关系契约得以支持的激励相容约束还表明参与方必须有足够的耐心。显然如果参与方非常有耐心（即贴现率 δ 充分接近于 1），则激励相容约束不等式（4.45）和（4.46）右边的净损失现值总大于左边的食言诱惑，那么关系契约在任何联盟治理结构下都可以得到支持，从而资产所有权无关紧要。但是人们感兴趣的情况是，当参与方没有足够的耐心时能够确保关系契约得到支持的贴现率的最大取值范围，所以本章接下来重点分析不同治理结构下关系契约得以自动履行的条件，即分析何时有效投资可以通过触发策略来支持。①由于本书将最佳（Optimal）关系契约（即自动履行协议）定义为实现最优结果所需要的最小 δ 值，所以关键问题是寻求能够将触发策略支持为关系契约的自动履约条件（即求最大可能的贴现率的取值范围）。

二、股权型联盟治理结构下关系契约的自动履约条件

在股权型联盟治理结构下，参与方根据事前约定的盈余分享比例进行总盈余收益分配。如果参与方 B 遵循最优决策而参与方 A 背叛，即参与方 A 按照自身利益最大化准则对 B 做出最优反应，那么这一最优反应使得总盈余按照静态博弈规则来分配，此时参与方 A 的最优反应得益等同于静态博弈中的

① 因为一旦参与方违背了关系契约，那么在触发策略下的此后博弈阶段将永远采取静态博弈纳什均衡以示惩罚。

均衡收益，即 $v^{BR}_{1-EJV}=v^{ST}_{1-EJV}=\ln\frac{\rho}{2\alpha}$。从而，参与方 A 对 B 的最优反应收益为

$$\begin{aligned}\pi^{BR}_{1-EJV}&=\rho\left(v^{BR}_{1-EJV}+v^{FB}_{2}\right)-c^{BR}_{1-EJV}=\rho\left(v^{ST}_{1-EJV}+v^{FB}_{2}\right)-c^{ST}_{1-EJV}\\&=\rho\left(\ln\frac{\rho}{2\alpha}+\ln\frac{1}{2(1-\alpha)}\right)-(\rho-2\alpha)=\rho\ln\frac{\rho}{4\alpha(1-\alpha)}-(\rho-2\alpha)\end{aligned}\tag{4.51}$$

同样，如果参与方 A 遵循最优决策而参与方 B 背叛，由于参与方 B 的最优反应是追求自身利益最大化，因此其最优反应收益等同于静态治理的均衡收益，即

$$v^{BR}_{2-EJV}=v^{ST}_{2-EJV}=\ln\frac{(1-\rho)}{2(1-\alpha)}\tag{4.52}$$

从而参与方 B 对 A 的最优反应收益为

$$\begin{aligned}\pi^{BR}_{2-EJV}&=(1-\rho)\left(v^{FB}_{1}+v^{BR}_{2-EJV}\right)-c^{BR}_{2-EJV}\\&=(1-\rho)\left(v^{FB}_{1}+v^{ST}_{2-EJV}\right)-c^{ST}_{2-EJV}\\&=(1-\rho)\ln\frac{1-\rho}{4\alpha(1-\alpha)}-(2\alpha-1-\rho)\end{aligned}\tag{4.53}$$

由于无论在静态博弈还是在重复博弈中，不同联盟治理结构下的社会总盈余均可以表示为 $\pi=v_1+v_2-2\alpha(e^{v_1}-1)-2(1-\alpha)(e^{v_2}-1)$，而且在社会最优水平上参与方将选择最优效率的投资行动使得总盈余最大化，所以社会最优情况下的投资价值均可以表示为 $v^{FB}_{1}=\ln\frac{1}{2\alpha}$ 和 $v^{FB}_{2}=\ln\frac{1}{2(1-\alpha)}$，相应地，这一社会最优选择下双方承担的私人成本分别为 $c^{FB}_{1}=1-2\alpha$ 和 $c^{FB}_{2}=2\alpha-1$。因此，重复博弈中股权型联盟治理结构下参与方 A 和 B 的最优投资决策收益分别为

$$\pi^{FB}_{1-EJV}=\rho\left(v^{FB}_{1}+v^{FB}_{2}\right)-c^{FB}_{1}=\rho\ln\frac{1}{4\alpha(1-\alpha)}-(1-2\alpha)\tag{4.54}$$

和

$$\pi^{FB}_{2-EJV}=(1-\rho)\left(v^{FB}_{1}+v^{FB}_{2}\right)-c^{FB}_{2}=(1-\rho)\ln\frac{1}{4\alpha(1-\alpha)}-(2\alpha-1)\tag{4.55}$$

此外，如果参与方对最优投资决策食言，那么将引发另一方采用触发策

略而转向静态纳什均衡决策作为处罚。因此，重复博弈中股权型联盟治理结构下参与方的静态均衡收益分别为

$$\pi_{1-EJV}^{ST}=\rho\left(v_{1-EJV}^{ST}+v_{2-EJV}^{ST}\right)-c_{1-EJV}^{ST}=\rho\ln\frac{\rho(1-\rho)}{4\alpha(1-\alpha)}-(\rho-2\alpha) \tag{4.56}$$

和

$$\pi_{2-EJV}^{ST}=(1-\rho)\left(v_{1-EJV}^{ST}+v_{2-EJV}^{ST}\right)-c_{2-EJV}^{ST}=(1-\rho)\ln\frac{\rho(1-\rho)}{4\alpha(1-\alpha)}-(2\alpha-1-\rho) \tag{4.57}$$

将（4.51）、（4.54）和（4.56）式计算的参与方最优反应收益 π_{1-EJV}^{BR}、最优决策收益 π_{1-EJV}^{FB} 以及静态均衡收益 π_{1-EJV}^{ST} 分别代入（4.47）和（4.49）式中，得到参与方 A 背叛的短期得益（食言诱惑）和因背叛而遭受的长期损失（惩罚收益）分别为

$$P_{1-EJV}^{d}=\pi_{1-EJV}^{BR}-\pi_{1-EJV}^{FB}=\rho\ln\rho+1-\rho \tag{4.58}$$

和

$$P_{1-EJV}^{p}=\pi_{1-EJV}^{FB}-\pi_{1-EJV}^{ST}=\rho\ln\frac{1}{\rho(1-\rho)}+\rho-1 \tag{4.59}$$

同理，将（4.53）、（4.55）和（4.57）式计算的参与方 B 的最优反应收益 π_{2-EJV}^{BR}、最优决策收益 π_{2-EJV}^{FB} 以及静态均衡收益 π_{2-EJV}^{ST} 分别代入（4.48）和（4.50）式中，得到参与方 B 背叛的短期得益（食言诱惑）和因背叛遭受的长期损失（惩罚收益）分别为

$$P_{2-EJV}^{d}=\pi_{2-EJV}^{BR}-\pi_{2-EJV}^{FB}=(1-\rho)\ln(1-\rho)+\rho \tag{4.60}$$

和

$$P_{2-EJV}^{p}=\pi_{2-EJV}^{FB}-\pi_{2-EJV}^{ST}=(1-\rho)\ln\frac{1}{\rho(1-\rho)}-\rho \tag{4.61}$$

再将（4.58）式、（4.59）式和（4.60）式、（4.61）式中参与方背叛的食言诱惑和长期损失分别代入（4.45）式和（4.46）式，得到参与方 A 和 B 在遵循关系契约决策的激励相容约束条件分别为

$$\rho\ln\rho+1-\rho\leqslant\frac{\delta}{1-\delta}\left[\rho\ln\frac{1}{\rho(1-\rho)}+\rho-1\right] \tag{4.62}$$

和

$$(1-\rho)\ln(1-\rho)+\rho \leqslant \frac{\delta}{1-\delta}\left[(1-\rho)\ln\frac{1}{\rho(1-\rho)}-\rho\right] \tag{4.63}$$

对（4.62）和（4.63）式进一步简化，得到参与方 A 和 B 采取关系契约决策的贴现率可能取值范围如下

$$\delta_{1\text{-}EJV} \geqslant \frac{\rho\ln\rho+1-\rho}{-\rho\ln(1-\rho)} \tag{4.64}$$

和

$$\delta_{2\text{-}EJV} \geqslant \frac{(1-\rho)\ln(1-\rho)+\rho}{-(1-\rho)\ln\rho} \tag{4.65}$$

虽然符合不等式（4.64）和（4.65）贴现率的条件均可以满足激励相容约束，但是由于本书关注于贴现率的最小取值（即实现最优关系契约决策的充要条件），因此对（4.64）和（4.65）两个不等式分别取等号得到满足参与方激励相容约束的贴现率下界 $\underline{\delta}^{RG}_{1\text{-}EJV}$ 和 $\underline{\delta}^{RG}_{2\text{-}EJV}$。而为了同时满足参与方 A 和 B 的激励相容约束条件，需要假定双方有共同的时间偏好（即有共同的贴现率），所以令双方贴现率的下界相等 $\underline{\delta}^{RG}_{1\text{-}EJV}=\underline{\delta}^{RG}_{2\text{-}EJV}$，得到同时满足双方激励相容约束的条件如下：

$$\frac{\rho\ln\rho+1-\rho}{-\rho\ln(1-\rho)}=\frac{(1-\rho)\ln(1-\rho)+\rho}{-(1-\rho)\ln\rho} \tag{4.66}$$

进一步对方程（4.66）求解得到重复博弈中股权型联盟治理结构下参与方 A 的最优盈余分享比例为

$$\rho^{RG}_{EJV}=0.5 \tag{4.67}$$

再将这一最优盈余分享比例代入参与方 A 或 B 贴现率的表达式中，得到股权型联盟治理结构下关系契约得以自动履行的最小贴现率

$$\underline{\delta}^{RG}_{EJV}=0.442695 \tag{4.68}$$

（4.68）式表明，在股权型联盟治理结构下，当且仅当参与方有足够的耐心（即 $\delta^{RG}_{EJV}\geqslant 0.442695$）时，最优关系契约才能得以自动履行。

三、契约型联盟治理结构下关系契约的自动履行条件

在契约型联盟治理结构下只有一方拥有资产所有权（本书假定为参与方A），此时参与方A和B的收益函数可以用下面的表达式给出

$$\pi_{1\text{-NE}} = \lambda v_1 + \rho\left[(1-\lambda)v_1 + v_2\right] - 2\alpha\left(e^{v_1} - 1\right) \tag{4.69}$$

$$\pi_{2\text{-NE}} = (1-\rho)\left[(1-\lambda)v_1 + v_2\right] - 2(1-\alpha)\left(e^{v_2} - 1\right) \tag{4.70}$$

为了取得契约型联盟治理结构下关系契约的自动履行条件，需要分别计算满足双方激励相容约束的食言诱惑值 P_i^d 和违约惩罚 P_i^p。其中 P_i^d 和 P_i^p 的经济含义及计算过程如下：

首先，在契约型联盟治理结构下当参与方B（或者A）做出最优决策时，参与方A（或者B）的最优反应是按照其自身利益最大化准则做出投资决策，此时参与方A（或者B）的最优反应收益等同于静态治理的均衡收益，即 $v_{i\text{-NE}}^{BR} = v_{i\text{-NE}}^{ST}$。因此，参与方A和B的最优反应收益分别为

$$\begin{aligned}\pi_{1\text{-NE}}^{BR} &= (\lambda+\rho-\rho\lambda)v_{1\text{-NE}}^{BR} + \rho v_2^{FB} - c_{1\text{-NE}}^{BR}\\ &= (\lambda+\rho-\rho\lambda)v_{1\text{-NE}}^{ST} + \rho v_2^{FB} - c_{1\text{-NE}}^{ST}\\ &= (\lambda+\rho-\rho\lambda)\ln\frac{\lambda+\rho-\rho\lambda}{2\alpha} + \rho\ln\frac{1}{2(1-\alpha)} - (\lambda+\rho-\rho\lambda-2\alpha)\end{aligned} \tag{4.71}$$

和

$$\begin{aligned}\pi_{2\text{-NE}}^{BR} &= (1-\rho)\left[(1-\lambda)v_1^{FB} + v_{2\text{-NE}}^{BR}\right] - c_{2\text{-NE}}^{BR}\\ &= (1-\rho)\left[(1-\lambda)v_1^{FB} + v_{2\text{-NE}}^{ST}\right] - c_{2\text{-NE}}^{ST}\\ &= (1-\rho)\left[(1-\lambda)\ln\frac{1}{2\alpha} + \ln\frac{1-\rho}{2(1-\alpha)}\right] - (2\alpha-1-\rho)\end{aligned} \tag{4.72}$$

其次，重复博弈中契约型联盟治理结构下参与方A和B的最优投资决策收益分别为

$$\begin{aligned}\pi_{1\text{-NE}}^{FB} &= (\lambda+\rho-\rho\lambda)v_1^{FB} + \rho v_2^{FB} - c_1^{FB}\\ &= (\lambda+\rho-\rho\lambda)\ln\frac{1}{2\alpha} + \rho\ln\frac{1}{2(1-\alpha)} - (1-2\alpha)\end{aligned} \tag{4.73}$$

和

$$\pi^{FB}_{2-NE}=(1-\rho)[(1-\lambda)v^{FB}_1+v^{FB}_2]-c^{FB}_2$$
$$=(1-\rho)(1-\lambda)\ln\frac{1}{2\alpha}+(1-\rho)\ln\frac{1}{2(1-\alpha)}-(2\alpha-1) \tag{4.74}$$

再次，计算参与方在触发策略下的静态纳什均衡收益。触发策略表明，如果某一参与方对最优投资决策食言，那么将触发另一方在此后的所有阶段中永远采取不合作的投资（或努力）来进行报复，即转向静态纳什均衡决策作为对背叛方的长期处罚。触发策略下参与方的静态均衡收益分别为

$$\pi^{ST}_{1-NE}=(\lambda+\rho-\rho\lambda)v^{ST}_{1-NE}+\rho v^{ST}_{2-NE}-c^{ST}_{1-NE}$$
$$=(\lambda+\rho-\rho\lambda)\ln\frac{\lambda+\rho-\rho\lambda}{2\alpha}+\rho\ln\frac{1-\rho}{2(1-\alpha)}-(\lambda+\rho-\rho\lambda-2\alpha) \tag{4.75}$$

和

$$\pi^{ST}_{2-NE}=(1-\rho)[(1-\lambda)v^{ST}_{1-NE}+v^{ST}_{2-NE}]-c^{ST}_{2-NE}$$
$$=(1-\rho)(1-\lambda)\ln\frac{\lambda+\rho-\rho\lambda}{2\alpha}+(1-\rho)\ln\frac{1-\rho}{2(1-\alpha)}-(2\alpha-1-\rho) \tag{4.76}$$

最后，将参与方在重复博弈中契约型联盟治理结构下的最优反应收益 π^{BR}_{i-NE}、最优决策收益 π^{FB}_{i-NE} 以及触发策略下静态均衡收益 π^{ST}_{i-NE} 分别代入（4.47）式至（4.50）式中，得到参与方背叛的短期得益（食言诱惑）P^{d}_{i-NE} 以及因背叛而遭受的长期损失（惩罚收益）P^{p}_{i-NE} 分别为

$$P^{d}_{1-NE}=\pi^{BR}_{1-NE}-\pi^{FB}_1$$
$$=(\lambda+\rho-\rho\lambda)\ln(\lambda+\rho-\rho\lambda)+(1-\lambda+\rho\lambda-\rho) \tag{4.77}$$

$$P^{d}_{2-NE}=\pi^{BR}_{2-NE}-\pi^{FB}_2=(1-\rho)\ln(1-\rho)+\rho \tag{4.78}$$

$$P^{p}_{1-NE}=\pi^{FB}_1-\pi^{ST}_{1-NE}$$
$$=(\lambda+\rho-\rho\lambda)\ln\frac{1}{\lambda+\rho-\rho\lambda}+\rho\ln\frac{1}{1-\rho}+(\lambda+\rho-\rho\lambda-1) \tag{4.79}$$

$$P^{p}_{2-NE}=\pi^{FB}_2-\pi^{ST}_{2-NE}$$
$$=(1-\rho)(1-\lambda)\ln\frac{1}{\lambda+\rho-\rho\lambda}+(1-\rho)\ln\frac{1}{1-\rho}-\rho \tag{4.80}$$

再将（4.77）、(4.78)、(4.79）和（4.80）式分别代入（4.45）和（4.46）式中，得到关系契约自动履行的激励相容条件

$$(\lambda+\rho-\rho\lambda)\ln(\lambda+\rho-\rho\lambda)+(1-\rho-\lambda+\lambda\rho)\leqslant$$
$$\frac{\delta}{1-\delta}\left[(\lambda+\rho-\rho\lambda)\ln\frac{1}{(\lambda+\rho-\rho\lambda)}+\rho\ln\frac{1}{(1-\rho)}+(\rho+\lambda-\rho\lambda-1)\right] \tag{4.81}$$

和

$$(1-\rho)\ln(1-\rho)+\rho\leqslant$$
$$\frac{\delta}{1-\delta}\left[(1-\rho)(1-\lambda)\ln\frac{1}{(\lambda+\rho-\rho\lambda)}+(1-\rho)\ln\frac{1}{(1-\rho)}-\rho\right] \tag{4.82}$$

进一步简化求出参与方 A 和 B 采取关系契约决策的贴现率取值范围

$$\delta_{1\text{-NE}}\geqslant\frac{(\lambda+\rho-\rho\lambda)\ln(\lambda+\rho-\rho\lambda)+(1-\lambda+\rho\lambda-\rho)}{-\rho\ln(1-\rho)} \tag{4.83}$$

$$\delta_{2\text{-NE}}\geqslant\frac{(1-\rho)\ln(1-\rho)+\rho}{-(1-\rho)(1-\lambda)\ln(\lambda+\rho-\rho\lambda)} \tag{4.84}$$

同样，对不等式（4.83）和（4.84）分别取等号得到双方贴现率的下界 $\underline{\delta_{1\text{-NE}}^{RG}}$ 和 $\underline{\delta_{2\text{-NE}}^{RG}}$。假定参与方 A 和 B 具有共同的时间偏好（即双方具有共同的贴现率），因此令 $\underline{\delta_{1\text{-NE}}^{RG}}=\underline{\delta_{2\text{-NE}}^{RG}}$，得到关系契约自动履行的充要条件（此时的贴现率取值同时满足双方激励相容约束条件）。

$$\frac{(\lambda+\rho-\rho\lambda)\ln(\lambda+\rho-\rho\lambda)+(1-\rho-\lambda+\lambda\rho)}{-\rho\ln(1-\rho)}=$$
$$\frac{(1-\rho)\ln(1-\rho)+\rho}{-(1-\rho)(1-\lambda)\ln(\lambda+\rho-\rho\lambda)} \tag{4.85}$$

由方程（4.85）解得参与方 A 和 B 在契约型联盟治理结构下遵循关系契约决策的最优盈余分享比例

$$\rho_{NE}^{RG}=\frac{1-\lambda}{2-\lambda} \tag{4.86}$$

式中，

$\lambda\in[0,1)$，且 $\rho\in(0,0.5]$。

注意，(4.86）式中的 ρ 不超过 0.5 意味着参与方 A 的分割比例至多为一半。再将（4.86）式代入（4.83）或者（4.84）式得到在重复博弈中契约型联

盟治理结构下关系契约得以执行的最小贴现率

$$\underline{\delta_{NE}^{RG}} = -\frac{\frac{1}{2-\lambda}\ln\frac{1}{2-\lambda}+\frac{1-\lambda}{2-\lambda}}{\frac{1-\lambda}{2-\lambda}\ln\frac{1}{2-\lambda}} = -\frac{(1-\rho)\ln(1-\rho)+\rho}{\rho\ln(1-\rho)} \tag{4.87}$$

进一步简化，得

$$\underline{\delta_{NE}^{RG}} = \frac{(1-\lambda)-\ln(2-\lambda)}{(1-\lambda)\ln(2-\lambda)} \tag{4.88}$$

通过观察（4.87）式不难发现，$\underline{\delta_{NE}^{RG}}$是 ρ 的减函数。当 $\rho\to0$（即 $\lambda\to1$）时 $\underline{\delta_{NE}^{RG}}\to0.5$；而当 $\rho=0.5$（即 $\lambda\to0$）时，$\underline{\delta_{NE}^{RG}}=0.442695$。因此，重复博弈中契约型联盟治理结构下的最低贴现率取值范围为 $0.442695\leqslant\underline{\delta_{NE}^{RG}}\leqslant0.5$。当且仅当参与方投资具有完全的资产专用性时，$\underline{\delta_{NE}^{RG}}=\underline{\delta_{EJV}^{RG}}=0.442695$，此时很小的贴现率就足以支持关系契约自动履行。

四、重复博弈下两种联盟治理结构的比较

1. 重复博弈下每一种联盟治理结构都可以通过关系契约而实现社会最优

虽然在一次性交互中没有一种联盟治理结构能够达到最优，但是在重复博弈中，由于参与方处在长期维系的关系中，并且时刻关注未来交易的价值，因此关系契约的存在使得机会主义和敲竹杠问题可能并不像一次性博弈那么严重。特别是本研究对战略联盟中关系契约的进一步分析表明，在重复交易中，无论是股权型联盟治理结构还是契约型联盟治理结构下，都可能存在支持关系契约的最低贴现率取值范围，所以，两种治理结构均可能成为最佳的联盟治理结构并实现社会最优产出。而 Hart 和 Moore（1990）基于传统的静态产权分析表明，联合所有权（股权型联盟治理结构）是次优选择，所以本研究基于关系动态的研究结论是对比较静态产权分析的重要补充。因此得到命题 4：

命题 4　重复博弈中两种联盟治理结构都可以通过关系契约而成为最优选择。

2. 在不同治理结构下关系契约得以自动履行的条件具有很大差别

通过对股权型联盟治理结构和契约型联盟治理结构下实现社会最优的激励相容条件分析表明，两种联盟治理结构下支持关系契约的贴现率取值不同。其中，在契约型联盟治理结构下支持关系契约的最低贴现率为 $\underline{\delta_{NE}^{RC}} = \frac{(1-\lambda)-\ln(2-\lambda)}{(1-\lambda)\ln(2-\lambda)}$，表明资产专用性在决定关系契约存在条件方面起重要作用。当资产专用性程度很高（即 $\lambda \to 0$）时，契约型联盟治理结构下的最低贴现率趋近于股权型联盟治理结构下的最低贴现率 0.442695，即随着参与方之间资产专用性程度的逐步提高（即 $\lambda \to 0$），能够支持关系契约的贴现率下界逐渐减小（即由 0.5 下降到 0.442695）。这表明即使在重复交互中，资产专用性的增加仍然导致更高的敲竹杠和机会主义风险，此时参与方的耐心较低(或者说参与方更加关注因资产专用性而产生的敲竹杠风险)；而当参与方投资具有完全资产专用性时，契约型联盟治理结构下的贴现率等于股权型联盟治理结构下的贴现率取值，这说明参与方应该选择控制程度更为严格的股权型联盟治理结构而不是契约型联盟治理结构。对资产专用性的上述分析得出了与交易成本理论预期吻合的研究结果。因此，本研究得到下面的命题：

命题 5　在重复博弈中，如果联盟中涉及高度的专用性资产投资，那么参与方将更可能选择股权型联盟治理结构。

而当资产没有任何专用性（即 $\lambda \to 1$）时，契约型联盟治理结构下最低贴现率取得较大的下限值 0.5；而且进一步分析还可以看出，契约型联盟治理结构下最低贴现率 $\underline{\delta_{NE}^{RC}}$ 取值在 $0.442695 \leqslant \underline{\delta_{NE}^{RC}} \leqslant 0.5$ 这一范围内，从而契约型联盟治理结构下最低贴现率始终大于等于股权型联盟治理结构下的最低贴现率($\underline{\delta_{EJV}^{RC}} = 0.442695$)。这些结果表明，在长期重复交互中，参与方要具有更大的耐心（即更加注重声誉和未来交易的价值）将契约型联盟治理结构下的最优决策规则支持为关系契约。这一结论有助于理解关系契约下的联盟治理结构选择，那些基于长期关系历史和广泛联盟经历而积累了很高声誉的参与方，常常依赖于单一所有权的契约型联盟治理结构就可以有效地抑制机会主义，而无需依赖控制程度严格的股权联盟治理结构（联合控制）。从这个意义上来讲，声誉充当了对所有权控制的替代。因此，本研究得出如下命题：

命题 6　在重复博弈中，关系契约的存在减少了对股权型联盟治理结构的依赖。

第五节　模型分析的结果与讨论

一、联盟治理结构建模分析的主要结论

联盟治理结构选择的目标是实现社会总盈余最大化，而最优联盟治理结构常常通过所有权配置和转移支付来发挥作用，通过引入关系契约理论，本章得到了关于联盟治理结构选择的以下结论：

1. 联盟中高度的资产专用性将导致对股权控制的依赖

本章第三节的命题 3 表明，在静态博弈中随着参与方之间资产专用性程度的逐步提高（即 $\lambda \to 0$），那么投资方极少有外部选择的机会，从而交易方退出交易过程和结束契约关系的难度增加，因此，参与方更趋向于选择控制程度严格的股权型联盟治理结构。而本章第四节对重复博弈下联盟治理结构模型的分析表明，即使在重复交互中，资产专用性的增加（即 $\lambda \to 0$）仍然导致更高的机会主义风险，此时参与方更加关注因资产专用性而引发伙伴敲竹杠行为，因此参与方对于建立持久合作声誉的耐心较低，随着不确定性和敲竹杠的风险逐渐增加，股权控制将逐步取代声誉机制而居于支配地位。

综合上述研究结果不难发现，无论是在静态博弈还是重复交互中，高度的资产专用性都增加了选择股权型联盟治理结构的可能性。本章不仅使得联盟治理结构的模型化分析成为可能，而且取得了与交易成本理论预期完全一致的研究结论。因此，综合命题 3 和命题 5 可以得出下面的推论：

推论 1　无论是在一次性交互还是重复交互中，高度的资产专用性都将导致对股权型联盟治理结构的依赖。

2. 在重复博弈中两种联盟治理结构都可以支持关系契约的实施

在一次性交互中，参与方均在私人利益最大化的博弈上有唯一的纳什均衡，但是在社会利益最大化上则不一定是事后有效的。本研究对联盟治理结构选择的静态分析表明，静态博弈中的最优联盟治理结构仅仅取决于纳什均衡，但是两种联盟治理结构下的总盈余收益均低于社会最优水平的总盈余，即 $\pi_{EJV}^{ST} < \pi^{FB}$ 和 $\pi_{NE}^{ST} < \pi^{FB}$。这揭示出在一次性交互中敲竹杠问题不可避免，个人利益最大化决策导致非效率的囚徒博弈结果，因此在这种有效的静态博弈中，尽管股权型联盟治理结构将会产生比契约型联盟治理结构更大的社会总盈余，但是没有一种联盟治理结构能够在静态博弈中达到最优。这一结论与 BGM 对契约型联盟治理结构的分析结果一致。

然而本研究对联盟治理结构选择的动态分析表明，如果收益贴现率高于其下限值（即 $\delta \geq \underline{\delta^{RG}}$）时，触发策略是无限重复博弈的子博弈精练纳什均衡，因此联盟参与方将走出囚徒困境而实现 Pareto 社会最优。这一结果说明，如果博弈重复无限次且参与方有足够的耐心，那么任何机会主义行为的短期得益都微不足道，因为参与方总是有积极性来建立其乐于合作的声誉，同时也有积极性来惩罚对方的机会主义行为。由此可见，联盟中关系契约的存在减少了静态治理中的事后无效性，从而每一种联盟治理结构都可以借助于关系契约来实现社会最优结果。对重复博弈中关系契约存在条件的进一步研究表明，契约型联盟治理结构比股权型联盟治理结构下有更为严格的激励相容约束，它要求参与方对未来的交易具有更大的耐心，并且以更大的贴现率来支持关系契约的自动履行。换言之，契约型联盟治理结构下要求参与方具有更高的声誉资本。

本章第四节基于重复博弈的联盟治理结构模型揭示了战略联盟的关系契约属性。其中命题 4 表明，在长期关系中每种联盟治理结构都可以通过关系契约来实现社会最优结果，因此关系治理可以看成是除了正式的所有权结构之外的应对伙伴机会主义行为的另一种联盟治理机制。而命题 6 则表明，重复交互关系可以减少对股权型联盟治理结构的依赖，进而揭示出非正式的关系契约对正式的联盟治理结构的替代效果。结合命题 4 和命题 6 可以得到下面的推论：

推论 2 重复博弈中关系契约的存在可以减少伙伴机会主义可能性，因此参与方更可能建立控制程度较弱的契约型联盟治理结构。

3. 不同联盟治理结构下具有不同的最佳盈余分享规则

本研究假定，股权型联盟治理结构下参与方 A 按照约定的盈余分享比例 ρ 从合作总盈余中获得相应份额，模型分析表明，无论是一次性博弈还是重复博弈中，股权型联盟治理结构下的最优盈余分享规则均为参与方之间的对等分配。但是契约型联盟治理结构下的最优盈余分享规则具有很大的差异，在静态博弈中契约型联盟治理结构下参与方 A 所有权下获得的盈余分享比例为 $\rho_{NE}^{ST}=\frac{(2\lambda^2-3\lambda+2)-\sqrt{4(\lambda-1)^2+\lambda^2}}{2(\lambda^2-\lambda)}$，而在重复博弈中，契约型联盟治理结构下参与方 A 的最佳分享比例为 $\rho=\frac{1-\lambda}{2-\lambda}$。不难看出，无论是在静态博弈还是在重复博弈中，契约型联盟治理结构下的盈余分享比例都与参与方之间的资产专用性水平 λ 密切相关，当参与方之间的资产投资具有完全专用性（即 λ→0）时，这一盈余分享比例可以达到与股权型联盟治理结构下相等的分享比例 0.5，说明当参与方 B 对于参与方 A 投资价值的实现而言是必不可少的时候，具有资产所有权的参与方（A）最多能够取得总盈余一半的分享比例；而当参与方之间的资产投资完全没有专用性（即 λ→0）时，参与方 B 对于参与方 A 投资价值的实现而言可有可无，那么这一盈余分享比例分析比例趋近于 0。上述分析结果表明在契约型联盟治理结构下，当参与方具有外部选择（即投资具有非完全专用性）时，拥有资产所有权的参与方只能取得不到一半的总盈余收益，并且这一盈余分享比例随着资产专用性程度的降低而降低。

二、本研究指数成本函数与二次成本函数的比较

为进一步说明本研究成本函数比 Garvey（1995）的二次成本函数更具有普适性，下面引用 Garvey（1995）成本函数来构建联盟治理结构选择模型。在 Garvey（1995）声誉模型中假定参与方 A 和 B 的成本函数分别为 c_1 =

$\frac{v_1^2}{2\alpha}$，$c_2=\frac{v_2^2}{2(1-\alpha)}$，其中 $0\leqslant\alpha\leqslant1$，$v_i\geqslant0$。因此，双方合作的总盈余为 $\pi=v_1+v_2-\frac{v_1^2}{2\alpha}-\frac{v_2^2}{2(1-\alpha)}$，在社会最优水平下的投资和成本水平分别为：$v_1^{FB}=\alpha$，$v_2^{FB}=1-\alpha$ 和 $c_1^{FB}=\frac{\alpha}{2}$，$c_2^{FB}=\frac{1-\alpha}{2}$。

1. 静态博弈中联盟治理成本和收益分析

在静态博弈中，股权型联盟治理结构下参与方的盈余收益为 $\pi_{1-EJV}^{ST}=\rho(v_1+v_2)-\frac{v_1^2}{2\alpha}$ 和 $\pi_{2-EJV}^{ST}=(1-\rho)(v_1+v_2)-\frac{v_2^2}{2(1-\alpha)}$。根据一阶条件求得参与方根据私人利益最大化准则来选择的投资或者努力水平分别为 $v_{1-EJV}^{ST}=\rho\alpha$ 和 $v_{2-EJV}^{ST}=(1-\rho)(1-\alpha)$，相应地，参与方的成本水平分别为 $c_{1-EJV}^{ST}=\frac{1}{2}\rho^2\alpha$ 和 $c_{2-EJV}^{ST}=\frac{1}{2}(1-\rho)^2(1-\alpha)$。

而在静态博弈中，契约型联盟治理结构下参与方的盈余收益为 $\pi_{1-NE}^{ST}=\lambda v_1+\rho[(1-\lambda)v_1+v_2]-\frac{v_1^2}{2\alpha}$ 和 $\pi_{2-NE}^{ST}=(1-\rho)[(1-\lambda)v_1+v_2]-\frac{v_2^2}{2(1-\alpha)}$，根据一阶条件求得参与方从私人利益最大化出发所做出的投资或者努力水平分别为 $v_{1-NE}^{ST}=\alpha(\lambda+\rho-\rho\lambda)$ 和 $v_{2-NE}^{ST}=(1-\rho)(1-\alpha)$，相应地，参与方 A 和 B 承担的私人成本分别为 $c_{1-NE}^{ST}=\frac{1}{2}(\lambda+\rho-\rho\lambda)^2\alpha$ 和 $c_{2-NE}^{ST}=\frac{1}{2}(1-\rho)^2(1-\alpha)$。

2. 重复博弈中联盟治理结构分析

(1) 重复博弈中股权型联盟治理结构下关系契约的自动履行条件。重复博弈中股权型联盟治理结构下参与方 i 的最优反应收益 π_{i-EJV}^{BR}、最优决策收益 π_{i-EJV}^{FB} 以及静态均衡收益 π_{i-EJV}^{ST} 分别为：

$$\pi_{1-EJV}^{BR}=\rho(v_{1-EJV}^{BR}+v_2^{FB})-c_{1-EJV}^{BR}=\frac{1}{2}\rho^2\alpha+\rho-\rho\alpha \tag{4.89}$$

$$\pi_{2-EJV}^{BR}=(1-\rho)(v_1^{FB}+v_{2-EJV}^{BR})-c_{2-EJV}^{BR}=\frac{1}{2}(1-\rho)^2(1-\alpha)+\alpha(1-\rho) \tag{4.90}$$

$$\pi_{1-EJV}^{FB}=\rho(v_1^{FB}+v_2^{FB})-c_1^{FB}=\rho(\alpha+(1-\alpha))-\frac{1}{2}\alpha=\rho-\frac{1}{2}\alpha \tag{4.91}$$

$$\pi_{2-EJV}^{FB}=(1-\rho)(v_1^{FB}+v_2^{FB})-c_2^{FB}=(1-\rho)-\frac{1}{2}(1-\alpha) \tag{4.92}$$

$$\pi_{1-EJV}^{ST}=\rho(v_{1-EJV}^{ST}+v_{2-EJV}^{ST})-c_{1-EJV}^{ST}=\frac{1}{2}\rho^2\alpha+\rho(1-\rho)(1-\alpha) \tag{4.93}$$

$$\pi_{2-EJV}^{ST}=(1-\rho)(v_{1-EJV}^{ST}+v_{2-EJV}^{ST})-c_{2-EJV}^{ST}=\rho\alpha(1-\rho)+\frac{1}{2}(1-\rho)^2(1-\alpha) \tag{4.94}$$

进而得到参与方 i 背叛的短期得益（食言诱惑）P_{i-EJV}^d 和因背叛而遭受的长期损失（惩罚收益）P_{i-EJV}^p 分别为：

$$P_{1-EJV}^d=\pi_{1-EJV}^{BR}-\pi_{1-EJV}^{FB}=\frac{1}{2}\alpha(1-\rho)^2 \tag{4.95}$$

$$P_{2-EJV}^d=\pi_{2-EJV}^{BR}-\pi_{2-EJV}^{FB}=\frac{1}{2}(1-\rho)^2(1-\alpha)+\alpha(1-\rho)-(1-\rho)+\frac{1}{2}(1-\alpha) \tag{4.96}$$

$$P_{1-EJV}^p=\pi_{1-EJV}^{FB}-\pi_{1-EJV}^{ST}=-\frac{3}{2}\rho^2\alpha+\rho^2+\rho\alpha-\frac{1}{2}\alpha \tag{4.97}$$

$$P_{2-EJV}^p=\pi_{2-EJV}^{FB}-\pi_{2-EJV}^{ST}=\alpha-2\rho\alpha+\frac{3}{2}\rho^2\alpha-\frac{1}{2}\rho^2 \tag{4.98}$$

因此，股权型联盟治理结构下参与方 A 和 B 遵循关系契约决策的激励相容约束条件分别为：

$$\frac{1}{2}\alpha(1-\rho)^2\leqslant\frac{\delta}{1-\delta}(-\frac{3}{2}\rho^2\alpha+\rho^2+\rho\alpha-\frac{1}{2}\alpha) \tag{4.99}$$

$$\frac{1}{2}(1-\alpha)\rho^2\leqslant\frac{\delta}{1-\delta}(\alpha-2\rho\alpha+\frac{3}{2}\rho^2\alpha-\frac{1}{2}\rho^2) \tag{4.100}$$

进一步简化得到参与方 A 和 B 采取关系契约决策的贴现率可能取值范围如下：

$$\delta_{1-EJV}\geqslant\frac{\alpha(1-\rho)^2}{2\rho^2(1-\alpha)} \tag{4.101}$$

$$\delta_{2-EJV}\geqslant\frac{\rho^2(1-\alpha)}{2\alpha(1-\rho)^2} \tag{4.102}$$

当 $\underline{\delta_{1-EJV}}=\underline{\delta_{2-EJV}}$ 时，有

$$\frac{\alpha(1-\rho)^2}{2\rho^2(1-\alpha)} = \frac{\rho^2(1-\alpha)}{2\alpha(1-\rho)^2} \tag{4.103}$$

因此，契约型联盟治理结构下参与方采取关系契约决策的最低贴现率为 $\underline{\delta_{EJV}} = 0.5$。

(2) 重复博弈中契约型联盟治理结构下关系契约的自动履行条件。重复博弈中契约型联盟治理结构下参与方 i 的最优反应收益 π^{BR}_{i-NE}、最优决策收益 π^{FB}_{i-NE} 以及静态均衡收益 π^{ST}_{i-NE} 分别为

$$\pi^{BR}_{1-NE} = (\lambda+\rho-\rho\lambda)v^{BR}_{1-NE} + \rho v^{FB}_2 - c^{BR}_{1-NE} = \frac{1}{2}\alpha(\lambda+\rho-\rho\lambda)^2 + \rho(1-\alpha) \tag{4.104}$$

$$\begin{aligned}\pi^{BR}_{2-NE} &= (1-\rho)[(1-\lambda)v^{FB}_1 + v^{BR}_{2-NE}] - c^{BR}_{2-NE}\\ &= (1-\rho)(1-\lambda)\alpha + \frac{1}{2}(1-\rho)^2(1-\alpha)\end{aligned} \tag{4.105}$$

$$\pi^{FB}_{1-NE} = (\lambda+\rho-\rho\lambda)v^{FB}_1 + \rho v^{FB}_2 - c^{FB}_1 = (\lambda+\rho-\rho\lambda)\alpha + \rho(1-\alpha) - \frac{1}{2}\alpha \tag{4.106}$$

$$\begin{aligned}\pi^{FB}_{2-NE} &= (1-\rho)[(1-\lambda)v^{FB}_1 + v^{FB}_2] - c^{FB}_2\\ &= (1-\rho)(1-\lambda)\alpha + (1-\rho)(1-\alpha) - \frac{1}{2}(1-\alpha)\end{aligned} \tag{4.107}$$

$$\begin{aligned}\pi^{ST}_{1-NE} &= (\lambda+\rho-\rho\lambda)v^{ST}_{1-NE} + \rho v^{ST}_{2-NE} - c^{ST}_{1-NE}\\ &= \frac{1}{2}\alpha(\lambda+\rho-\rho\lambda)^2 + \rho(1-\alpha)(1-\rho)\end{aligned} \tag{4.108}$$

$$\begin{aligned}\pi^{ST}_{2-NE} &= (1-\rho)[(1-\lambda)v^{ST}_{1-NE} + v^{ST}_{2-NE}] - c^{ST}_{2-NE}\\ &= \alpha(1-\rho)(1-\lambda)(\lambda+\rho-\rho\lambda) + \frac{1}{2}(1-\rho)^2(1-\alpha)\end{aligned} \tag{4.109}$$

参与方 i 背叛的短期得益（食言诱惑）P^d_{i-NE} 以及因背叛而遭受的长期损失（惩罚收益）P^p_{i-NE} 分别为

$$P^d_{1-NE} = \pi^{BR}_{1-NE} - \pi^{FB}_1 = \frac{1}{2}\alpha(\lambda+\rho-\rho\lambda-1)^2 \tag{4.110}$$

$$P^d_{2-NE} = \pi^{BR}_{2-NE} - \pi^{FB}_2 = \frac{1}{2}(1-\alpha)\rho^2 \tag{4.111}$$

$$P_{1-NE}^{P}=\pi_1^{FB}-\pi_{1-NE}^{ST}=-\frac{1}{2}\alpha(\lambda+\rho-\rho\lambda-1)^2+\rho^2(1-\alpha) \quad (4.112)$$

$$P_{2-NE}^{P}=\pi_2^{FB}-\pi_{2-NE}^{ST}=\alpha(1-\rho)^2(1-\lambda)^2-\frac{1}{2}\rho^2(1-\alpha) \quad (4.113)$$

因此，契约型联盟治理结构下参与方 A 和 B 遵循关系契约决策的激励相容约束条件分别为

$$\frac{1}{2}\alpha(\lambda+\rho-\rho\lambda-1)^2\leqslant\frac{\delta}{1-\delta}\left[\rho^2(1-\alpha)-\frac{1}{2}\alpha(\lambda+\rho-\rho\lambda-1)^2\right] \quad (4.114)$$

$$\frac{1}{2}(1-\alpha)\rho^2\leqslant\frac{\delta}{1-\delta}\left[\alpha(1-\rho)^2(1-\lambda)^2-\frac{1}{2}\rho^2(1-\alpha)\right] \quad (4.115)$$

进一步简化得到参与方 A 和 B 采取关系契约决策的贴现率可能取值范围如下

$$\delta_{1-NE}\geqslant\frac{\alpha(1-\rho)^2}{2\rho^2(1-\alpha)}(1-\lambda)^2 \quad (4.116)$$

$$\delta_{2-NE}\geqslant\frac{\rho^2(1-\alpha)}{2\alpha(1-\rho)^2(1-\lambda)^2} \quad (4.117)$$

当 $\underline{\delta_{1-NE}}=\underline{\delta_{2-NE}}$ 时，有

$$\frac{\alpha(1-\rho)^2}{2\rho^2(1-\alpha)}(1-\lambda)^2=\frac{\rho^2(1-\alpha)}{2\alpha(1-\rho)^2(1-\lambda)^2} \quad (4.118)$$

进一步简化为

$$\alpha^2(1-\rho)^4(1-\lambda)^4=(1-\alpha)^2\rho^4 \quad (4.119)$$

因此，契约型联盟治理结构下参与方采取关系契约决策的最低贴现率为 $\delta_{NE}=0.5$。

通过上述分析可以看出，基于 Garvey（1995）二次成本函数构建的联盟治理结构模型选择中，两种联盟治理结构下关系契约得以自动履行的激励相容约束条件相同，即 $\underline{\delta_{EJV}}=\underline{\delta_{NE}}=0.5$。这表明 Garvey 二次成本函数恰好是联盟成本函数曲线族中的一个特例，以此为基础构建的模型无法揭示股权型和契约型联盟治理结构之间的差异。

而本研究从更具有普适性指数形式的成本函数出发来建构联盟治理结构选择模型，结果表明股权型和契约型联盟治理结构下关系契约得以自动履行的约束条件有很大差别，$\underline{\delta_{NE}^{RG}}=\frac{(1-\lambda)-\ln(2-\lambda)}{(1-\lambda)\ln(2-\lambda)}\geqslant\underline{\delta_{EJV}^{RG}}=0.442695$。尽管这

一指数成本函数也是所有成本函数曲线族当中的一种，但是，由于该成本函数在数学性质上具有很好的光滑性（连续可导）和参数灵敏性，因此，基于指数成本函数构建的联盟治理结构模型更有助于揭示股权型和契约型联盟治理结构之间的差异及其适用条件。

综上所述，本研究构建了联盟参与方投资成本函数 $c(v_1)=2\alpha(e^{v_1}-1)$，$c(v_2)=2(1-\alpha)(e^{v_2}-1)$，该成本函数不仅满足不完全契约理论下关于投资成本的一般特征，而且比 Garvey（1995）的二次成本函数更具有一般性和区分度，同时也比 Halonen（2002）的抽象投资成本函数 c（v_i）更为清晰和直观。正是由于本研究构建的联盟投资成本函数既具有一般性，又具有建模求解上的简洁性，所以，以此为基础构建的联盟治理结构选择模型具有普适性和很好的解释能力。

三、本研究模型与已有研究成果的比较

本研究以 BGM（2004）、Garvey（1995）、Halenon（2002）的研究为基础，综合不完全契约和关系契约的最新研究成果探究联盟治理结构选择，并且取得了一些重要研究结论。但是，本研究与上述已有研究成果相比具有以下不同：

1. 本研究与 BGM（2004）的不同

由于 BGM（2004）认为资产专用性不起作用，所以 BGM 模型中仅仅考虑了契约型联盟治理结构（单一所有权结构）下的战略联盟治理，而未能考虑股权型联盟治理结构情况。但是本研究同时考虑了契约型联盟治理结构和股权型联盟治理结构两种不同情况，并且将资产专用性作为联盟治理结构建模的主要参数。本研究模型分析表明无论是静态博弈还是重复博弈中，资产专用性的高低是决定联盟治理结构选择的关键因素，而且当完全资产专用性时所有权结构无关紧要，但是非完全专用性时两种联盟治理结构具有很大的不同。

2. 本研究与 Garvey（1995）的区别

首先，Garvey 的模型仅仅关注一体化与联盟之间的选择，而对于不同联

盟组织之间在所有权结构上的差异没有进一步探究，因此未能明确区分股权型和契约型两种联盟治理结构的不同。

其次，Garvey（1995）模型把分享比例等同于所有权结构，未能考虑交易中资产专用性程度对治理结构的影响。本研究将盈余分享比例与联盟治理结构看成是不同的但是又相互联系的概念，并且给出不同联盟治理结构下的最优盈余分享规则。结果表明，无论是静态博弈还是重复博弈中，在股权型联盟治理结构下，各参与方具有相同的盈余分享份额（各自取得总盈余的一半）；但是在契约型联盟治理结构下，盈余分享份额需要通过契约协议来确定，而且拥有资产所有权一方的盈余分享比例与资产专用性程度相关，随着资产专用性程度的提高，这一分享比例逐渐接近于 0.5，而且在完全资产专用性下两种联盟治理结构下的分享比例相等。

再次，Garvey（1995）模型所构建的参与方投资（或努力）的成本函数不具有普适性，本章第五节基于 Garvey（1995）的二次成本函数对联盟治理结构进行重新建模求解结果表明，联盟参与方无论是选择股权型联盟治理结构还是契约型联盟治理结构都导致相同的收益贴现率 0.5，这说明 Garvey（1995）模型中仅仅给出成本函数族中的一种特殊情况，在二次成本函数两种联盟治理结构没有差异。

3. 本研究与 Halonen（2002）的区别

Halonen（2002）假定参与方对谈判盈余具有相同的分享比例。而本研究将分享比例加以一般化表达，通过分析盈余分享比例导致的收益贴现因子差异，给出了不同联盟治理结构下关系契约得以自动履行的充要条件，而且由于本研究对 Halonen 的成本函数给出了更简洁的表述形式，所以本研究关于联盟治理结构选择的研究结论更为具体和清晰。

四、模型的扩展讨论

1. 对联盟治理结构选择及其治理匹配程度的进一步分析

根据本研究的模型分析可以看出，在股权型联盟治理结构和契约型联盟治理结构下关系契约得以支持的条件不同，由于股权型联盟治理结构涉及更多的所有权控制，因此其关系契约得以支持的贴现率水平低于契约型联盟治理结构。图 4–3 显示了重复博弈中不同贴现率取值范围与股权型和契约型联盟治理结构之间的对应关系。

图 4–3 重复博弈下的联盟治理结构选择

从图 4–3 可以看出，随着收益贴现率水平的改变，联盟治理匹配程度将发生如下变化：首先，当贴现率 $\delta < \delta_{EJV}^{RG}$ 时，参与方非常没有耐心且声誉资本很低，此时无论是股权型还是契约型联盟治理结构都无法有效地应对机会主义风险，从而导致两种联盟治理结构均存在治理不足，因此无法支持关系契约的实施。其次，随着参与方耐心的增加（对声誉的关注水平增加）到 $\delta_{EJV}^{RG} < \delta < \delta_{NE}^{RG}$ 时，股权型联盟治理结构下触发策略规则可以被支持为关系契约，此时股权型联盟治理结构可以有效抑制机会主义行为并且实现联盟治理匹配；而契约型联盟治理结构对机会主义风险的较弱的控制能力则会导致治理不足。再次，随着参与方耐心的进一步增加直至 $\delta > \delta_{NE}^{RG}$ 时，股权型和契约型联盟治理结构都可以有效抑制机会主义和敲竹杠行为，但是股权型联盟治理结构更高的控制水平将引发过度治理（即治理水平超过机会主义风险水平从而治理成本增加）；相反，参与方更高的声誉使得控制程度较弱的契约型联盟治理结构就足以将触发策略规则支持为关系契约，因此契约型联盟治理结构与相应的机会主义风险水平恰好达到治理匹配。

本研究把能够达到机会主义风险与治理的成本和效能恰当匹配的联盟治理结构称为有效的联盟治理结构。这一界定对于联盟治理结构与联盟绩效的相关关系研究具有重要意义，在本书第七章联盟绩效分析部分将对此进行实证性检验。

2. 关系契约的局限性分析

本研究的联盟治理结构模型表明，当收益贴现率低于支持关系契约所要求的最低贴现率水平（即 $\delta < \delta_{EJV}^{RG}$）时，无论是股权型联盟治理结构还是契约型联盟治理结构都将导致联盟治理不足，因此，关系契约得以支持的激励相容约束无法满足。Klein（1996，2000）、[31-32] Klein 和 Murphy（1997，1998）[139-140] 也一再强调契约是不完备的，因为写下能够描述每种状态下绩效的契约的代价十分高昂，当这些无法缔约的状态发生时，各方常常依赖于非正式的理解来保证绩效。然而在某些极端的状态下，可能没有足够的声誉资本使得非正式的理解可以自动履行，从而导致敲竹杠的发生。

Itoh 和 Morita（2006）[114] 对于重复博弈中因贴现率过低而无法解决机会主义的情况进行了探讨，他指出当贴现率不够高的情况下，只有签订一个正式价格契约并且与关系契约组合在一起的时候才可能产生更高投资。由于固定价格契约设计已经超出了本书的研究范围，所以本研究未能对此予以进一步的探讨。然而关系契约的上述局限性说明，非正式的契约安排具有一定的使用范围和前提条件，只有社会信誉的基础已经达到一定的水平（如 $\delta > \delta_{EJV}^{RG}$）时才可能考虑关系契约的自动履行机制及其对正式契约机制的替代作用。然而，当这一基本的前提条件尚不具备，特别是当社会法律体系以及声誉体系不够健全的情况下，关系契约自动履行机制难以发挥作用。关系契约的局限性恰恰反映了正式契约机制的建立对于保证合作的基础性作用，任何联盟合作的成功首先都离不开正式制度保证，非正式机制只有与正式机制组合应用才能发挥其补充作用。

本章小结

本章组合运用不完全契约理论以及以关系契约理论来分析联盟治理结构，构建了基于双边动态契约的联盟治理结构选择模型，并且揭示了关系契约理论对传统不完全契约理论的补充和替代效果。

本章的联盟治理结构模型表明，在一次性交易中没有一种联盟治理结构可以达到社会最优，股权型联盟治理结构是次优选择，但是随着参与方投资专用性程度的增加，参与方外部选择的可能性降低而相互依赖性提高，此时契约型联盟治理结构将逐步被股权型联盟治理结构所取代，从而股权型联盟治理结构将成为最优选择。

然而在重复博弈中，关系契约的存在使得每一种联盟治理结构都可能成为最优，但是不同治理结构下实现最优的约束条件会有较大的差异。其中，契约型联盟治理结构下关系契约得以支持的条件比股权型联盟治理结构更高，只有当参与方非常有耐心（即非常关注其声誉资本和未来交易的价值时）才存在支持社会最优的关系契约。这表明，长期的前期联系和广泛的联盟经历可以充当约束伙伴机会主义行为的非正式机制，从而减少对股权参与的依赖。然而，即便是在重复博弈中，资产专用性程度的提高仍然会导致机会主义风险的增加，此时契约型联盟治理结构无法有效地抑制联盟风险，所以需要依赖于控制程度更加严格的股权型联盟治理结构。

第五章 联盟治理结构选择的实证研究设计

本书第四章从契约不完全性这一基本假定出发，构建了基于关系契约理论的联盟治理结构选择的数学模型。一方面，数学模型给出了联盟治理结构选择的正式化分析工具，从而弥补了交易成本理论和社会关系理论单纯依赖质性研究和经验研究的不足；[①] 另一方面，该模型以不完全契约理论为基础并将关系契约理论引入联盟治理结构的选择当中，从而构建从静态契约到动态关系契约的联盟治理结构研究理论框架。但是，理论模型的应用和推广还必须经过实证检验并且取得实践中的支持证据，这就要求通过实证研究来对模型得出的结论加以检验，并对实证检验结果进行分析讨论，甚至与国外同类研究进行比较从而进一步完善理论。

因此，本章对实证研究进行总体设计，主要目的在于构建实证理论框架、提出可供实证检验的研究假设、拟定调查方案和设计主要变量，为第六章关于战略联盟治理结构、第七章联盟治理绩效的实证检验和分析奠定基础。

第一节 实证研究的总体思路

联盟契约的不完全性和伙伴机会主义行为使得战略联盟随时面临着解体

① 产权和不完全契约理论之所以能够补充交易成本理论是因为它们具有相似的前提假设：由于有限理性使得复杂的契约是不完全的；由于机会主义使得仅仅作为承诺的契约是不能自动履行的；由于不可证实性使得法律秩序具有局限性；由于专用性投资使得参与方是双边依赖的。

的威胁。为了避免因伙伴机会主义行为导致联盟失败的风险，管理者需要借助有效的治理机制来对伙伴行为加以监督和约束，从而引导联盟伙伴以可信赖和可以预见的方式行事。交易成本理论认为，恰当的联盟治理结构（所有权结构）是有效应对伙伴机会主义和道德风险的正式治理机制，这一机制有助于伙伴诚实地履约并提高签约效率，因此，交易成本理论着重研究如何建立与不同交易属性相匹配的联盟治理结构。而关系契约理论认为，正式治理结构并不是解决联盟中固有协调困难的唯一方法，相反，基于长期重复交互行为而建立的声誉和信任等非正式的治理机制同样可以抑制机会主义和鼓励合作行为，因此，关系契约理论特别强调通过隐性的自动履行契约来抑制机会主义行为。

在现实当中，正式机制与非正式机制并非彼此孤立而是相互补充，因此治理结构选择需要同时考虑联盟的交易属性和关系属性。本研究从契约不完全性这一前提出发，组合交易成本理论和关系契约理论来研究联盟治理结构选择的影响因素。首先从交易维度揭示资产专用性和不确定性因素对联盟治理结构的影响，提出可供实证检验的基本研究假设（H1~H6），然后基于关系契约理论研究影响联盟治理结构选择的关系特征维度，并且就前期关系和联盟经历因素提出可供实证检验的理论假设 H7 和 H8。由于本研究将关系契约理论的动态分析引入联盟治理结构选择中，所以通过不完全契约理论和关系契约理论的交互作用使得决定联盟治理结构选择的两个关键维度（交易属性和关系属性）得以同时揭示。

在具体实证研究过程中，本研究将联盟治理结构作为因变量，将联盟交易特征和关系契约特征作为自变量，将企业自身特征作为控制变量，进而分析不同产业背景下影响联盟治理结构选择的关键因素。在联盟治理结构及其影响因素分析的基础上，本研究进一步分析不同联盟治理结构选择的绩效结果，最终形成了涵盖联盟属性—联盟治理结构—联盟绩效的实证研究框架（见图 5-1）。

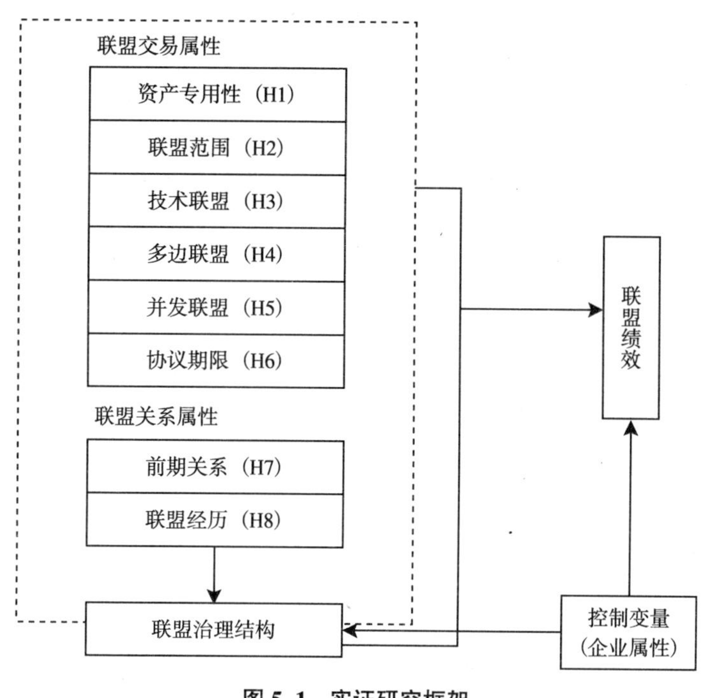

图 5-1　实证研究框架

第二节　实证研究的基本假设

一、交易属性对联盟治理结构选择的影响

以交易成本理论和产权理论为代表的不完全契约理论表明，有效的联盟治理结构是交易特征的函数，因此，本研究首先从资产专用性和不确定性两个方面来分析影响联盟治理结构选择的交易维度，并提出相应的研究假设。

1. 资产专用性与联盟治理结构

本书第四章对联盟治理结构的建模分析表明，高度的资产专用性极易引发交易关系的根本性转换，并且导致为联盟提供专用资产的一方将面临着被敲竹杠的道德风险。此时如果不能设计恰当的契约保护，则专用性投资将会被机会主义地侵占。[141] 本书第四章的推论 1 表明，无论是在一次性交互还是重复交互的战略联盟中，参与方都可以考虑依赖股权型联盟治理结构来约束因资产专用性而引发的伙伴机会主义行为，因为股权型联盟治理结构（联合所有权结构）不仅可以降低缔约的成本，而且具有激励相容特性和更加广泛的管理控制。采用股权型联盟治理结构可以有效地控制联盟中的机会主义和道德风险并达到良好的合作适应性。由此可以得出如下研究假设：

假设 1-1 当联盟中涉及高度的资产专用性时，参与方很可能会选择股权型联盟治理结构；反之则更可能选择不太昂贵的契约型联盟治理结构。

2. 交易不确定性与联盟治理结构

战略联盟中不确定性的存在使得参与方难以观察和度量伙伴的绩效，或者难以预计联盟中的技术变革，并且随着联盟中不确定性程度的提高，描述、监督和执行契约的难度也随之增加，从而伙伴机会主义风险和道德风险也将增加。遗憾的是，由于本书第四章联盟治理结构模型中未能考虑不确定性因素，因此，还需要借鉴交易成本理论来加以分析并且建构相应的研究假设。本书第三章第二节对交易成本理论的分析表明，如果联盟中涉及的不确定性程度越高，那么越可能选择保护性水平更高的股权型联盟治理结构。

为了深入分析不确定性因素对联盟治理结构的影响，还需要使用能够清晰反映研究者意图的客观测度。笔者在文献研究中发现 Croisier（1998）、[52] Oxley（1997），[53] Colombo（2003），[54] Oxley 和 Sampson（2004），[103] Sampson（2004），[131] Sampson（2005），[142] Anand 和 Khanna（1997），[143] Masten、Meehan 和 Snyder（1991）[144] 等多数研究者采用联盟复杂性指标来测度联盟中的行为不确定性和技术不确定性，① 因为联盟复杂性是联盟中不确定性产生的根源，它使得联盟管理和协调困难进而影响联盟治理结构的选择。联盟复杂性往往表现为多种形式，如果联盟中涵盖的活动范围越广泛、涉及的技术变革越迅速、跨越多个国家（地区）或者持续很长的协议期，那么联盟具有

① 所谓复杂联盟是指多个伙伴组成的联盟，或者联盟的产品、技术、活动范围非常广泛的联盟，通常表现为技术性联盟、多方联盟、广泛联盟、跨地区联盟、长期联盟以及并行联盟等。

更多的复杂性。因此，本研究对联盟治理结构选择中的不确定性或复杂性分析如下：

（1）技术联盟。技术联盟是指主要涉及与技术资产的创造有关的联盟活动，包括技术互换、单方技术转让、技术共享、合作技术开发等（而非技术联盟仅仅关注于生产和/或商业活动，参与方之间彼此没有技术交易）。随着联盟活动与市场距离的增加（即从营销联盟到生产联盟，再到技术研发联盟），交易中涉及的与未来资产的价值创造有关的不确定性程度将会增加，因此技术联盟特别是双方旨在相互学习和开发新技术的技术联盟往往比制造联盟和营销联盟具有更大的不确定性。表现为：其一是技术研发过程的不确定性，包括研发结果不确定、时间不确定和商业回报不确定，这些不确定性隐含了契约条款的陈述将会非常困难，因而在契约中不可能完整而准确地描述交易的目标，也难以对技术联盟中包括的知识加以限定、监督；其二是努力程度的不确定性，由于企业通常不能直接观察其伙伴的努力程度，而研发活动的特殊性又使之无法通过观察结果来推断出努力程度，这些都给伙伴的机会主义行为创造了沃土，因此他们很可能对联盟做出比当初承诺更少的投入。

由于上述技术不确定性导致难以对联盟契约详述、监督和执行，特别是无法在合同中描述转移何种技术以及对它的使用限定在什么限度，[143] 所以要求采用恰当的联盟治理机制来应对这些问题。而股权联盟用技术作为“抵押”不仅可以控制和防范机会主义倾向，而且可以降低交易的治理成本，因此有如下研究假设：

假设 1–2　涉及技术成分的联盟比那些没有技术成分的联盟更可能采取股权型联盟治理结构。

（2）多边联盟。如果联盟中参与方的数目在两个以上则称这种联盟为多边联盟。在由多个伙伴组成的复杂战略联盟中，参与方常常难以观察和评价单个伙伴努力的程度，也无法推断每个伙伴对联盟贡献的大小，进而无法根据其努力和贡献程度来合理分配收益，这就为偷懒者提供了搭便车的机会。①

① 在存在多个参与方的协作性交易中，如果一方知道其努力难以被其他方观察和评价，那么，他将设法付出更少而同时从合作当中索取更多，这种现象在经济学中称为“搭便车”。

而股权联盟中的股权分享具有激励与监督双重职能，不仅可以激发伙伴作出有效的努力，而且可以提高信任水平，从而避免多伙伴联盟中搭便车行为发生。因此有如下的基本假设：

假设 1–3 联盟交易中参与方数目越多，越可能选择层级化的股权型联盟治理结构。

（3）广泛联盟。联盟范围主要度量联盟合作涉及的业务活动领域数目，而广泛联盟通常是指联盟中涉及技术活动、生产活动和商业活动中两个或两个以上业务活动领域。

单一业务活动的联盟很容易通过契约来加以监督，但是随着联盟中涵盖业务活动数目的增加，联盟活动的复杂性和不确定性相应增加，此时参与方通常不能确定联盟伙伴是否具有完成供应、研发、生产、销售等多项活动的能力，也无法断定各种活动之间是否互相联结，因此契约描述、监督执行和评价伙伴行为的难度增大。这种联盟活动的高度复杂性或不确定性常常导致协调范围增加，并要求联盟管理者给予更多的关注。[144] 此时简单的契约已经难以担当起有效的联盟治理机制，所以往往需要具有更加严密的监督和控制的保护性治理结构。从而有如下研究假设：

假设 1–4 当联盟涵盖多个业务领域时，更可能选择股权型联盟治理结构。

（4）联盟协议期限。长期联盟合作比短期合作具有更多的不确定性，因为联盟协议的持续期越长，联盟中面临的可能自然状态数目就会增加，而与此同时参与方预见自然状态的能力并没有改变，所以难免会发生各方再谈判。特别是在旨在学习的技术联盟中，长期持续的联盟可能导致更多的伙伴学习，因此企业核心产权资产流失给联盟伙伴的可能性增加。[101] 为了应对不确定性引发的联盟再谈判和核心知识产权的流失，需要采取更具有适应能力和保护性的股权联盟治理结构。因此，本研究提出如下基本假设：

假设 1–5 联盟合作协议期限越长，越可能选择层级化的股权型联盟治理结构。

（5）并行联盟。并行联盟是指联盟参与方之间除了当前联盟合作项目之外，还存在其他的联盟项目。当参与方之间同时存在多个联盟项目时，对联盟契约的陈述、监督和执行难度增加，而且过度的技术知识暴露使得伙伴对关键技术侵占的可能性增加，因而常常需要采用保护性的联盟治理结构。因此有如下假设：

假设 1-6　伙伴企业之间的并发联盟将增加股权合资的可能性。

二、关系契约属性对联盟治理结构选择的影响

本书第四章的推论 2 证实了战略联盟的关系契约属性，并揭示出重复博弈中关系契约的存在可以降低伙伴机会主义可能性，从而更可能组建控制程度较弱的契约型联盟治理结构。为了实证性地检验关系契约与正式的股权联盟治理结构之间的交互作用，还需要进一步研究推论 2 中联盟伙伴关系的不同表现形态。由于联盟中的伙伴关系可以通过与特定伙伴的前期联系和与任意伙伴的联盟经历两个方面进行度量，因此本书接下来分别研究前期联系和联盟经历对联盟治理结构的影响效果。

1. 前期联系与联盟治理结构

参与方与某一特定伙伴的前期关系减少了对股权型联盟治理的需求。首先，与同一伙伴的前期合作关系增进了伙伴间的熟悉和了解，进而促进了企业之间信任的产生和发展，而合作各方的彼此信任可以有效地缓解机会主义的侵占和行为的不确定性，因此企业不再把层级控制看成必须。[82][66] 其次，持续的前期联盟使得参与方彼此理解，这有助于企业建立协调伙伴资源和任务的专有流程，从而减少对详细的监督和控制的需要。此外，有前期关系的企业通过不断学习和适应还可以减少协调、解决冲突。[145] 因此，随着伙伴之间前期联盟数目的增加，企业在组建新的联盟时可能更愿意采用契约型联盟治理模式以降低签约成本，从而契约型联盟治理结构将逐步取代股权型联盟治理结构，所以本研究提出如下的研究假设：

假设 1-7　合作双方有前期联盟关系要比没有前期联盟关系时更少采取股权型联盟治理结构。

2. 联盟经历与联盟治理结构

参与方与任意伙伴的联盟经历是指除了与特定合作伙伴的前期联盟关系

外，企业还存在与其他伙伴的合作经历。企业的联盟经历降低了对股权控制的依赖：一方面，有丰富联盟经历的企业能够更好地处理诸如是股权结构还是契约型结构更加适合合作，以及如何设计董事会等问题，因此联盟经历使得企业的适应性增强；[97] 另一方面，更多的联盟经历直接与企业有效地选择联盟伙伴、管理伙伴冲突等方面的能力相联系，从而降低了对股权控制的依赖程度。[4] 因此本研究得出如下研究假设：

假设 1–8 有更多联盟经历的企业更可能组建契约型战略联盟。

第三节 调查研究设计

一、调查研究的目的与方法选择

本研究旨在通过对我国传统产业、高技术产业和基础产业中企业战略联盟样本的调查，分析我国企业战略联盟治理结构及其影响因素，揭示联盟治理结构匹配程度及其所导致的联盟绩效差异，从而对第四章所构建的联盟治理结构模型进行实证检验。

由于国内目前还没有关于企业战略联盟基本信息的公开数据库，也无法通过档案资源来取得与联盟有关的数据，因此本书通过实地调查以获得所需要的研究信息。从理论上来讲，研究战略联盟最恰当的调查方法是大样本的实地访谈，因为深层访谈可以建立研究者和应答者之间的信任并且取得丰富的信息资源，但是由于时间和资金限制，通过大样本访谈搜集数据已经超出本研究的范围；而精心设计和有效控制的问卷调查可以很经济地搜集相对大量的样本信息。

基于上述考虑，本书的数据采集分为两个阶段：第一阶段是基于小规模的实地访谈进行探索性调查研究，目的在于更好地理解中国经济背景下企业战略联盟的状况和存在的问题；第二阶段则是基于对企业联盟管理者的大样本问卷调查以取得联盟的详细信息，为进一步的实证性检验提供统计数据。

二、探索性的访谈调查

为了从整体上了解中国企业联盟治理的主要特点、现状和存在的问题，从而使得研究更加切合企业实际，笔者在阅读文献以及公开发布的行业信息的基础上，进行了针对此项研究的探索性访谈调查（访谈提纲见附录2）。正式的访谈于2007年上半年在河北、陕西、山西三个地区进行。在访谈中，笔者与受访者实际接触并请他们就访谈提纲中的各个方面进行回答和提出自己的看法。笔者通过访谈从总体上把握了我国企业战略联盟的状况和存在的问题，而且访谈结果也初步证明了我们的假设预期和所要测量问题的理论结构，这对于我们尽早构建理论假设、拟定调查问卷以及后期调查问卷发放奠定了基础。

三、问卷设计

1. 初始问卷形成

在理论文献阅读和前期实地访谈调查的基础上，本研究借鉴前人已有量表和调查问卷并对部分项目和问题加以个性化处理，从而设计了针对此项研究的初步调查问卷。为了检验设计问卷在操作上的可行性，我们请从事相关领域研究的专家就问卷的内容和结构提出修改意见，并且对问卷的措辞和结构进行了调整。经过几轮的讨论和修改之后，形成初步调查问卷并用于前测。

2. 问卷前测和正式问卷的形成

在正式问卷调查之前，本研究选择20位具有实际工作背景的企业人士作为前测对象（基本信息见表5-1），并将初步修改的调查问卷发给他们进行测试。在测试中笔者请被试指出问卷设计中存在的问题，以便取得问卷修改的第一手信息。

在测试问卷填写的过程中，被试提出了如下建设性的修改意见：首先，

表 5-1 前测对象的构成

调查对象	样本（N=20）	备注
性别：		
男	15	
女	5	
职位：		
总裁/副总裁	5	
其他高管层	7	含董事会成员
中层管理者	7	含合作项目的负责人
该领域的专家	2	大学教授和企业顾问
职责：		
联盟决策制定者	9	
联盟项目负责人	8	
联盟知情者	2	

个别问题的表述以及措辞模糊并且容易产生歧义，因此建议对某些问题和测量项目的措辞加以程度上的限定，以便使得应答人能够理解研究目标和问题的确切含义。本研究采纳了这些建议并对问卷进行了微调，例如，为了对资产专用性进行程度上的限定，每个测量项目中加入了“为了联盟的成功，我方和/或对方投入了仅仅适用于此项合作的……”字样，使得应答者更能理解笔者所要表达的概念。其次，问卷中过多的反向问题不能恰当地反映达成研究的目的，反而容易导致应答者的理解偏差和歧义的产生，因此需要慎重使用并且尽量减少反向问题。再次，个别题项不符合中国战略联盟的实际，所以应删除或者进一步结合企业实际背景提出针对性的问题。通过三轮的测试和修改，形成了正式调查问卷。附录 3 显示了多项目量表来源、特定项目的描述及其修改过程，附录 4 和附录 5 给出了本书最终使用的调查问卷以及确保问卷回收的提醒信息。

四、调查实施

1. 调查样本选择

(1) 行业选择。当前的联盟治理结构研究大多围绕某一特定行业（如制造业、生物制药业或者 IT 产业）而展开调查，这种单一产业样本选择策略的研究资料来源以及研究结论更加特定化，从而避免了来自产业之间比较带来的潜在干扰，但是行业局限可能会影响研究结论的概化和推断能力。然而选择广泛行业样本进行综合分析的方法，在增加了研究外部效度的同时又掩盖了产业之间的差异性，进而可能得出含糊的甚至是与现实不符的结论，因为笔者通过访谈发现，中国不同产业背景下的联盟治理结构及其影响因素存在很大差别。为了增加研究的外部效度，同时又能够揭示不同产业之间的差异，笔者将研究样本的选取范围扩展到更加广泛的行业，具体的样本选择策略主要是出于以下两点考虑：

第一，参照国外同类研究中的样本行业选择策略以便进行对比。国外已有战略联盟研究表明，战略联盟在机械制造行业、化工行业、生物制药行业、电器、电子和电信行业以及计算机行业（软、硬件）都十分普遍。[146] 而笔者在前期的访谈调查中也发现，近年来，我国企业间的联盟合作在机械制造、冶金、化工、生物制药、电子电器等行业发展尤为迅速，因此，本研究选择上述行业作为调查的基础。

第二，考虑不同行业的代表性和中国转型经济的特征。尽管从理论上来讲，战略联盟本身是双方出于各自战略目的的自发合作行为，但是在向市场经济过渡的转型时期，我国部分行业还处于相对垄断性经营阶段并且带有浓厚的政府政策干预色彩。特别是在以煤炭、电力等涉及国家经济命脉的基础性产业中，虽然国家逐步推进企业战略性改组并且引入竞争机制，但是企业战略联盟治理决策中的行政干预仍然十分突出，而且政策限制使得外资以及其他所有制成分通常难以介入这些产业。虽然业内人士指出，从长远来看市场机制终究要发挥其主导作用，但是在近期甚至未来较长的一段时间内，政府主导的决策仍将继续存在，所以研究经济体制转型时期中国特定产业联盟治理决策具有现实意义。鉴于上述中国企业战略联盟中不同于国外的经济、政策和文化背景，需要根据中国经济体制转型时期的特征来区分不同的产业层次，并且有针对性地研究中国不同产业背景下的战略联盟治理结构及其联盟绩效。

Gulati（1995）在对美国、日本、欧洲企业战略联盟治理结构研究中，曾经采用汽车行业、新材料和生物制药行业的比较分析，并且将汽车业作为成熟产业，将新型材料以及生物制药业作为高新技术产业进行分组比较。[82]因此，本研究借鉴 Gulati（1995）的样本行业选择策略，并且结合中国企业战略联盟的特定环境，首先将样本选择行业区分竞争性行业和垄断性行业，然后再按照竞争性产业中技术创新程度进一步区分为技术相对成熟的传统产业和技术创新活跃的高新技术产业。其中，在竞争性产业中，本研究选择制造行业和化工行业样本代表技术相对比较成熟的传统行业，且将这些传统产业作为与其他产业进行对比研究的基础；另外选择电子行业以及生物制药行业联盟样本代表的高新技术产业，之所以选择这两个行业，是因为近年来以电子行业以及生物制药行业为代表的高技术企业为了应对快速变化的技术创新、急剧增加的研究开发成本以及日益缩短的产品生命周期，通过频繁的联盟合作以分担研发成本和风险、获取新的技能、加速对新技术的适应性、实现研发中的规模经济，高技术产业迅速发展并在国民经济中占据了重要地位，因此正在成为学术界和实业界关注的焦点。对于非完全市场竞争的部分垄断性产业，本研究选择煤炭行业联盟作为研究样本选取基础，其原因在于随着中国经济体制改革步伐的加快，以煤炭和电力行业为代表的国家控制性的基础产业也进入战略性改组，特别是 2005 年以来国家发改委开始对煤炭行业实施战略性重组，鼓励组建以产权和契约为纽带的跨行业、跨地区的煤炭企业战略集团，煤炭行业内部以及行业之间的企业战略联盟发展非常迅速。因此，本研究选择煤炭行业的企业战略联盟作为研究样本，凸显了转轨转制过程中中国基础产业战略联盟的特色。

综上所述，本研究样本涵盖传统产业（主要包括冶金、制造、化工）、高技术产业（主要包括生物制药、电子电信设备）以及垄断性产业（主要是煤炭）。这一样本选择方案既突出了产业重要性、行业代表性，同时也反映了产业之间大量的结构差异。本研究基于上述样本选择策略分析传统产业、高技术产业和煤炭产业的战略联盟治理结构及其绩效特征，从而取得既具有一般性又能体现不同产业特性的研究结论。

(2) 样本地域分布。为了保证所选择的样本具有一定的代表性，本研究进一步明确了样本选择的区域范围。其中，传统行业战略联盟的调查主要针对华北五省市（区）。一方面，由于华北地区在上述产业具有雄厚的发展基础且产量和产值居全国领先地位，因此调查样本具有一定的代表性；另一方面，笔者有幸参加了 2005 年 8 月在河北承德召开的华北五省市（区）企业家联谊会，在大会秘书处的帮助下，笔者取得了与会企业家的联系方式，并且与他们建立了长期而密切的联系。这些前期工作为问卷发放和回收提供了便利条件。

对于高新技术企业联盟调查样本的选择则考虑了我国高新技术产业的区域布局特征。目前，我国初步形成了长江三角洲、珠江三角洲、环渤海湾地区以及关中地区的高新技术产业带布局。因此，本次调查主要选择分布在关中产业带、京津冀经济圈和珠江三角洲经济区的西安、石家庄和深圳三个国家高新技术产业开发区，而且相应的问卷调查得到了三个高新技术产业开发区管理委员会的大力支持。

而对煤炭企业战略联盟样本选取主要在山西、河北两省，之所以选择这两省进行调查，是因为：首先，山西省是全国煤炭的主要产区，其中山西煤炭产量和储量占全国的 1/4，全国 13 个煤炭基地仅山西省就占 3 个，因此，业内人士称“煤炭看山西”、“读懂了山西就等于读懂了全国的煤炭”，所以该地区是调查的重点。而河北也是全国重要的煤炭生产和消费基地，在全国具有一定的代表性。其次山西省煤炭工业管理局和河北省发展与改革委员会煤炭工业办公室对此项调查提供了政策上的支持和理论上的指导，这也是选择上述两省调查的一个重要原因。

2. 大样本问卷调查

（1）调查对象选择。在调查对象的选择方面，尽管多数基于调查的联盟研究一般都依赖于给 CEO 发放调查问卷，[4][147] 但是笔者的实地访谈表明，在企业中还有其他可以发放问卷的对象，如公司战略联盟的负责人，因为他们更直接地负责或了解企业的战略联盟。所以本研究选择的调查对象包括各企业负责人、中高层经营管理者、合作项目负责人。根据企业家联合会、高新区管理委员会以及煤炭工业主管部门提供的企业名录，笔者首先筛选出 1157 家可能存在战略联盟的企业。为了确定关键应答人，笔者通过电话、E-mail 或者向主管部门发放信函等形式与企业负责人进行接触，以便验证是否可以作为合适的调查对象。在联系接触的过程中，笔者说明调查目的，询问企业是否存在或者曾经与国内外企业进行战略合作，并征求企业负责人的意见(是否愿意配合此项研究调查)。一个月内陆续收到大约 750 家企业负责人的反馈信息，表示对此项调查感兴趣并且愿意配合我们填写调查问卷。其中 1/3 的企业联系人（特别是高技术企业）表示可以通过 E-mail 形式填写，其余的联系人则希望通过邮寄印刷问卷或者传真的形式。值得注意的是，有相当一部分企业要求在问卷中删除单位名称和应答者姓名等私密性信息。这些要求在问卷设计的过程中均得到恰当的考虑。以上这些联系渠道和信息沟通对于降低调查成本、提高有效问卷的回收率至关重要。

(2) 问卷发放以及回收。正式的大规模问卷调查始于 2008 年底，笔者通过 E-mail 或者信函等形式给联系人发送详细的调查问卷，请他们提供一个有代表性的联盟项目来回答问卷中的问题。此次调查共发出调查问卷 746 份(其中电子邮件 213 份，书面调查问卷 533 份)。经过问卷跟催，到 2009 年 3 月底共收回 323 份，排除过度数据缺失和无效评分的问卷，最终收回有效问卷 294 份，问卷有效回收率 39.41%。较高回收率的原因在于：

首先，本研究的调查对象定位明确，即除了企业总裁以及高层管理人员以外，本次研究选择了对联盟决策和运作管理有更多了解的中层管理者以及联盟项目的直接负责人。除此以外，相关部门的支持体现了此项研究的重要性和正式性，本研究得到了华北五省市（区）企业家联合会、各高新技术产业开发区管理委员会、山西省煤炭工业管理局、河北省发展与改革委员会煤炭工业办公室等单位给予的极大帮助。特别是企业家联合会企业家协会还积极协助调查问卷发放和督促回收，将调查问卷随同协会通讯、简报等信函发送给被调查者并代为回收，这些不仅降低了此次调查的成本，而且很好地保证了问卷的质量和回收效果。

其次，与被调查者进行融洽的沟通以及及时的问卷跟催。在前期接触的过程中，我们与拟调查企业的负责人联系并说明调查目的，从而增强他们对此项调查的认识和兴趣。为了保证问卷的回收效率，我们在发出调查问卷后一个月，通过电话、E-mail 和信函等方式对应答者进行了问卷跟催（见附录 5)，委婉地提醒他们及时填写问卷，并对他们在填写中的疑问进行解答。对于有些负责人由于工作繁忙或联系地址变更等原因而导致问卷丢失的，我们再进行二次问卷发放，重新补发调查问卷共 312 份（其中电子邮件 113 份）。

最后，承诺保密和提供最终研究结果。一方面，此项调查研究以教育部博士点基金项目和国家自然科学基金项目为依托，所有研究成果均用于学术研究和探讨而不具备任何商业行为，因此具有良好的声誉保证；另一方面，作为对支持我们研究的回报，我们承诺将把汇总后的调查结果反馈给被调查者。

总之，研究项目的良好声誉、对应答者的恰当定位和充分的沟通、相关部门的支持、及时的问卷跟催、承诺保密和取得研究报告，使得我们得到了应答者的积极配合与支持，因而提高了问卷的应答率。表 5–2 显示了此次调查的实施阶段。

表 5–2 调查实施的主要阶段

时间阶段	样本选择	调查形式	调查对象	调查目的	结果
2007 年 3 月~2007 年 4 月	河北、山西、陕西	前期访谈	中高层管理者	引入新的测量项目和新研究变量	形成预试调查问卷
2008 年 7 月~2008 年 11 月	河北、陕西	问卷形成和预试	中高层管理者、本领域专家、行业协会研究人员	量表验证、项目初步筛选和问卷修改方案	得到初步测试结果，形成正式问卷
2008 年 12 月~2009 年 3 月	西安、深圳以及华北五省市（区）	正式问卷调查	企业中高层管理者、联盟项目负责人和参加者	对修改的量表实际验证、结构和绩效分析	研究假设的实际检验

五、样本描述

1. *应答者构成*

本研究以联盟合作项目为基本研究单位，调查对象选择各企业总裁或副总裁、中高层经营管理者以及合作项目负责人。从表 5–3 给出的应答者构成信息可以看出，此次调查的应答者中总裁/副总裁、高管层、中间管理层以及项目负责人的比例为 55：40：153：46。其中，中高层以上管理者占 84.35%，由于这些应答者能够直接进行企业战略联盟决策或者负责联盟管理工作，掌握了充分的企业战略联盟信息，所以他们所提供的信息具有更高的可信度。

表 5-3　应答者构成

应答者的职位	样本数	构成（%）	累计（%）
总裁/副总裁	55	18.71	18.71
其他高层管理者	40	13.61	32.31
中层管理者	153	52.04	84.35
合作项目负责人	46	15.65	100.00
合计	294	100.00	

2. 样本构成

（1）从联盟治理结构分布来看，虽然理论上企业战略联盟可以包括相互持股和签订长期合同两种主要联盟治理结构，但是在实践当中，企业选择契约型联盟治理结构的比例远远高于非股权参与的长期契约结构。本研究调查的样本中，契约型联盟治理结构占全部样本的比重为 66.67%，而采用股权联盟治理结构的比例仅为 33.33%。

（2）从样本所处的行业来看，本研究中用于检验研究假设的样本包括 267 个企业的 294 个战略联盟，传统行业、高技术行业和煤炭行业分别占 41.50%、32.65%和 25.85%。其中，同行业的战略联盟占 71.77%，跨行业的战略联盟占 28.23%。

（3）从样本企业的规模来看，小、中、大企业所占比例分别为 34.01%、38.78%和 27.21%，可见，中小企业占 72.79%，这一样本构成基本反映了我国企业战略联盟的分布状况。

（4）从样本企业总部所在地来看，现有样本涉及 9 个国家或地区的联盟合作，其中外资企业和国内企业各占 15.31%和 84.69%，可见，国内企业占据绝大多数。而且，本国联盟（合作伙伴来自同一个国家或地区的）占 84.35%，跨国联盟（合作伙伴来自不同的国家和地区）占 15.65%。此外，双边联盟与多边联盟分别占 80.27%和 19.73%。表 5-4 反映了样本的基本构成信息。

表 5-4　样本的构成情况

分类	样本数（个）	构成（%）	累计（%）
联盟类型：	294	100.00	
1. 长期合同	196	66.67	66.67
2. 股权参与	98	33.33	100.00
产业领域：	294	100.00	
1. 传统产业	122	41.50	41.50
2. 高技术产业	96	32.65	74.15
3. 煤炭产业	76	25.85	100.00
企业规模：	294	100.00	
1. 小型企业	100	34.01	34.01
2. 中型企业	114	38.78	72.79
3. 大型企业	80	27.21	100.00
企业类型：	294	100.00	
1. 外资企业	45	15.31	15.31
2. 国内企业	249	84.69	100.00
国别差异：	294	100.00	
1. 本国联盟	46	15.65	15.65
2. 跨国联盟	248	84.35	100.00
并发联盟：	294	100.00	
1. 双边联盟	236	80.27	80.27
2. 多边联盟	58	19.73	100.00

六、研究效度和信度

1. *研究效度分析*

本研究采取以下措施来保证研究的效度：

（1）研究的外部效度。本书研究样本涵盖了更加广泛的行业，从而增加了本研究的外部效度，而且为了进一步保证数据资料的代表性和有效性，本研究取 30 个早期应答者和 30 个晚期应答者，并假设晚期应答更接近于无应答的情况。[148] 通过对早期应答和晚期应答两组样本的 T 检验发现，早期和晚期应答者在产业、规模、治理结构以及绩效等方面没有显著的差异。这说明本研究不存在系统的无应答偏差，因此样本具有很好的代表性。

(2) 测量效度。所谓测量效度（Validity）是指测量工具能测量理论的概念或者特质的程度，它反映了测量的精确性。在测量效度检验过程中，本研究进行了表面效度、内容效度。

首先是问卷的表面效度检验。由于本研究的问卷设计中使用的量表和指标大多借鉴国外相关研究成果，因此需要特别关注本研究的文化背景，充分考虑测量指标的跨文化适应性、项目描述的语言差异以及本研究的主要目的。为此，我们请一位从事战略管理领域专业英语教学的外籍教师进行指导和把关，就翻译过程中出现的语言、文化差异反复推敲、谨慎翻译和校对。然后，根据本研究的目的和中国的经济和文化背景，对原始项目逐一修改和筛选。

其次是测量问卷的内容效度检验，即测量工具所能涵盖研究主题的程度。笔者请 9 名专家来对测量问卷的内容进行评价和修改，其中，有 6 位专家是具有实际工作背景的在企业中直接负责战略联盟决策的高层管理者，1 位专家是长期担任企业战略咨询工作的大学教授，另外 2 位专家分别是来自行业协会和主管部门的政策研究人员。这些专家对初步拟定的调查问卷进行审核，指出了问卷设计中的主要问题，并且提出修改建议。

2. 量表的测量信度分析

所谓信度是指对于相同或相似的现象在不同时间进行测量所得结果的一致性程度，它反映量表重复使用的结果是否具有一致性，一般以 Cronbach α 系数来衡量同一构想概念下各测量项目的一致性。本研究中资产专用性和联盟绩效采用国外研究中广泛采用的多项目量表进行测度。为了评估量表的信度，笔者计算每个多项目量表的 Cronbach α 值，结果发现，两个量表的测量信度分别为 $\alpha_1 = 0.816$，$\alpha_2 = 0.870$。由于这些值均在临界值 0.7 以上，[149] 所以，本研究所选择的量表具有了较高的可靠性。

第四节　变量选取与测度

根据理论分析和实地调查可知，联盟治理结构的选择受到企业属性、交易特征、伙伴关系等多种因素影响，所以本研究将着重分析联盟治理结构与其影响因素（如交易特征和伙伴关系）之间的相关关系。由于本研究所涉及因变量和多数自变量属于分类变量，所以进行虚拟变量的引入处理后再进行分析；部分间距测度的变量可以直接进行分析。具体的变量选择与测度方法如下：

一、因变量

本研究的关键问题是探讨哪些因素影响股权型联盟治理结构选择的相对概率，所以因变量是股权型联盟治理结构。尽管目前存在很多关于战略联盟治理结构分类的研究，但本研究仍然按照目前实证研究中广泛采用的二分类方法，将联盟治理结构区分为股权联盟和契约型联盟形式。其中，股权型联盟治理结构包括少量持股联盟与合资，契约型联盟表现为各种长期合同，包括合作研发、研发合同、技术转让许可协议、营销与分销协议、联合生产、合同制造、供应/购买合同等。因此，本研究对因变量联盟治理结构采用一个二分类虚拟变量 Equity 来表示：如果联盟合作中涉及股权参与，则 Equity=1；否则取 Equity = 0。

二、自变量

本研究从联盟的交易属性和关系属性两个维度分析各个因素对战略联盟治理结构的决定作用，并对各个自变量因素的含义和测度方法如下：

1. 联盟中的交易属性

本研究关注资产专用性和不确定性两个关键的联盟交易维度，并且将这些因素作为研究联盟治理结构选择的自变量来对待。

（1）资产专用性（Specialty）。资产专用性是指联盟中双方投入的资产转为他用的可能性，由于这一指标无法直接测量，所以本研究以 Anderson 和 Weitz（1992）、[150] Parkhe（1993）、[24] Reuer 和 Arino（2002）[99] 的量表为基础来测度，同时对部分项目进行了修改，最终形成包括七个测量项目的资产专用性量表（主要包括专项设备、专项技术研发、特殊培训、独特的地理位置等）。由于本研究的调查对象为中高层管理者以及联盟项目的负责人，他们具有很好的理解和辨别能力，所以，本研究中所有的态度测量均选用李克特 7 点量表。信度分析表明该量表的信度 $\alpha = 0.816$，因此测量的可靠性是令人满意的。

（2）不确定性（Uncertainty）。不确定性是指参与方无法预期的未来状态且通常源于技术和伙伴行为的复杂性。为了深入分析不确定性对联盟治理结构的影响，迫切需要使用能够清晰反映研究者意图的测度方法，遗憾的是，目前还没有直接测度不确定性程度的成熟测量工具。虽然，Chen 和 Chen（2003）开发了专门测度联盟不确定性的量表，但是专家以及被测试者对这一量表的测度方法提出质疑，认为 Chen 和 Chen（2003）的量表测量项目少、测量信度低（α 值仅为 0.679）、且无法达到量表稳定性检验的要求，[2] 因此建议在研究中优先使用更恰当，直接反映企业战略联盟的复杂性和不确定性的客观测量指标。笔者在文献分析中发现了多数研究者采用的关于复杂性和不确定性的近似度量指标，[52-54][131][100][103][119][142-144] 而且实地访谈结果也表明这些指标能够很好地表达联盟中的各种不确定性。因此，本研究在吸取访谈中管理者的建议并充分借鉴前人已有研究成果的基础上，选择了目前国际上类似研究中普遍采用的联盟不确定性或复杂性的测度指标。这些指标的度量方法如下：

①联盟范围（Scope）：主要测量联盟合作涉及的业务活动数目。当联盟中涉及技术活动、生产活动、商业活动（包括营销、分销、售后服务等）中的两个或两个以上活动领域时就称为广泛联盟。本研究采用虚拟变量形式度

量联盟范围，如果联盟业务领域涉及两个或两个以上，取值 Scope = 1；如果联盟合作仅仅是单一业务领域，则取 Scope = 0。

②技术联盟（Technology）：按照联盟中是否包含技术活动因素可以将联盟划分为技术联盟与非技术联盟。其中，技术联盟主要与技术资产的创造有关（即联盟中涉及技术研发、设计、工程和知识转移等活动；具体形式有技术交换，单方转移、共享、合作技术开发或者任何与技术有关的努力）。而非技术联盟仅仅关注于生产和/或商业活动（营销、分销、渠道以及售后服务），参与方之间彼此没有技术交易。本研究对技术联盟用虚拟变量形式度量，如果联盟中涉及技术研发活动，则取 Technology = 1；如果联盟中不涉及技术研发活动，则取 Technology = 0。

③多边联盟（Multilateral）：多边联盟是指合作中涉及的参与方数目在两个以上的联盟。[53] 通常情况下，多边联盟比双边联盟更难以管理，因为随着伙伴数目的增加，监督的难度更大。本研究使用一个虚拟变量 Multilateral 来度量这一复杂性指标，如果联盟是双边合作，取 Multilateral = 0；如果合作是多边联盟（伙伴企业的数目超过两个），则取 Multilateral = 1。

④并发联盟（Concurrent）：表示除了此项合作之外，联盟双方目前还存在其他的联盟项目，[101][141] 本研究对这一指标采用并发联盟的绝对数来度量。

⑤联盟协议期限（Duration）：表示联盟双方约定的合作持续时间。本研究借鉴 Ryall 和 Sampson（2003）的研究对这一指标采用合作约定的协议期限（以年为单位）来度量，[100] 并且对并发联盟的绝对数取对数运算以消除极端值的影响。

2. 联盟中的伙伴关系

Harrigan（1988）的研究表明，仅 42%的战略联盟持续时间超过 4 年。[151] 尽管本研究调查数据未能显示战略联盟的平均持续时间，但是，在访谈中多数联盟管理者认为，如果联盟能够持续 3 年左右就可以看做是成功的战略联盟。因此，本研究选择企业在过去 3 年中的联盟合作关系状况来测度联盟关系，具体包括如下测量指标：

（1）联盟经历（Experience）。联盟经历是指三年中公司所有的前期联盟，包括与任何领域的任何伙伴的前期合作经历，而不管伙伴是谁，也不论前期联盟的形式。这一指标将管理联盟的经验对后期联盟组织形式产生的影响考虑在内，它在某种程度上也是对企业合作声誉的近似表达。本研究在测量中取过去三年中企业加入的联盟总数来表示，并且对联盟总数取对数运算以消除极端值的影响。

(2) 前期联系 (Priorties)。前期联系是指企业与特定合作伙伴之间的前期联盟数目，反映了合作双方的关系状况和重复交互的频率，也是对联盟中信任的近似替代，因为信任是通过过去的经历和交互作用演化而来的。Gulati (1995) 曾用虚拟变量来表示前期联系，如果双方过去 3 年中存在前期联系，则 Priorties = 1；如果双方过去 3 年中不存在前期联系，则 Priorties = 0。[82] 而本研究借鉴 Colombo (2003)[54] 以及 Ryall 和 Sampson (2003)[100] 的研究，取过去 3 年中双方前期关系数目来测度伙伴前期联系，并且本研究运用对数转换来避免因取值分散而导致的极端值的影响，从而提高预测的精确性。

三、控制变量

已有文献分析和实地访谈表明，企业战略联盟治理结构的选择不仅取决于联盟交易特征和关系状况，而且还取决于企业自身的资源和能力，因此在进行实证研究过程中不能忽视企业层面因素（特别是企业的资源与能力）的影响。由于本书研究的重点在于战略联盟的交易属性和关系契约属性，所以在进行因素分析时，还需要将企业属性与交易属性和关系属性对联盟治理结构的影响区分开来，从而保证所发现的任何关系均反映了联盟交易和关系特征的边际影响。因此，本研究将企业层面因素作为控制变量，这样不仅有助于分离企业和环境因素的影响，而且有助于增加实证模型预测的稳定性。

根据近期研究文献对企业属性的分析，本研究选择企业规模、行业、国别等企业层要素并设置为控制变量，目的在于控制企业层面的影响，以便揭示交易特征、关系特征因素对联盟治理决策的影响。各个控制变量的含义和度量方法如下：

1. 企业规模（Size）

企业规模以企业的年平均销售量（销售额）来表示，它反映了企业实力并且影响战略联盟的形成倾向，[54] 因为，大企业往往有更多的能力和资源，并具有内部化投资所必需的规模。而且，企业之间规模的差异有时被用来作为对企业自身资源与能力差异程度的近似替代，通过分析企业自身资源与能力可以发现联盟治理决策的差异。[152-153] 本研究运用定序变量将企业规模进行编码，取值规则是：小型企业取 Size = 1，中等规模企业取 Size = 2，大型企业取 Size = 3。

2. 行业（Industry）

在文献研究和访谈调查中，笔者发现联盟治理决策还受到联盟企业所在行业和国别差异的影响。为了将这些因素的影响与交易属性和关系特征的影响区别开来，本研究将其设置为控制变量。其中，行业变量的取值规则如下：Industry = 1 代表传统产业（包括制造业和化工行业）；Industry = 2 代表高新技术产业（电子电器、生物制药）；Industry = 3 代表基础产业（煤炭行业）。

3. 国别差异（Nationality）

公司国别差异是指联盟双方企业总部的国别差异，这一指标反映参与方在地域文化上的差异，特别是民族文化的差异。如果双方企业总部在同一个国家（即本国联盟），取 Nationality = 1；如果双方公司总部在不同国家（即跨国联盟），则取 Nationality = 0。[54][100]

第六章　联盟治理结构选择的影响因素分析

第一节　联盟治理结构选择影响因素的综合实证检验

一、计量经济模型

实证研究的一个关键问题是探讨哪些因素影响联盟治理结构选择的相对概率，由于本书将联盟治理结构区分为股权型联盟和契约型联盟两种形式，所以因变量是一个取值为 0 和 1 的二元分类变量，而且用股权型联盟治理结构（Equity）的概率来表示。由于当因变量仅能取值为 0 和 1 作为事件发生和不发生两种情况，所以自变量与因变量之间的关系是非线性的，此时如果运用回归分析中的线性概率模型（如 OLS 和 WLS）进行估计将导致错误的结论，因此，这类问题常采用 logistic 回归模型进行分析。[154]

logistic 回归分析模型适用于因变量为二分类变量时的回归分析，并且运用最大似然法对非线性模型进行估计，其回归模型生成机理如下：设某一离散反应变量 $y_i = \alpha + \beta x_i + \varepsilon_i$，而且 y_i（代表事件发生的可能性）与自变量 x_i 之间存在一种非线性关系，当 $y_i = 1$ 时表示事件发生，而当 $y_i = 0$ 时表示事件未发生。其中，误差项 ε_i 服从 logistic 分布，标准 logistic 函数的累计分布函数

(平均值为 0，方差为$\frac{\pi^2}{3}\approx 3.29$）为

$$P(y_i = 1 | x_i) = \frac{1}{(1 + e^{-(\alpha+\beta x_i)})} = \frac{1}{(1 + e^{-\varepsilon_i})} \tag{6.1}$$

这一标准化的 logistic 分布函数具有 S 型分布特征（见图 6–1）。从logistic 曲线可以看出，当 $\varepsilon_i \to -\infty$ 时，$P(y_i = 1 | x_i) = 0$；当 $\varepsilon_i \to \infty$ 时，$P(y_i = 1 | x_i) = 1$。因此，无论 ε_i 取任何值，logistic 函数的取值范围均为 0~1。

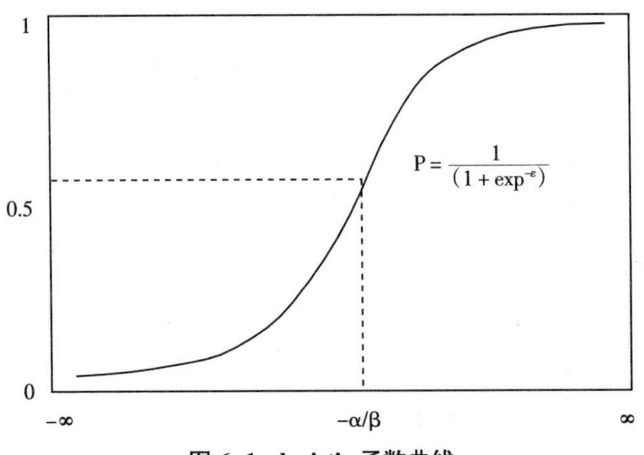

图 6–1 logistic 函数曲线

如果将事件发生的概率用 P_i 表示，取事件不发生的概率为 $1 - p_i$，则事件发生比

$$odds = \Omega = \frac{p_i}{1 - p_i} \tag{6.2}$$

对公式（6.2）两边取对数得到

$$\log itp_i = \ln\Omega = \ln\left[\frac{p_i}{1 - p_i}\right] = \sum (\alpha + \beta_i x_i) \tag{6.3}$$

logistic 分布函数的上述变换过程称为对 logistic 函数的 logit 变换，它将非线性关系转化为概率函数与自变量之间的线性关系。尽管线性回归分析也应用于 logistic 回归模型，但是 logistic 回归与线性回归有很大的不同。首先，logistic 回归中的因变量与自变量之间的关系是非线性的，尽管这种非线性关系可以通过 logit 变换被转换为线性关系。其次，logistic 回归模型中因变量的

观测值为二项分布而不是线性回归模型中的正态分布，且这个二分类变量只能取值为 0 或 1。再次，在 logistic 回归分析中不要求方差不变性（方差齐性），也没有关于对各个自变量分布的假设条件，其取值可以是连续变量、离散变量和虚拟变量。最后，logistic 回归模型不需要假设自变量存在多元正态分布，而且回归模型中不存在线性回归模型中的残差项。

本研究用取值为 0 或 1 的因变量 Y 代表选择股权联盟治理结构的概率，并且采用 logistic 回归分析模型来进行模拟。相对于契约型联盟治理结构而言，企业选择股权联盟治理结构的概率

$$P = \frac{1}{(1 + \exp - Y)} \tag{6.4}$$

式中，

$$Y = \ln(\frac{p}{1-p}) = \beta_0 + \beta_1 Size + \beta_2 Nationality + \beta_3 Specialty + \beta_4 Scope + \beta_5 Technolongy + \beta_6 Multilateral + \beta_7 Concurrent + \beta_8 Duration + \beta_9 Priorties + \beta_{10} Experience \tag{6.5}$$

而且（6.5）式中各个自变量的含义如表 6-1 所示。

表 6-1　各自变量的具体含义及其测量方法

变量	变量名称	变量含义	测量方法
1. Size	企业规模	以年均销售额度量的企业规模	1——小型企业；2——中型企业；3——大型企业
2. Nationality	国别差异	企业总部所在国家	1——各方总部在同一国家 0——各方总部在不同国家
3. Specialty	资产专用性	设备、技术、人力投资等不可转为他用	Likert 七点量表： 1——极不赞同；7——极其赞同
4. Scope	联盟范围	联盟中涉及技术、生产、营销等活动的数目	—
5. Technology	技术联盟	联盟中是否涉及技术因素	1——技术联盟； 5——非技术联盟
6. Multilateral	多边联盟	合作中涉及两个以上的参与方	1——多边联盟 0——双边联盟
7. Concurrent	并行联盟	此项合作之外的其他合作数目	用绝对数表示
8. Duration	合作期限	双方约定的联盟协议期限	用绝对数表示（单位：年）
9. Priorties	前期联系	与特定伙伴的前期合作次数	用绝对数表示
10. Experience	联盟经历	企业过去三年中所有联盟伙伴数目	用绝对数表示

二、描述性统计和相关性分析

使用 logistic 模型进行数据分析之前，需要对数据进行概括性分析以便发现极端值并进行转化处理。表 6-2 显示了各个变量的均值及其取值范围。

表 6-2 变量的描述性统计分析

Variable	Obs	Mean	S.D.	Min	Max
Equity	294	0.3333333	0.4722083	0	1
Size	294	1.931973	0.7808271	1	3
Nationality	294	0.8469388	0.3606604	0	1
Specialty	294	4.842925	1.04408	1	7
Scope	294	1.710884	0.8751892	1	4
Technology	294	0.3945578	0.4895889	0	1
Multilateral	294	0.1973	0.3986	0	1
Concurrent	294	0.6394558	1.070521	0	4
Duration	294	11.60884	11.59558	1	51
Priorties	294	2.017007	3.558825	0	30
Experience	294	6.306122	5.459266	1	30

从表 6-2 可以看出，样本中联盟企业的平均规模为 1.93（这说明样本中的中小企业居多数），而且样本中多数为契约型联盟治理结构（股权联盟治理结构选择的平均概率为 0.3333），联盟中涉及的联盟活动数目平均为 1.7 项，联盟协议期（Duration）平均为 11.6 年，双方重复合作次数（Priorties）平均为 2.02 次，三年中每个企业的平均联盟经历（Experience）为 6.31 个。从表 6-2 还可以看出，企业之间的并发联盟（Concurrent）很少（平均仅为 0.20项），而联盟协议期限、双方前期联系和联盟经历三个变量的分布极其不对称，各个变量的最大值远远大于其平均值，因此，需要对这些变量进行对数转换以消除极端值的影响。由于变量最小值为 0，为了实现对数转换，本研究对每个变量值加上一个常数值 1，经过对数转换之后的 logistic 回归模型调整为

$$
\begin{aligned}
\text{LogitP} = Y &= \beta_0 + \beta_1 \text{Size} + \beta_2 \text{Nationality} + \beta_3 \text{Specialty} + \beta_4 \text{Scope} + \\
&\quad \beta_5 \text{Technology} + \beta_6 \text{Multilateral} + \beta_7 \text{Concurrent} + \beta_8 \lg(1 + \text{Duration}) \\
&\quad + \beta_9 \lg(1 + \text{Priorties}) + \beta_{10} \lg(1 + \text{Experience}) \\
&= \beta_0 + \beta_1 \text{Size} + \beta_2 \text{Nationality} + \beta_3 \text{Specialty} + \beta_4 \text{Scope} + \beta_5 \text{Technology} \\
&\quad + \beta_6 \text{Multilateral} + \beta_7 \text{Concurrent} + \beta_8 \text{lg\_Duration} + \beta_9 \text{lg\_Priorties} \\
&\quad + \beta_{10} \text{lgExperience} \qquad (6.6)
\end{aligned}
$$

经过对数转换和模型修正之后，各个变量的描述性统计分析结果以及模型中各个变量之间的相关系数矩阵如表 6-3 所示。可以看出，除了联盟范围与技术联盟两个自变量之间中等程度相关之外（相关系数为 0.4163），其他自变量之间没有明显的相关性，因此避免了回归分析中的多重共线性问题。另外，前期联系、联盟经历与股权型联盟治理结构之间的负相关大体反映了关系契约与正式联盟治理结构之间替代效果。为了深入揭示联盟治理结构的影响因素，还需要运用 logistic 模型进行具体的回归分析。本研究采用 Stata（7.0）统计软件中的 logistic 回归模型检验联盟治理结构与各个自变量间的关系，且在该回归模型下联盟治理结构被构建为各种特定因素的函数。

三、模型生成和统计检验

1. 单因素检验

在建立最终的回归模型之前需要从整体上把握各因素对联盟治理结构的大致影响情况，因此本研究首先对各个影响因素的作用效果进行单因素回归分析，表 6-4 显示了单因素检验的结果。

从表 6-4 的单因素回归分析结果可以看出，除并发联盟（Concurrent）和多边联盟（Multilateral）两个因素以外，其他因素对股权联盟治理结构均有显著影响。统计上常以 0.25 的显著水平作为候选变量的筛选标准，即如果一个自变量在其简单关系的检验中有 $p \leq 0.25$，那么就将其作为多元回归分析的候选变量。[155] 但是，本研究为了在跨产业的多元回归分析中不至于遗漏某些重要自变量，所以未对个别因素加以剔除，而是保留了全部自变量纳入多元回归分析。

表 6–3　相关系数矩阵以及测量变量的描述性统计

Variable	Obs	Mean	S.D.	Min	Max	1	2	3	4	5	6	7	8	9	10	11
1.Equity	294	0.3333	0.4722	0	1	1.0000										
2.Size	294	1.9320	0.7808	1	3	0.0062	1.0000									
3.Nationality	294	0.8435	0.3639	0	1	–0.0927	0.0345	1.0000								
4.Specialty	294	4.8440	1.0435	1	7	0.3785	–0.0162	0.0224	1.0000							
5.Scope	294	1.6122	0.7198	1	4	0.2310	0.2080	–0.0239	0.0726	1.0000						
6.Technology	294	0.3946	0.4896	0	1	0.1673	–0.0010	–0.0163	0.1637	0.4163	1.0000					
7.Multilateral	294	0.1973	0.3986	0	1	0.0121	–0.0554	0.1194	0.0307	0.0653	–0.0504	1.0000				
8.Concurrent	294	0.6395	1.0705	0	4	0.0630	0.0481	0.0737	–0.0140	0.0350	0.1356	0.1273	1.0000			
9.lg_Duration	294	2.2194	0.7707	0.69	3.95	0.5178	–0.0039	–0.0981	0.2536	0.0687	0.0951	–0.0434	0.0180	1.0000		
10.lg_Priorties	294	0.7123	0.8284	0	3.43	–0.2310	0.1441	–0.0124	–0.1626	0.2102	0.0327	0.1545	0.1291	–0.0306	1.0000	
11.lg_Experience	294	1.7590	0.6722	0.69	3.43	–0.2342	0.2822	0.0566	–0.1200	0.0786	0.0638	0.0286	0.1648	–0.0490	0.3178	1.0000

表 6-4 联盟治理结构的单因素分析

自变量	Pseudo R2	Prob > chi2	Coef.	P>|z|
Specialty	0.1207	0.0000	0.9101827	0.000
Scope	0.0080	0.0835	0.2414431	0.082
Technology	0.0218	0.0043	0.7187017	0.004
Multilateral	0.0001	0.8361	0.0640323	0.836
Concurrent	0.0031	0.2846	0.1216556	0.281
lg_Duration	0.2328	0.0000	1.807327	0.000
lg_Priorties	0.0455	0.0000	-0.6815474	0.000
lg_Experience	0.0446	0.0000	-0.7897044	0.000

2. 多元回归模型生成及其检验

本研究中，多元 logistic 回归模型的生成过程和回归分析结果如表 6-5 所示，模型中股权联盟的回归系数是相对于默认的契约型联盟治理结构而言的。M1 中仅包含控制变量“企业规模（Size）”和“企业国别差异（Nationality）”，用于分析企业层面特征对联盟治理结构的影响。检验结果表明，两个因素对于联盟治理结构的影响均不显著，而且 M1 的解释能力仅为 Pseudo R2 = 0.0066（Prob > chi2 = 0.2910），因此企业自身特征还不足以揭示联盟治理结构的差异。

模型 2（M2）在 M1 的基础上加入交易特征变量，包括资产专用性（Specialty）、联盟范围（Scope）、技术联盟（Technology）、多边联盟（Multilateral）、并发联盟（Concurrent）和联盟协议期限（Duration）。与 M1 相比，M2 的解释力 Pseudo R2 增加了 0.3409（从 0.0066 增加到 0.3475），模型显著水平 Prob > chi2 = 0.0000（卡方统计量 LR chi2 从 2.47 增加到 130.05）。所以 M2 的解释能力和显著水平大大提高，这表明加入交易特征变量之后模型拟合度更好。从各个变量的回归系数来看，M2 中控制变量的影响方向和影响水平均未发生显著改变，而且多数交易特征变量的影响与假设预期一致，特别是资产专用性、联盟范围以及联盟协议期限这三个变量均在 $\alpha = 0.01$ 的置信水平上显著。然而，技术联盟因素在影响方向上与假设预期相反，尽管在统计上并不显著。此外，截距项的负系数更显著，这表明相对于股权联盟而言，企业通常更多地采用契约型联盟治理结构。

模型 3（M3）在 M2 的基础上进一步加入联盟关系变量，包括双方前期联系（Priorties）和联盟经历（Experience）。与 M2 相比，M3 的卡方统计量 LR chi2 从 130.05 增加到 167.87，且 Prob > chi2 = 0.0000，Pseudo R2 从 0.3475 增加到 0.4485。因此，M3 的卡方值显著性和解释能力大大提高。其中，控制变量和多数交易特征变量的影响方向及其影响水平未发生显著改变，但是技术联盟因素则表现为正向的影响，尽管其影响水平仍然不显著，而并发联盟因素的影响从不显著开始变得显著。联盟关系特征变量“前期关系”和“联盟经历”对联盟治理结构的影响在 $\alpha = 0.01$ 水平上负向显著，这一结果与理论预期完全一致。

为了检验 M3 在预测估计上的稳健性，本书接下来对联盟期限、前期联系和联盟经历变量采用定序变量重新编码，具体编码方案如下：首先，用 $Duration^*$ 代表重新编码的联盟协议期限，如果双方约定的联盟协议期限在 2 年以下，取 $Duration^* = 1$；如果双方约定的联盟协议期限为 3~5 年，则取 $Duration^* = 2$；如果双方约定的联盟协议期限为 6~10 年，取 $Duration^* = 3$；如果双方约定的联盟协议期限在 10~20 年，取 $Duration^* = 4$；如果双方约定的联盟协议期限在 20 年以上，取 $Duration^* = 5$。其次，用 $Priorties^*$ 代表重新编码的前期联系变量：如果伙伴没有前期联系，则取 $Priorties^* = 1$；如果伙伴前期联系在 1~2 次，则取 $Priorties^* = 2$；在 3~5 次，取 $Priorities^* = 3$；在 6~10 次，取 $Priorties^* = 4$；在 10 次以上取 $Priorties^* = 5$。再次，用 $Experience^*$ 代表重新编码的联盟经历变量，如果在过去的 3 年中，企业曾经与 2 个以下的伙伴发生联盟合作关系，则取 $Experience^* = 1$；如果在过去的 3 年中，企业曾经与 3~5 个伙伴发生联盟合作关系，则取 $Experience^* = 2$；如果在过去的 3 年中，企业曾经与 6~10 个伙伴发生联盟合作关系，则取 $Experience^* = 3$；如果在过去的 3 年中，企业曾经与 11~20 个伙伴发生联盟合作关系，则取 $Experience^* = 4$；如果在过去的 3 年中，企业曾经与 20 个以上的伙伴发生联盟合作关系，则取 $Experience^* = 5$。

通过这种变量测度的变换可以进一步放松假设，本研究根据上述编码方案将重新编码的变量纳入回归模型 4（M4），从而进一步估计变量的回归系数和模型的拟合优度。可以看出，M3（严格假设）和 M4（放松假设）在系数估计和模型解释能力方面具有高度一致性，这表明 M3 在参数估计和解释能力方面均具有高度的稳定性。

因此，本研究采用 M3 来进行回归分析，并且拟合回归方程如下：

$$Y = \ln(\frac{p}{1-p}) = -9.2108 + 0.1278Size - 0.4975Nationality + 0.7550Specialty + 1.2872Scope + 0.1271Technology + 0.5481Multilateral + 0.4344Concurrent + 1.9412lg\_Duration - 1.1139lg\_Priorties - 0.8966lg\_Experience \quad (6-7)$$

表 6-5　联盟治理结构的多元 logistic 回归分析

自变量	M1（企业特征）		M2（加入交易特征）		M3（加入关系特征）		M4（放松假设模型）	
	Coef.	P>|z|	Coef.	P>|z|	Coef.	P>|z|	Coef.	P>|z|
Size	0.0258276	0.872	−0.1360916	0.532	0.1278132	0.598	0.1801795	0.457
Nationality	−0.5186917	0.113	−0.641267	0.153	−0.4975356	0.336	−0.6003286	0.247
Specialty			0.8281689	0.000	0.7549985	0.000	0.7656783	0.000
Scope			0.8505144	0.001	1.287213	0.000	1.317222	0.000
Technology			−0.0108379	0.976	0.1270729	0.750	0.1531854	0.700
Multilateral			0.0004361	0.999	0.5481415	0.222	0.475074	0.288
Concurrent			0.141274	0.350	0.4343745	0.012	0.4673273	0.006
lg_Duration			1.741987	0.000	1.941198	0.000		
lg_Priorties					−1.113902	0.000		
lg_Experience					−0.8966367	0.003		
Duration*							1.420422	0.000
Priorties*							−0.7172003	0.000
Experience*							−0.6302039	0.002
_cons	−0.3106725	0.461	−9.573419	0.000	−9.210833	0.000	−8.527061	0.000
模型拟合度：								
Number of obs	294		294		294		294	
LR chi2	2.47		130.05		167.87		168.29	
Prob > chi2	0.2910		0.0000		0.0000		0.0000	
Pseudo R2	0.0066		0.3475		0.4485		0.4497	

3. 回归模型预测的准确性

为了进一步检验 M3 的预测效果和拟合优度，还需要根据 M3 求出

logistic 回归模型预测的准确性。表 6–6 给出 M3 的预测分类表，其中 D 表示观测中感兴趣的事件确实发生，在本研究中表示实际选择了股权型联盟治理结构（即 Y = 1）；~D 表示观测中感兴趣的事件没有发生，本研究中表示实际选择了契约型联盟治理结构（即 Y = 0）；+表示模型预测到的事件发生概率大于或等于临界点的概率（默认值为 0.5）；–表示模型预测到的事件发生概率小于临界点的概率（默认值为 0.5）。

logistic 模型的预测分类指标包括：①预测的敏感度（Sensitivity），用 Pr（+| D）表示，它是正确预测事件发生的案例数与观测事件发生的总数之比，本研究中反映了实际股权联盟中被正确地预测为股权联盟的比率；②指定度（Specificity），用 Pr（–|~D）表示，它是正确分类的事件未发生数与观测事件未发生的总数之比，本研究中反映了实际契约型联盟中被正确地预测为契约型联盟的比率；③肯定的预测值（Positive Predictive Value），用 Pr（D| +）表示，它是分类为发生事件中实际发生的事件比例，本研究中反映了预测为股权联盟的案例中确实选择股权联盟的比率；④否定的预测值（Negative predictive value），用 Pr（~D| –）表示，它是分类为未发生事件中实际未发生的事件比例，本研究反映了预测为契约型联盟的案例中确实选择契约型联盟的比率；⑤对未发生事件的错误肯定率（False + rate for true ~D），用 Pr（+|~D）表示，它是错误分类为发生事件的实际未发生事件数与观测未发生事件的总数之比，本研究中反映了契约型联盟中错误地预测为股权联盟的比率；⑥对发生事件的错误否定率（False – rate for true D），用 Pr（–| D）表示，它是错误分类为未发生事件而实际发生事件数与观测发生事件的总数之比，本研究中反映了股权联盟中错误地预测为契约型联盟的比率；⑦肯定事件的未发生比率（False + rate for classified +），用 Pr（~D| +）表示，它是错误分类为发生事件而实际未发生的事件数与分类为发生事件的总数之比，本研究中反映了预测的股权联盟中实际为契约型联盟的比率；⑧否定事件的发生比率（False – rate for classified –），用 Pr（D| –）表示，它是错误分类为未发生事件而实际发生的事件数与分类为未发生事件的总数之比，本研究中反映了预测的契约型联盟实际为股权联盟的比率。

从分类表 6–6 可以看出，在 0.5 的概率分界点上 M3 的敏感度为 69.39%

= 68/98；指定度为 89.80% = 176/196；肯定预测值为 77.27% = 68/88；否定预测值为 85.44% = 176/206。相应地，M3 对未发生事件的错误肯定率为 10.20% = 20/196，对发生事件的错误否定率为 30.61% = 30/98，肯定事件的未发生比率为 22.73% = 20/88，否定事件的发生比率为 14.56% = 30/206。最终 M3 的总正确分类比例（Correctly Classified）为 82.99% = (68 + 176)/294，即模型预测了 82.99%案例的实际联盟治理结构，这一比例涵盖了 ROC 预测曲线之下的面积为 0.9118。M3 的预测精度及其拟合情况如图 6-2、图 6-3 所示。

表 6-6 全部样本的联盟治理结构预测分类

Logistic Model for Equity			
	True		
Classified	D	~D	Total
+	68	20	88
–	30	176	206
Total	98	196	294

Classified + if predicted Pr（D）>= 0.5
True D defined as equity ~= 0

Sensitivity	Pr（+| D）	69.39%
Specificity	Pr（–|~D）	89.80%
Positive predictive value	Pr（D| +）	77.27%
Negative predictive value	Pr（~D| –）	85.44%
False + rate for true ~D	Pr（+|~D）	10.20%
False – rate for true D	Pr（–| D）	30.61%
False + rate for classified +	Pr（~D| +）	22.73%
False – rate for classified –	Pr（D| –）	14.56%
Correctly classified	82.99%	

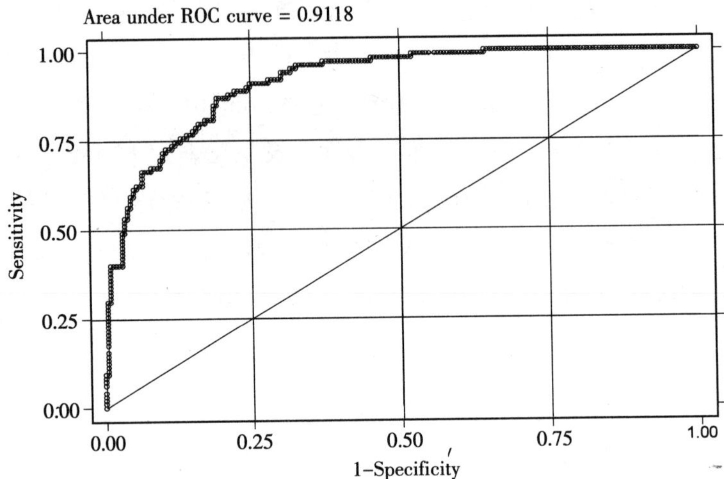

图 6-2　全部联盟样本 logistic 回归分析的 ROC 曲线

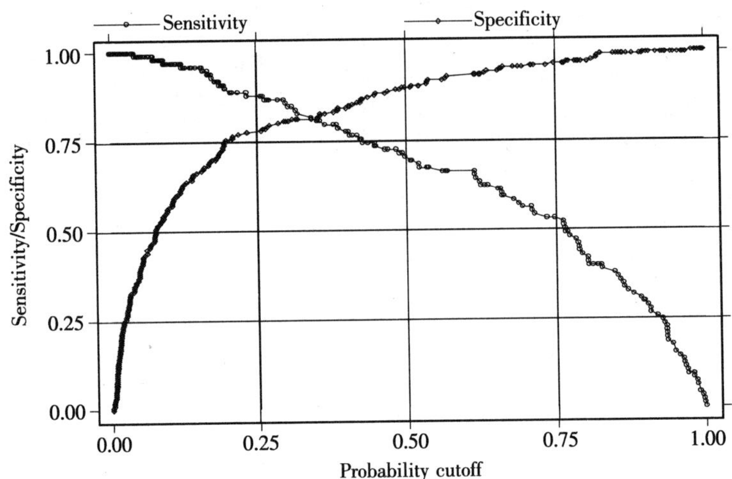

图 6-3　全部联盟样本 logistic 回归分析的拟合度

第二节 联盟治理结构选择影响因素的分行业实证检验

本章第一节从总体上对 294 个联盟样本的联盟治理结构的影响因素进行了分析，这些样本涉及冶金、制造、生物制药、电子电信、煤炭加工等不同行业。尽管上述样本具有广泛的代表性，但是在解释实证研究结果时，还应该就每个行业重新估计回归模型以确保所得到的研究结论对某个特定的行业不敏感。所以，本书接下来分别对传统产业（包括冶金和制造业）、高技术产业（包括生物制药和电子电信业）和煤炭产业的子样本分别进行回归分析，目的在于揭示不同产业背景下的联盟治理结构特征。其中，对传统产业、高技术产业、煤炭产业的回归模型分别表示为（a）、（b）和（c）。

一、传统产业联盟治理结构选择的影响因素分析

1. 模型生成以及检验

表 6–7 反映了传统产业联盟治理结构选择的 logistic 模型生成过程及其回归分析结果。

表 6–7 传统产业联盟治理结构选择的回归分析

自变量	M1（a）		M2（a）		M3（a）		M4（a）	
	Coef.	P>|z|	Coef.	P>|z|	Coef.	P>|z|	Coef.	P>|z|
Size	0.3239502	0.179	0.1005305	0.749	0.5787927	0.146	0.6093349	0.122
Nationality	−1.130621	0.013	−1.1895	0.041	−0.883988	0.180	−0.9048221	0.165
Specialty			1.009347	0.000	0.73526	0.020	0.8215845	0.011
Scope			0.8194708	0.044	1.489131	0.005	1.551157	0.005
Technology			−0.0917138	0.878	0.1059393	0.873	0.0386476	0.954
Multilateral			0.621326	0.355	1.102755	0.134	0.9659151	0.186
Concurrent			0.1910806	0.408	0.5876128	0.034	0.6250558	0.026

续表

自变量	M1 (a)		M2 (a)		M3 (a)		M4 (a)	
	Coef.	P>|z|	Coef.	P>|z|	Coef.	P>|z|	Coef.	P>|z|
lg_Duration			1.162487	0.000	1.4278	0.000		
lg_Priorties					−1.181713	0.019		
lg_Experience					−1.072319	0.033		
Duration*							1.106398	0.000
Priorties*							−0.6440188	0.042
Experience*							−0.8752048	0.015
_cons	−0.268913	0.663	−8.851303	0.000	−8.443346	0.000	−8.304157	0.000
模型拟合度：								
Number of obs	122		122		122		122	
LR chi2	7.99		52.34		70.36		70.01	
Prob > chi2	0.0184		0.0000		0.0000		0.0000	
Pseudo R2	0.0491		0.3218		0.4326		0.4305	

其中，M1 (a) 中仅仅包含控制变量“企业规模”和“企业国别差异”，目的在于控制企业特征对联盟治理结构的影响。结果显示，企业国别差异对于联盟治理结构具有显著的负向影响，说明国内联盟比跨国联盟更可能采取契约型联盟治理结构。但是 M1 (a) 的卡方统计量和解释力并不显著（Prob > chi2 = 0.0184，Pseudo R2 = 0.0491），说明企业自身特征不足以揭示传统产业中联盟治理结构的差异。

M2 (a) 在 M1 (a) 的基础上加入交易特征变量，其解释能力 Pseudo R2 增加了 0.2727（从 0.0491 增加到 0.3218），卡方统计量上具有显著改进（LR chi2 从 7.99 增加到 52.34，Prob > chi2 从 0.0184 变化到 0.0000）。其中，控制变量的影响方向和影响程度并没有显著变化，而交易特征变量中资产专用性、联盟范围以及联盟协议期限这三个变量分别在 $\alpha = 0.01$、$\alpha = 0.05$ 和 $\alpha = 0.01$ 的置信水平上正向显著，这与假设 1–1、假设 1–2 和假设 1–6 的预期完全一致。多边联盟和并发联盟变量的影响并不显著，尽管在影响方向上与假设 1–4 和假设 1–5 的预期一致。然而与我们假设 1–3 预期相反的是，技术联盟（Technology）很少采用股权型联盟治理结构，尽管技术因素在统计检验上并不显著。

M3(a) 在 M2(a) 的基础上进一步加入双方前期联系和联盟经历两个联盟关系变量。与 2(a) 相比，3(a) 的卡方值显著性和解释能力大大提高（LR chi2 从 52.34 增加到 70.36，且 Prob > chi2 = 0.0000，Pseudo R2 从 0.3218 增加到 0.4326）。其中，控制变量和多数交易特征变量的影响方向及其影响水平未发生显著改变，但是并发联盟因素的影响从不显著开始变得显著，而技术联盟因素则表现为正向的影响（尽管其影响水平不显著）。而联盟双方的关系特征变量“前期关系”和“联盟经历”对联盟治理结构的影响均在 $\alpha = 0.05$ 水平上负向显著，这一结果与假设 1-7 和假设 1-8 的预期完全一致。

为了进一步检验 M3(a) 预测的稳健性，按照本章第一节中对联盟协议期限、前期联系、联盟经历变量重新编码，并且将放松假设模型 M4(a) 与严格假设模型 M3(a) 进行比较，结果发现两个模型无论在系数估计还是在拟合优度上均具有明显的一致性，这表明 M3(a) 的估计具有很高的稳健性。

因此，本研究采用 M3（a）对传统产业进行分析并且拟合 logistic 回归模型如下：

$$\begin{aligned} Y = \ln\left(\frac{p}{1-p}\right) = & -8.4433 + 0.5788Size - 0.8840Nationality + 0.7353Specialty \\ & + 1.4891Scope + 0.1059Technology + 1.1028Multilateral \\ & + 0.5876Concurrent + 1.4278lg\_Duration - 1.1817lg\_Priorties \\ & - 1.0723lg\_Experience \end{aligned} \tag{6.8}$$

2. 模型预测的准确性分析

为了检验预测的精确性，本研究对 M3（a）的预测准确性进行分析如表 6-8 所示。可以看出，M3（a）在 0.5 的概率分界点上的总分类准确率（Correctly Classified）为 84.43%，表明模型预测了 84.43%的案例的实际联盟治理结构。其中，敏感度和指定度分别为 85.11%和 84.00%，肯定的预测值和否定的预测值指标分别为 76.92%和 90.00%，未发生事件的错误肯定率和发生事件的错误否定率分别为 16.00%和 14.89%，肯定事件的未发生比率和否定事件的发生比率为 23.08%和 10.00%。而且从图 6-4 的 ROC 曲线可以看出 M3（a）具有较高的预测能力，这一比例涵盖了预测曲线之下的面积为 0.9035。

表 6-8　传统产业中联盟治理结构回归模型预测结果分类

Logistic Model for Equity			
	True		
Classified	D	~D	Total
+	40	12	52
−	7	63	70
Total	47	75	122

Classified + if predicted Pr (D) >= 0.5		
True D defined as equity ~= 0		
Sensitivity	Pr (+| D)	85.11%
Specificity	Pr (−|~D)	84.00%
Positive predictive value	Pr (D| +)	76.92%
Negative predictive value	Pr (~D| −)	90.00%
False + rate for true ~D	Pr (+|~D)	16.00%
False − rate for true D	Pr (−| D)	14.89%
False + rate for classified +	Pr (~D| +)	23.08%
False − rate for classified −	Pr (D| −)	10.00%
Correctly classified	84.43%	

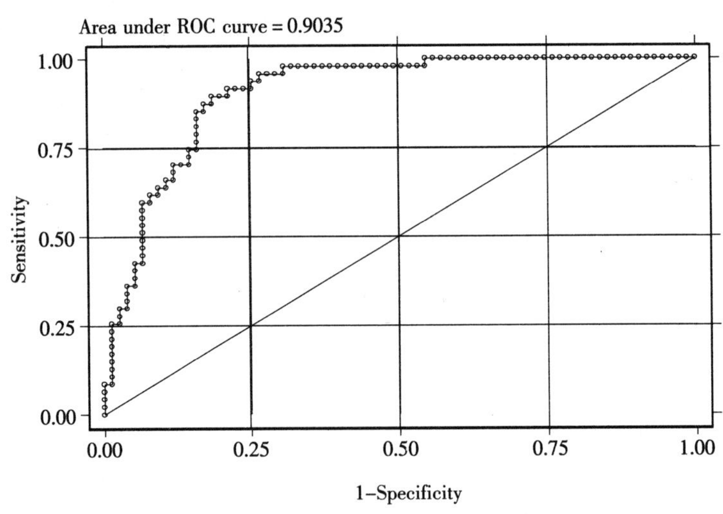

图 6-4　传统产业联盟中 logistic 回归分析的 ROC 曲线

3. 传统产业联盟治理结构选择的实证检验结果与讨论

首先，从联盟中的交易特征来看，资产专用性有显著的正系数，这表明随着联盟中涉及的资产专用性水平提高，采用股权型联盟治理结构的可能性将会增加，从而研究假设 1–1 得到了完全的实证支持；联盟范围的显著的正回归系数表明随着联盟中合作活动范围的扩大，特别是当联盟中涉及技术研发、产品制作、市场营销以及分销等多个领域合作时，参与方更多地采取股权型联盟治理结构，从而研究假设 1–2 得到了实证上的支持。另外，根据交易成本理论预期技术联盟和多边联盟具有更大的复杂性和不确定性，需要建立股权型联盟治理结构，而对这两个因素的实证检验结果虽然在影响方向上与假设 1–3 和假设 1–4 的预期一致，但是其影响水平并不显著，所以假设 1–3 和假设 1–4 只是得到了部分支持。并发联盟和联盟协议期限两个因素的显著正系数表明，当联盟中参与方之间涉及多项合作以及双方签订了更为长期的联盟协议时，股权联盟将成为普遍的联盟治理结构，从而假设 1–5 和假设 1–6 得到了实证支持。

其次，从联盟中的关系特征来看，前期联系的显著的负系数表明重复交互增加了伙伴之间的信任，因此参与方常常选择廉价的、控制程度较弱的契约型联盟治理结构以降低交易成本，从而假设 1–7 得到了显著的实证支持；联盟经历变量的显著负系数表明，联盟参与方更多的伙伴数目和密集的联盟网络促进了更高声誉资本的建立，而联盟伙伴对声誉的关注使之自觉地减少机会主义行为，所以契约型联盟治理结构往往更为常见，从而假设 1–8 得到了实证支持。

二、高技术产业联盟治理结构选择的影响因素分析

1. 模型生成和统计检验

表 6–9 反映了高技术产业联盟治理结构选择的 logistic 回归模型生成过程和检验结果。仅包含控制变量"企业规模"和"企业国别差异"的 M1(b) 显示这两个因素对于联盟治理结构没有显著影响，而且 M1(b) 的卡方统计量和解释力并不显著（Prob > chi2 = 0.3462，Pseudo R2 = 0.0193）。

M2(b) 在 M1(b) 的基础上加入交易特征变量，其解释能力和卡方统计量均有显著改进（Pseudo R2 从 0.0193 增加到 0.5403，LR chi2 从 2.12 增加到 59.49，Prob > chi2 从 0.3462 变化到 0.0000）。其中，控制变量的影响仍不

显著，交易特征变量中的资产专用性和联盟协议期限变量分别在 $\alpha = 0.05$ 和 $\alpha = 0.01$ 的置信水平上正向显著。联盟范围、多边联盟和并发联盟变量尽管在影响方向上与假设预期一致，但是这些因素的影响并不显著。另外，与本研究理论预期相反的是，高技术产业中的技术联盟比传统产业中更少采用股权联盟治理结构，尽管在统计上并不显著。

M3(b) 在 M2 (b) 的基础上进一步加入联盟关系变量，其显著性和解释能力均显著提高（Pseudo R2 从 0.5403 增加到 0.7089，LR chi2 从 59.49 增加到 78.05，Prob > chi2 = 0.0000）。其中，控制变量的影响没有明显的改变，交易特征变量中的资产专用性因素由显著而变得不再显著，而并发联盟因素的影响从原来不显著变为在 $\alpha = 0.1$ 水平下显著。而联盟双方的关系特征变量“前期关系”和“联盟经历”对联盟治理结构的影响分别在 $\alpha = 0.01$ 和 $\alpha = 0.05$ 水平上负向显著，这一结果与理论预期完全一致。

为进一步检验模型的稳定性，将重新编码的变量纳入回归模型 M4 (b)（放松假设模型）并且与 M3 (b)（严格假设模型）比较，可以看出 M3(b) 与 M4 (b) 之间的系数估计和拟合优度具有高度的一致性，这表明 M3 (b) 的估计是稳健的。因此，本研究根据 M3(b) 拟合高技术产业联盟治理结构选择方程如下

$$Y = \ln\left(\frac{p}{1-p}\right) = -16.2803 + 1.2859Size + 1.6551Nationality + 0.7893Specialty + 1.6826Scope + 0.8520Technology + 0.5526Multilateral + 0.7649Concurrent + 4.3757lg\_Duration - 2.1171lg\_Priorties - 2.2538lg\_Experience \tag{6.9}$$

表 6-9 高技术产业联盟治理结构选择的回归分析

自变量	M1 (b)		M2 (b)		M3 (b)		M4 (b)	
	Coef.	P>|z|	Coef.	P>|z|	Coef.	P>|z|	Coef.	P>|z|
Size	−0.4923727	0.189	0.1344201	0.822	1.285982	0.130	1.110773	0.198
Nationality	0.3698552	0.554	0.8750611	0.438	1.655133	0.323	0.6226082	0.717
Specialty			1.0193	0.013	0.7892976	0.220	0.7813427	0.276
Scope			0.9691322	0.225	1.682607	0.136	1.855836	0.150
Technology			−0.3288555	0.679	−0.8520062	0.461	−0.5789821	0.636

续表

自变量	M1 (b)		M2 (b)		M3 (b)		M4 (b)	
	Coef.	P>|z|	Coef.	P>|z|	Coef.	P>|z|	Coef.	P>|z|
Multilateral			1.241237	0.431	0.5525863	0.734	0.8407147	0.595
Concurrent			0.1210144	0.719	0.7649145	0.099	0.9515709	0.063
lg_Duration			3.780513	0.000	4.375727	0.000		
lg_Priorties					−2.117133	0.007		
lg_Experience					−2.253779	0.023		
Duration*							3.600325	0.000
Priorties*							−1.786945	0.003
Experience*							−1.097732	0.109
_cons	−.5293928	0.513	−17.26835	0.000	−16.28035	0.007	−15.99787	0.024
模型拟合度：								
Number of obs	96		96		96		96	
LR chi2	2.12		59.49		78.05		81.15	
Prob > chi2	0.3462		0.0000		0.0000		0.0000	
Pseudo R2	0.0193		0.5403		0.7089		0.7370	

2. 模型预测的准确性分析

表 6-10 显示了 M3（b）回归分析的预测分类表，可以看出在 0.5 的概率分界点上，M3（b）的正确分类比率为 91.67%，即模型预测了 91.67%的案例的实际联盟治理结构。其中，敏感度、指定度、肯定的预测值、否定的预测值指标分别为 80.00%、95.77%、86.96%和 93.15%。另外，未发生事件的错误肯定率和发生事件的错误否定率分别为 4.23%和 20.00%，肯定事件的未发生比率和否定事件的发生比率分别为 13.04%和 6.85%，而且 ROC 涵盖了预测曲线之下的面积为 0.9780。M3（b）的预测结果及其预测精度如图 6-5 所示。

3. 高技术产业联盟治理结构选择的实证检验结果与讨论

首先，从联盟中的交易特征来看，资产专用性、联盟范围、并发联盟和多边联盟等交易特征变量的正回归系数说明，当联盟交易方投资涉及高度的资产专用性、联盟活动具有高度不确定性和/或高度复杂性的时候，通过契约完整描述、监督和执行伙伴权力和责任来防止这些威胁的难度很大，因此采用股权型联盟治理结构的可能性增加。遗憾的是，高技术产业中资产专用

表 6-10　高技术产业中联盟治理结构回归模型预测结果分类

Logistic Model for Equity			
	True		
Classified	D	~D	Total
+	20	3	23
–	5	68	73
Total	25	71	96

Classified + if predicted Pr (D) >= 0.5
True D defined as equity ~= 0

Sensitivity	Pr (+| D)	80.00%
Specificity	Pr (–|~D)	95.77%
Positive predictive value	Pr (D| +)	86.96%
Negative predictive value	Pr (~D| –)	93.15%
False + rate for true ~D	Pr (+|~D)	4.23%
False – rate for true D	Pr (–| D)	20.00%
False + rate for classified +	Pr (~D| +)	13.04%
False – rate for classified –	Pr (D| –)	6.85%
Correctly classified	91.67%	

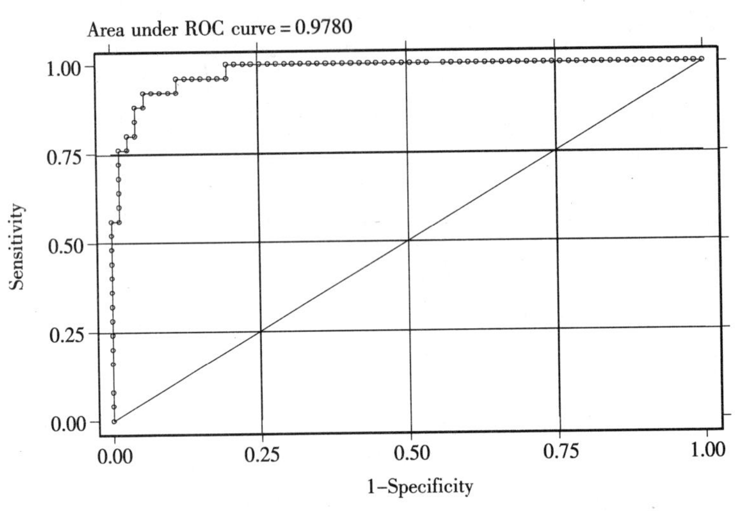

图 6-5　高技术产业联盟中 logistic 回归分析的 ROC 曲线

性、联盟范围和多边联盟因素的影响水平并不显著，所以假设 1-1、假设 1-2 和假设 1-5 只是得到部分的实证支持。而并发联盟因素的影响在 α =0.1 水平下正向显著，因此假设 1-4 得到了实证支持。联盟协议期限显著的正回归系数表明，当参与方之间签订了长期联盟协议时股权型联盟治理结构更为普遍，从而假设 1-6 得到了完全实证支持。而技术联盟的不显著的负回归系数表明，高技术产业中的技术联盟更可能采取灵活性较强的契约型联盟治理结构，因此假设 1-3 未能得到实证支持。其次，从联盟伙伴的关系特征来看，前期联系和联盟经历变量具有显著的负系数，这表明参与方之间重复的前期交互和丰富的联盟经历导致伙伴之间信任的增加和声誉的产生，从而参与方很少采取控制程度严密而代价高昂的股权型联盟治理结构，因此假设 1-7 和假设 1-8 得到了显著的实证支持。此外，控制变量企业规模和国别差异均不显著，说明企业自身特征不足以揭示高技术产业中的企业联盟治理结构差异。

总之，联盟交易属性和伙伴关系特征是影响高技术企业联盟治理结构选择的重要因素，联盟中的资产专用性程度和/或不确定性程度越高，那么采用股权型联盟治理结构的可能性也就越大；而联盟中的前期关系和联盟经历越多，伙伴之间的信任水平以及应对联盟中不确定性的能力越强，所以采用股权型联盟治理结构的可能性也就越小。但是，在实证检验中也发现以下两个值得关注的问题：第一，当考虑了关系变量的影响之后，资产专用性因素对股权型联盟治理结构的影响变得不再显著，这表明关系契约是对正式联盟治理结构的替代和补充，从而证明了本书一开始的论点，即关系契约理论在一定程度上弥补了产权和不完全契约理论的不足。第二，尽管不完全契约理论预期涉及技术研发因素的联盟常常采用契约型联盟治理结构，但是本研究却显示出截然相反的实证检验结果，对于这一反直觉的结果需要通过在不同产业之间对比分析来加以解释。

三、煤炭产业联盟治理结构选择的影响因素分析

1. 模型生成与假设检验

煤炭产业的 logistic 回归分析模型生成及其检验结果如表 6-11。由于煤炭行业目前处于国家控制之下使得外资难以介入这一行业，所以此次调查的样本均为国内企业之间的战略联盟，且 M1(c) 中仅包括企业规模一个控制变

量。回归分析结果表明，企业规模对于联盟治理结构没有显著影响，其显著性和解释力均很低（Prob > chi2 = 0.3139，Pseudo R2 = 0.0104）。

M2（c）在 M1（c）的基础上加入交易特征变量，其解释能力 Pseudo R2 从 0.0104 增加到 0.4283，而 LR chi2 从 1.01 增加到 41.82（相应地显著性水平 Prob > chi2 从 0.3139 变化到 0.0000）。其中，控制变量企业规模的影响从不显著变得非常显著，交易特征变量中资产专用性、联盟范围和联盟协议期限变量分别在 $\alpha = 0.1$、$\alpha = 0.05$ 和 $\alpha = 0.01$ 的置信水平上正向显著，技术联盟因素则具有不显著的正向影响。与本研究理论假设预期相反的是，多边联盟和并发联盟因素对股权型联盟治理结构呈现出不显著的负向影响。

M3(c) 在 M2(c) 的基础上进一步加入联盟关系变量，可以看出模型的显著性和解释能力进一步提高。其中，控制变量和交易特征变量的影响没有明显的改变，而前期关系和联盟经历两个联盟关系变量呈现出不显著的负向影响，因此假设 1-7 和假设 1-8 得到了部分支持。再通过对 M3（c）和 M2(c) 进行嵌套性分析发现，M3(c) 具有更好的拟合度和预测能力。而且将 M3(c) 中的联盟协议期限、前期联系和联盟经历变量重新编码后得到放松假设 M4（c），结果表明 M3（c）和 M4（c）在系数估计和模型拟合度方面具有高度一致性。这说明 M3（c）的估计是稳健的，因此本研究根据模型 3(c) 拟合的煤炭产业联盟治理结构预测方程为

$$Y = \ln\left(\frac{p}{1-p}\right) = -8.1939 - 0.9862Size + 0.656Specialty + 1.2972Scope + 0.5215Technology - 0.3000Multilateral - 0.0168Concurrent + 2.4462lg\_Duration - 0.6807lg\_Priorties - 1.0229lg\_Experience \tag{6.10}$$

表 6-11 煤炭产业联盟治理结构选择的回归分析

自变量	M1（c）		M2（c）		M3（c）		M4（c）	
	Coef.	P>|z|	Coef.	P>|z|	Coef.	P>|z|	Coef.	P>|z|
Size	−0.3019712	0.316	−1.018526	0.039	−0.9862476	0.053	−0.8860405	0.076
Specialty			0.6749262	0.078	0.6559828	0.086	0.6108901	0.105
Scope			1.264835	0.031	1.297222	0.031	1.260073	0.035
Technology			0.4425765	0.603	0.521529	0.571	0.4919129	0.565
Multilateral			−1.165915	0.181	−0.3000301	0.750	−0.5733391	0.514

续表

自变量	M1（c）		M2（c）		M3（c）		M4（c）	
	Coef.	P>|z|	Coef.	P>|z|	Coef.	P>|z|	Coef.	P>|z|
Concurrent			-0.1647285	0.705	-0.0168074	0.972	-0.1590307	0.731
lg_Duration			2.062168	0.002	2.446215	0.003		
lg_Priorties					-0.6807387	0.216		
lg_Experience					-1.022857	0.142		
Duration*							1.427011	0.003
Priorties*							-0.3657287	0.282
Experience*							-0.7266182	0.085
_cons	-0.0434324	0.947	-9.024329	0.000	-8.193855	0.003	-6.246951	0.010
模型拟合度：								
Number of obs	76		76		76		76	
LR chi2	1.01		41.82		46.96		45.46	
Prob > chi2	0.3139		0.0000		0.0000		0.0000	
Pseudo R2	0.0104		0.4283		0.4809		0.4656	

2. 模型预测的准确性分析

表 6-12 显示了 M3（c）的预测分类结果，可以看出在 0.5 的概率分界点上，M3（c）的正确分类比率为 89.47%，这表明模型预测了 89.47%的案例的实际联盟治理结构。其中，敏感度、指定度、肯定的预测值、否定预测值分别为 76.92%、96.00%、90.91%和 88.89%。另外，未发生事件的错误肯定率和发生事件的错误否定率分别为 4.00%和 23.08%，肯定事件的未发生比率和否定事件的发生比率分别为 9.09%和 11.11%。M3（c）的预测结果及其预测精度如图 6-6 所示，ROC 涵盖了预测曲线之下的面积为 0.9146。

3. 煤炭产业联盟治理结构的实证检验结果与讨论

对煤炭产业的上述实证检验证实了不完全契约理论和关系契约理论的基本观点。

首先，从联盟交易特征来看，资产专用性、联盟范围和联盟协议期限因素的显著的正回归系数表明，随着资产专用性水平的提高、联盟范围的扩大和联盟协议期限的延长，企业采用股权型联盟治理结构的可能性将会增加，进而完全地支持了研究假设 1-1、假设 1-2、假设 1-6。而技术因素的正回归

表 6-12 煤炭产业中的 logistic 回归模型预测分类

Logistic Model for Equity			
	True		
Classified	D	~D	Total
+	20	2	22
-	6	48	54
Total	26	50	76

Classified + if predicted Pr (D) >= 0.5
True D defined as equity ~= 0

Sensitivity	Pr (+| D)	76.92%
Specificity	Pr (-|~D)	96.00%
Positive predictive value	Pr (D| +)	90.91%
Negative predictive value	Pr (~D| -)	88.89%
False + rate for true ~D	Pr (+|~D)	4.00%
False - rate for true D	Pr (-| D)	23.08%
False + rate for classified +	Pr (~D| +)	9.09%
False - rate for classified -	Pr (D| -)	11.11%
Correctly classified	89.47%	

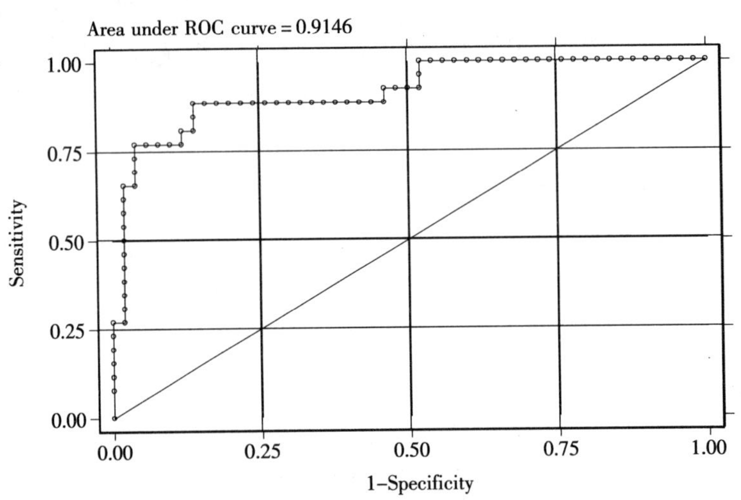

图 6-6 煤炭产业中 logistic 回归分析的 ROC 曲线

系数表明，合作中涉及研发活动的联盟比不涉及研发活动的联盟更可能采取股权参与的治理模式，但是技术因素未能显示出显著的影响效果，所以假设

1-3 得到了部分支持。值得关注的问题是，与假设 1-4 和假设 1-5 的预期完全相反，本研究的实证检验结果显示多边联盟和并发联盟对煤炭企业联盟治理结构具有负向影响（尽管作用程度并不显著），因此假设 1-4 和假设 1-5 未能得到支持。对这一结果可能的解释是，第一，煤炭行业的战略联盟刚刚兴起并仍处于探索之中，企业还缺少有效治理复杂的多边和并发联盟的经验，所以他们大多选择松散的契约型联盟治理结构。第二，处于垄断行业中的煤炭企业战略联盟受到政策干预较多，因此管理者在联盟治理决策中可能更多关注政策导向而对某些特定的联盟属性未能予以充分考虑。其次，从联盟中的伙伴关系特征来看，前期联系和联盟经历变量的负系数表明，参与方之间重复的前期交互和丰富的联盟经历将导致伙伴之间信任的增加和声誉的产生，因此在某种程度上减少了对股权型联盟治理结构的依赖。遗憾的是，这两个因素的影响并不显著，所以假设 1-7 和假设 1-8 只是得到了部分的实证支持。再次，对控制变量的实证检验表明企业规模因素对联盟治理结构具有显著影响，大型企业比中小企业更倾向于选择契约型联盟治理结构。对于这一结果的解释如下：一方面，大型企业通常具有更多的资源与雄厚的竞争实力，大公司的这种支配地位使之更可能采取股权之外的方式（如报复）给机会主义行为带来天然的阻碍，所以当其他方面相同时，大公司比小公司更可能加入契约型联盟而不是股权合资；另一方面，大企业往往具有丰富的联盟经历和关系网络，这使得大企业可能通过声誉效应来挫败机会主义行为，并且减少了对股权控制的依赖，所以大企业可能比小企业更倾向于选择契约型联盟治理结构。

第三节 实证检验结果的分析与讨论

一、不同产业实证检验结果的比较

通过对不同产业的实证检验可以看出，本研究生成的每个模型与前一个回归模型相比其显著性和解释能力显著提高，而且对不同产业所拟合的回归模型的正确分类比率均大于 80%，模型解释能力 Pseudo R2 均大于 40%，模型卡方统计量 Prob > chi2 均显著区别于 0。因此本研究所拟合的回归模型具有很好的拟合效果和预测能力，不同模型设置之间在估计系数具有高度的一致性表明模型设定的稳健性，而且回归模型对各个影响因素检验的结果也基本支持了不完全契约理论和关系契约理论的基本观点。然而通过对行业子样本的回归分析表明，不同产业背景下的联盟治理结构有其独到特点和细微差别，表 6-13 比较了不同产业的实证检验结果。

表 6-13 不同产业下拟合的联盟治理结构选择模型比较

自变量	M3（总体检验）		M3（a）（传统产业）		M3（b）（高技术产业）		M3（c）（煤炭产业）	
	Coef.	P>|z|	Coef.	P>|z|	Coef.	P>|z|	Coef.	P>|z|
Size	0.1278132	0.598	0.5787927	0.146	1.285982	0.130	-0.9862476	0.053
Nationality	-0.4975356	0.336	-0.883988	0.180	1.655133	0.323	—	—
Specialty	0.7549985	0.000	0.73526	0.020	0.7892976	0.220	0.6559828	0.086
Scope	1.287213	0.000	1.489131	0.005	1.682607	0.136	1.297222	0.031
Technology	0.1270729	0.750	0.1059393	0.873	-0.8520062	0.461	0.521529	0.571
Multilateral	0.5481415	0.222	1.102755	0.134	0.5525863	0.734	-0.3000301	0.750
Concurrent	0.4343745	0.012	0.5876128	0.034	0.7649145	0.099	-0.0168074	0.972
lg_Duration	1.941198	0.000	1.4278	0.000	4.375727	0.000	2.446215	0.003
lg_Priorties	-1.113902	0.000	-1.181713	0.019	-2.117133	0.007	-0.6807387	0.216
lg_Experience	-0.8966367	0.003	-1.072319	0.033	-2.253779	0.023	-1.022857	0.142

续表

自变量	M3（总体检验）		M3（a）（传统产业）		M3（b）（高技术产业）		M3（c）（煤炭产业）	
	Coef.	P>|z|	Coef.	P>|z|	Coef.	P>|z|	Coef.	P>|z|
_cons	-9.210833	0.000	-8.443346	0.000	-16.28035	0.007	-8.193855	0.003
模型拟合度：								
Number of obs	294		122		96		76	
LR chi2	167.87		70.36		78.05		46.96	
Prob > chi2	0.0000		0.0000		0.0000		0.0000	
Pseudo R2	0.4485		0.4326		0.7089		0.4809	
模型预测能力：								
Pr（+|D）	69.39%		85.11%		80.00%		76.92%	
Pr（-|~D）	89.80%		84.00%		95.77%		96.00%	
Pr（D|+）	77.27%		76.92%		86.96%		90.91%	
Pr（~D|-）	85.44%		90.00%		93.15%		88.89%	
Pr（+|~D）	10.20%		16.00%		4.23%		4.00%	
Pr（-|D）	30.61%		14.89%		20.00%		23.08%	
Pr（~D|+）	22.73%		23.08%		13.04%		9.09%	
Pr（D|-）	14.56%		10.00%		6.85%		11.11%	
Correctly classified	82.99%		84.43%		91.67%		89.47%	

假设 1-1 预期更高的专用性资产投资将导致更为层级化的股权型联盟治理结构。本研究对传统产业和煤炭产业的实证检验结果强烈地支持了资产专用性假设，这表明高度的资产专用性将导致双边依赖和敲竹杠风险的增加，而基于共同所有权的股权治理结构能够实现各参与方利益的激励相容，从而降低敲竹杠的机会主义风险并且提供了更高层次的合作，所以随着联盟中投入的资产专用性程度提高，联盟各方更可能选择股权参与作为对专用性投资的保护。但是在高技术产业中资产专用性因素对联盟治理结构的影响并不显著，其原因可能是高技术产业中快速技术变革阻碍了伙伴向联盟投入关系专用性资产，从而减少了对股权控制的需要。而且笔者在访谈中也发现，高技术企业的联盟管理者普遍认为，影响联盟治理决策的关键因素是联盟中的不确定性以及联盟伙伴关系，而资产专用性的影响并不像理论预期的那样重

要，这一访谈结果从另外一个方面揭示了资产专用性影响不显著的原因。

假设 1–2 预期广泛联盟将使联盟活动更加复杂并引发更大的不确定性，因此需要采取控制程度较高的股权型联盟治理结构来协调和控制伙伴行为。本研究不同产业的实证检验结果支持了假设 1–2 的预期并且表明，随着联盟合作范围的扩大，特别是当参与方在技术开发、产品制造、市场营销等多业务领域开展联盟时，联盟中的复杂性和不确定性也随之增加，因此企业更多地采用具有保护性特征的股权型联盟治理结构来管理多业务领域联盟。

假设 1–4 和假设 1–5 分别预期多边联盟和并发联盟引发的联盟复杂性将导致股权型联盟治理结构选择，然而，不同产业中对假设 1–4 和假设 1–5 的实证检验结论具有较大差异。从传统产业和高技术产业看，多边联盟因素的正回归系数说明随着联盟合作中涉及的伙伴数目的增加（两个以上），机会主义和搭便车可能性随之增加，而且使得任务分配和对伙伴努力程度的监督和控制更加困难，因此企业采取股权型联盟治理结构来应对伙伴的机会主义行为。遗憾的是，这一因素的影响并不显著，所以实证检验只是得到了对假设 1–4 的部分支持。而并发联盟因素显著的正回归系数表明假设 1–5 得到了完全支持，当联盟双方涉及两项或者两项以上的合作项目时，不确定性增加将导致协调困难，因此常常采取股权型联盟治理结构。然而从煤炭产业看，多边联盟和并发联盟因素对股权型联盟治理结构具有负向影响（尽管这种作用不显著），这些与假设 1–4 和假设 1–5 的预期截然相反，因此假设 1–4 和假设 1–5 未能得到支持。对煤炭产业这一结果的可能解释是，我国煤炭企业战略联盟的迅速发展始于 2005 年，发端于打造大型煤炭企业集团的国家宏观经济政策的推动。虽然近期有相当多的煤炭企业组建了以大型煤炭骨干企业为核心的企业集团，但是由于战略联盟在煤炭产业刚刚兴起，企业管理者缺乏组建和管理复杂战略联盟的经验，所以大多数联盟是通过长期契约形式（如长期供货合同、联合开采、分销合同等）而组建的，选择股权联盟的可能性并未随着联盟复杂性的增加而增加。

假设 1–3 预期当联盟中主要涉及技术研发活动时将会导致联盟不确定性增加，进而契约条款的详细陈述将会更加困难，而股权联盟的激励和监督双重作用可以有效地应对联盟中的不确定性和关系风险，所以参与方常常会为技术联盟选择股权型治理结构。[①] 然而，本研究对技术因素的实证检验结果却十分模糊，尽管在传统产业和基础产业中的实证检验结果显示了与假设相同的影响方向，但是其正向作用并不显著，所以假设 1-3 没有得到显著支持；而在高技术产业中则得到了假设 1-3 预期截然相反的结果，技术因素的负回归系数显示涉及技术因素的高技术企业联盟不但没有引发企业采用股权控制，反而更多地采取具有灵活性的契约型联盟治理结构（尽管这一负向作用并不显著）。对于高技术产业中的这种反直觉现象有两种可能的解释：一种可能的解释是，制造联盟和营销联盟要比 R&D 联盟涉及较少的技术诀窍和知识，企业内部化的成本很低，所以通常选择股权型联盟治理结构；而高技术产业中的技术研发联盟往往伴随着知识和技术的转移，所以契约型联盟治理结构比合资更为常见。另一种可能的解释是，高技术产业是高知识密集型产业和具有高度不确定性的产业（通常涉及研发过程的不确定性、时间的不确定性和结果的不确定性），这种不确定暗示了在合同中不可能完整而准确地描述交易的目标），而且快速技术变革和技术过时地风险使得高技术企业具有更为强烈的动机来保持其战略柔性，以便能够快速地发展其所需要的能力。由于股权型联盟治理结构的刚性特征使得退出联盟的难度增加且成本很高，而契约型联盟治理结构有助于在柔性与专用性投资之间恰当权衡，从而进入和退出灵活并且成本低，所以高技术企业更多地选择契约型联盟治理结构。

假设 1-6 预期当参与方之间签订了长期联盟协议时将会选择股权型联盟治理结构。本研究对不同产业的实证检验结果均强烈支持了这一假设，这表明伙伴之间联盟协议期限越长，那么联盟中将面临更多不可预见的未来事宜，联盟中的不确定性也就相应地增加，因此企业常常需要选择股权型联盟治理结构应对联盟中的不确定性和联盟风险。而且这一假设检验结果在不同产业背景下具有很强的稳定性，说明联盟协议期限是联盟治理决策的关键因素。

假设 1-7 和假设 1-8 预期伙伴之间的前期联系和丰富的联盟经历有助于

---

① Pisano（1989）、Gulati（1995）以及 Gulati 和 Singh（1998）的研究中均发现了涉及研发或技术因素的联盟更可能采用股权型联盟。

降低不确定性和机会主义动机，因此减少了对股权型联盟治理结构的需求。本研究的实证检验结果证实了关系契约理论的预期，并揭示了关系契约对正式治理机制（治理结构）的补充作用。特别地，传统产业和高技术产业检验中两个关系变量具有显著的负回归系数，表明伙伴之间重复的前期联系导致伙伴之间信任的增加，而参与方丰富的联盟经历使之建立了良好的合作声誉，这种声誉和信任作为促进联盟合作的非正式治理机制缓解了对正式股权控制的依赖程度，因此企业可以采取更加柔性的契约型联盟治理结构来管理联盟活动。但是煤炭产业中伙伴前期联系和联盟经历对联盟治理结构的负向影响并不显著，其原因可能在于煤炭企业处于体制转型时期和过渡阶段，多数煤炭企业战略联盟只是在近两年刚刚组建起来，煤炭企业缺乏在行业内部以及跨行业的联盟经历和关系网络，因此企业之间的声誉和信任机制还未真正建立起来，企业在战略联盟治理决策中更多地基于个体理性而非基于声誉和信任（笔者在调查中发现，某些煤炭企业的高层管理者反复强调“只有永远的利益，没有永远的朋友”）。煤炭产业的上述检验结果恰好反映了经济转型时期煤炭企业战略联盟的现实特征，由于联盟项目周期长、投资巨大、政策干预多，因此联盟决策者更加关注于通过如何降低联盟风险和应对不确定性，关系资本和声誉资本的作用未能充分予以考虑，因此假设 1–7 和假设 1–8 在煤炭产业未能得到显著的实证支持也就不足为奇。

需要指出的是，尽管本研究关于前期联盟对联盟治理结构的影响的实证检验结果与 Gulati（1995）[82] 以及 Robinson 和 Stuart（2002a）[57] 相似（即负相关），但是本研究对这一检验结果具有不同的解释。本研究的理论模型强调更多前期联系传递了伙伴具有良好声誉的信息并且建立了声誉资本，而这种声誉资本的存在降低了机会主义的动机并且提高联盟合作成功的概率，因此丰富的前期联盟和联盟经历减少了通过股权联系来监督和控制的必要性。

二、实证检验中发现的主要问题

尽管本章的实证检验结果多数支持了理论预期，但是也发现与以往研究不同的研究结果。

第一，多边联盟因素的影响水平在各个产业中均不显著。这一结果可能与当前我国企业战略联盟形成与发展所处的阶段和特点有关，本研究调查的样本中绝大多数为两个参与方之间的双边联盟，而多边联盟的比例仅占样本总数的 19.73%。由于当前我国企业战略联盟仍然处于较低层次的双边合作阶段，涉及更多参与方多边合作的密集联盟网络还未形成，所以导致多边联盟因素的作用效果并不显著。

第二，技术因素在不同产业中的影响效果比较模糊。特别是在高技术产业中，涉及技术因素的战略联盟较少采取股权型联盟治理结构，原因可能在于高技术产业的技术联盟，特别是那些旨在相互学习和探索新技术领域的联盟通常比其他产业面临着更大的不确定性（包括技术不确定性和行为不确定性），这些不确定性将诱发企业限制其专用性投资以便保持加入和退出联盟的灵活性。由于高技术企业更加强调对控制与柔性之间的综合权衡，所以高技术企业的技术联盟较多地选择契约形式。而且本研究通过对调查样本的描述性统计分析也可以看出，高技术企业战略联盟中的一个重要趋势是契约型联盟日趋增加，而股权合资的联盟治理结构正在为契约型联盟所取代，所以本研究的实证检验结果恰好揭示了高技术产业战略联盟的发展趋势。

第三，控制变量的作用显得比较模糊。从企业规模来看，传统产业和高技术产业中企业规模越大则采取股权联盟的可能性越高，尽管这一作用并不显著；而煤炭产业中则显示出相反的结果，即企业规模越大越可能选择契约型联盟治理结构，而且这一因素在 $\alpha = 0.1$ 水平上显著。再从企业国别差异来看，这一控制变量的实证结果在不同产业均不显著且十分模糊。一方面，在传统产业中的实证结果与理论预期和直觉相一致，即跨国联盟比本国企业之间的联盟通常更多选择股权治理机制。这说明跨国联盟中伙伴文化差异较大，同时各方利益和法制的多样性将增加，导致对伙伴行动的控制和利益的协调更加困难，为了应对因广泛的交易地理范围而引发的不确定性，常常需要选择层级化的治理结构；而来自同一国家或地区的联盟伙伴由于文化和制度背景具有更高的相似性，从而增进了伙伴之间的相互了解和信任，[121] 所以很少选择股权型联盟治理结构。另一方面，在高技术产业中则表现出与传统产业相反的实证结果，即来自同一国家或地区的联盟伙伴比跨国联盟更可能选择股权型联盟治理结构。原因可能在于高技术产业面临着更高的不确定性和风险，特别是跨国联盟可能随时面临着大量无法预期情况的发生，所以联盟伙伴更关注回避风险和灵活进入和退出，但是股权联盟的治理协调成本随着伙伴文化差异的增加而增加，而且股权型联盟治理结构刚性很强，使之一旦建立则联盟伙伴将很难扭转联盟治理结构决策。因此跨国联盟中伙伴具有强烈的动机来保持其联盟中的灵活性以便更能对不确定的结果作出反应。[35]此外，由于中国经济转型时期面临着高度不确定的环境，特别是政治、经济、社会文化以及行业需求环境在快速变革，所以外资企业在选择进入模式时通常考虑能够较为灵活地进入和退出的契约型联盟，目的在于尽可能地回避环境风险（特别是政策风险）。

第四节　实证检验结果与理论模型之间的一致性分析

本书第四章基于不完全契约理论和关系契约理论构建了能够同时揭示资产专用性以及关系契约属性的联盟治理结构选择模型，从而将联盟治理结构（G）与资产专用性（λ）、合作声誉（$\underline{\delta^{RC}}$）甚至是盈余分享比例（ρ）有机地联系起来，而且本章关于联盟治理结构选择的影响因素分析为理论模型提供了实证上的支持。首先，理论模型分析结果表明联盟的关系契约属性使得参与方更加关注其未来交易的价值，因此其对未来收益的贴现率$\underline{\delta^{RC}}$提高，此时控制程度较弱的契约型联盟治理结构就可以有效地抑制伙伴机会主义风险。而表 6-14(a) 基于 294 个联盟样本的实证检验结果显示，伙伴之间频繁的前期联系和参与方广泛的合作经历均降低了对联盟中股权控制的依赖，说明基于伙伴关系而建立的合作声誉可以充当对机会主义行为的抑制机制。这一实证检验结果证实了关系契约理论的预期，揭示出关系契约下契约型联盟治理结构有可能取代股权型联盟治理结构而成为最优选择。其次，理论模型分析表明契约型联盟下关系契约得以支持的激励相容约束条件是 $\underline{\delta_{NE}^{RC}} = \frac{(1-\lambda)-\ln(2-\lambda)}{(1-\lambda)\ln(2-\lambda)}$，股权型下则要求 $\underline{\delta_{EJV}^{RC}} = 0.442695$，而且随着联盟中资产专用性的提高（$\lambda \to 0$），参与方将更多选择股权型联盟治理结构。而本章对294个联盟样本的实证检验也表明，高度的资产专用性将导致联盟风险的增加，从而参与方更多地选择股权型联盟治理结构。因此，本研究关于资产专用性的理论结果与实证检验结果具有高度的一致性。

表6-14（b）、表6-14（c）、表6-14（d）对不同产业背景的比较实证研究表明，虽然联盟交易属性和关系属性是联盟治理结构选择的重要影响因素，但在传统产业、高技术产业、煤炭产业中实证检验结果与模型理论预期之间存在微妙的差异。首先，尽管不同产业中资产专用性因素对股权型联盟治理结构均有正向影响，但是在高技术产业中的影响并不显著，所以本研究关于资产专用性的理论假设未得到完全实证验证。其次，从联盟的关系契约属性来看，虽然不同产业中伙伴之间的前期联系以及参与方的联盟经历均对股权型联盟治理结构有负向影响，但是在煤炭产业中关系契约属性的表现并不显著，所以关系契约的理论假设未得到完全实证验证。出现上述不同产业实证检验结果与理论模型差异的原因在于：理论建模往往假定环境因素为给定，基于这一前提假设构建的模型具有高度抽象性，进而常常推导出理想化的研究结论。由于战略联盟实践中面临着复杂多变的内外部环境，联盟治理决策受到多种因素的制约，而理论模型通常无法涵盖所有可能的现实状态和影响因素，特别是无法在模型中考虑不同产业结构、产业政策、法律法规等制度环境因素，所以，实证检验结果与模型理论预期之间的差异在所难免，这种差异对于进一步修正理论模型具有一定的启示意义。

需要指出的是，本研究理论模型未能考虑联盟交易中的不确定性，但是企业战略联盟实践活动常常受到交易中不确定性因素的显著影响。为了弥补理论建模中参数分析的不足，本研究基于交易成本理论实证性地揭示了不确定性因素对联盟治理结构选择的影响，并且实证检验结果显示出不确定性因素在不同产业之间的细微的差异。因此，未来的研究中需要将不确定性因素

表 6-14（a）　总体样本的实证检验结果与理论预期的比较

假设	变量	变量含义	预期符号	检验符号	一致性	显著性
H1	Specialty	资产专用性	+	+	Y	Y
H2	Scope	联盟范围	+	+	Y	Y
H3	Technology	技术联盟	+	+	Y	N
H4	Multilateral	多边联盟	+	+	Y	N
H5	Concurrent	并行联盟	+	+	Y	Y
H6	lg_Duration	合作期限	+	+	Y	Y
H7	lg_Priorties	前期联系	–	–	Y	Y
H8	lg_Experience	联盟经历	–	–	Y	Y

表 6-14（b）　传统产业的实证检验结果与理论预期的比较

假设	变量	变量含义	预期符号	检验符号	一致性	显著性
H1	Specialty	资产专用性	+	+	Y	Y
H2	Scope	联盟范围	+	+	Y	Y
H3	Technology	技术联盟	+	+	Y	N
H4	Multilateral	多边联盟	+	+	Y	N
H5	Concurrent	并行联盟	+	+	Y	Y
H6	lg_Duration	合作期限	+	+	Y	Y
H7	lg_Priorties	前期联系	–	–	Y	Y
H8	lg_Experience	联盟经历	–	–	Y	Y

表 6-14（c）　高技术产业的实证检验结果与理论预期的比较

假设	变量	变量含义	预期符号	检验符号	一致性	显著性
H1	Specialty	资产专用性	+	+	Y	N
H2	Scope	联盟范围	+	+	Y	N
H3	Technology	技术联盟	+	–	N	N
H4	Multilateral	多边联盟	+	+	Y	N
H5	Concurrent	并行联盟	+	+	Y	Y
H6	lg_Duration	合作期限	+	+	Y	Y
H7	lg_Priorties	前期联系	–	–	Y	Y
H8	lg_Experience	联盟经历	–	–	Y	Y

表 6-14（d） 煤炭产业的实证检验结果与理论预期的比较

假设	变量	变量含义	预期符号	检验符号	一致性	显著性
H1	Specialty	资产专用性	+	+	Y	Y
H2	Scope	联盟范围	+	+	Y	Y
H3	Technology	技术联盟	+	+	Y	N
H4	Multilateral	多边联盟	+	–	N	N
H5	Concurrent	并行联盟	+	–	N	N
H6	lg_Duration	合作期限	+	+	Y	Y
H7	lg_Priorties	前期联系	–	–	Y	N
H8	lg_Experience	联盟经历	–	–	Y	N

引入联盟治理结构的建模分析当中，从而在理论上揭示不确定性对联盟治理结构选择的影响。

本章小结

本章关于联盟治理结构选择的实证分析不仅为第四章联盟治理结构选择理论模型提供了实证上的支持，而且还是对联盟治理理论的丰富和发展。对联盟治理结构的综合实证分析以及对不同产业的比较实证研究均表明，关系契约是抑制联盟中伙伴机会主义行为的重要治理机制，密切的前期联系和广泛的联盟经历减少了参与方对股权控制的依赖程度；而随着联盟中资产专用性程度的提高以及不确定性的增加，选择股权型联盟治理结构的可能性将会增加。因此，本书数学建模得出的理论研究结论得到了实证上的支持。

第七章　联盟治理结构与联盟绩效的关系研究

企业战略联盟实践表明，只有同时关注联盟治理结构和联盟绩效才能获得正确的研究结论，所以战略联盟研究不仅要解决联盟结构的选择问题，更重要的是要研究不同治理结构下的联盟绩效，特别是关注特定联盟治理结构与影响因素之间的战略匹配对联盟绩效的影响，以便更好地评价和指导企业联盟治理决策。

目前，关于战略联盟治理结构选择的研究文献大多基于下面的前提假定：即联盟实施的结果（联盟绩效）与联盟治理结构选择密切相关，有效的联盟治理结构有助于降低交易成本或创造联盟价值。本书第一章对联盟管理者访谈的结果表明，联盟绩效的高低在相当程度上取决于是否选择了具有卓越适应性的联盟治理结构。然而，相对于当前数量较多的关于联盟治理结构选择及其影响因素的研究而言，现有文献中较少有关于联盟治理结构与联盟绩效关系的研究，特别是极少有研究揭示联盟治理对联盟绩效的影响，因此迄今为止我们对于联盟治理结构选择的现有理论是否科学系统仍然知之甚少。针对现有研究的不足，本章着重探讨联盟治理结构选择的绩效结果，特别是分析联盟治理结构与其影响因素之间的治理匹配程度与联盟绩效的关系，进而从绩效角度揭示联盟治理结构选择的价值所在。

第一节　联盟绩效研究的理论与假设

一、联盟绩效的研究基础

尽管现有研究文献中对与较高联盟绩效相关的联盟治理研究非常有限，笔者在文献研究过程中还是找到了一些有价值的研究线索，发现少数研究者已经开始关注联盟绩效研究并对联盟绩效的度量进行了有益的探索。

Sampson（2004）[131] 以交易成本理论为基础并且运用实证研究方法，对1991~1993年间电信设备行业487个企业跨越34个国家的464个研发联盟样本进行实证分析。实证检验结果表明，不匹配的联盟治理将会产生两种减少合作利益的成本：一是治理不足导致过多的缔约风险，从而无法控制机会主义成本；二是治理过度产生联盟中的官僚主义成本。而且Sampson还发现，基于交易成本理论的联盟治理结构比没有考虑这种治理选择的联盟合作业绩将会大大改进，并且企业的联盟绩效平均高出62%。因此，Sampson得出的结论是，企业是否根据缔约难度（交易成本）来选择联盟治理结构对合作的利益有重要影响，恰当匹配的联盟治理结构对联盟绩效有正面影响，而不匹配的联盟治理结构选择常常导致不理想的联盟治理绩效。

Murray和Kotabe（2005）[119] 运用情景理论和社会交易理论扩展了对联盟绩效影响因素的研究，并且实证性地检验了联盟属性与联盟治理结构的组合匹配水平对绩效的影响。两位作者还探讨了两种不同的联盟绩效测度方法：如果不考虑特定的情景，那么联盟形式或联盟属性可能与联盟绩效没有关系（即联盟绩效不单纯取决于特定的联盟治理结构或者联盟属性）；但是当联盟形式与特定属性匹配时，确实能够显著提高联盟绩效。因此，取得卓越联盟绩效的关键是通过联盟属性与联盟形式之间的战略匹配，而不是通过联盟属性本身或者特定联盟形式。另外，Lewin和Volberda（1999）也使用情景理论来研究环境与战略组合对绩效的影响，并且得出了类似的研究结论，即企业应当通过恰当的组织形式取得与环境的战略匹配。[155]

可以看出，无论是理论研究还是笔者的实地访谈均表明，联盟治理结构与其影响因素之间的匹配程度对于联盟绩效的高低具有决定性影响，联盟绩效的差异更多地源于联盟治理结构和相应的联盟属性之间的战略匹配，[156] 那些将联盟治理结构与特定联盟属性相互匹配的联盟应该比未能相互匹配的联盟明显取得更好的绩效。[157]

二、联盟治理匹配与联盟绩效的关系分析

交易成本理论将战略联盟看成是介于企业和市场之间治理交易的混合型组织，何种交易在何处行得通一方面取决于交易的属性，另一方面取决于备择治理结构的成本和效能。因此，联盟绩效在很大程度上取决于联盟治理结构和联盟属性之间的匹配程度，如果用复杂结构来治理简单交易会招致不必要的成本，而用简单结构来治理复杂交易则会难堪重负，只有二者之间一一对应的治理匹配方能提高联盟的绩效。然而，交易成本理论仅仅考虑交易属性与联盟治理结构之间的匹配关系，忽视了联盟中的伙伴关系对联盟绩效的影响。因此，本研究进一步拓展交易成本理论，组合运用不完全契约理论和关系契约理论来揭示联盟交易特征和伙伴关系特征，并研究联盟治理结构和两个维度的联盟属性之间的战略匹配对联盟绩效的影响。

本书给出匹配联盟治理结构的定义如下：所谓匹配的联盟治理结构是指那些在联盟控制的成本、效率上与联盟中机会主义风险水平恰当结合的联盟治理结构。而且根据这一治理匹配定义并借鉴 Sampson（2004）[63] 的研究成果，笔者将不匹配的联盟治理区分为治理不足和过度治理两种情况。所谓治理不足是指当联盟面临高机会主义风险时，却选择了控制程度较低的契约型联盟治理结构（契约型联盟）的情形；过度治理是指当联盟中伙伴机会主义风险很低时却选择了控制程度很高的股权型联盟治理结构的情形。

在治理不足情况下很可能会无法有效地监督和控制伙伴行为，从而引发回避责任、搭便车、敲竹杠等机会主义风险。而一旦参与方感受到面临伙伴

事后机会主义风险很高，那么联盟参与方很可能会自动采取某些防止伙伴机会主义侵害的行动，例如，参与方可能会简单地减少专用性资产投资，或者限制向联盟提供最优的技术和最佳技能的劳动力，所有这些限制无疑将会降低联盟绩效。而在过度治理情况下，虽然采取股权型联盟治理结构可以有效地监督和控制伙伴机会主义行为，但是层级化程度较高的股权型联盟治理结构不仅增加了联盟缔约成本、组建成本和管理成本，而且股权联盟决策中的官僚主义导致决策过程缓慢和决策效率降低，所有这些均会降低联盟绩效。

由此可见，决定联盟治理绩效的一个重要方面是联盟治理结构能否与特定的联盟属性（包括交易特征和伙伴关系）相互匹配。过度治理（用复杂的治理结构治理简单的交易）会招致不必要的成本，而治理不足（用简单的治理结构治理复杂的交易）则难以抑制伙伴的机会主义行为，进而导致伙伴对联盟贡献减少或者有价值的投入减少。不论是哪一种形式的治理不匹配都可能导致合作困难和绩效的降低，而匹配的联盟治理结构使得在成本和效率各不相同的治理结构与特定的联盟情景（即联盟属性）一一对应起来，从而有效地平衡了机会主义威胁和联盟治理成本，确保联盟成功和联盟治理绩效的提高。

三、联盟治理匹配与联盟绩效关系的基本研究假设

虽然联盟治理匹配程度反映了联盟风险水平与联盟控制和监督机制之间的相容程度，但是产权和交易成本理论仅仅考虑了交易属性对联盟治理结构的影响。由于战略联盟本质上是一种关系契约，所以决定联盟治理结构进而决定联盟绩效的联盟属性还应该包括联盟中的伙伴关系。本书第四章专门研究了基于关系契约理论的联盟治理结构选择模型，并且按照治理水平与联盟风险之间的对应关系将联盟治理结构区分为匹配治理、治理不足和过度治理三种情况。

本研究所遵循的基本前提假定是：决定联盟治理绩效的一个重要方面是联盟治理结构能否与联盟属性（包括联盟的交易属性和关系特征）相互匹配，那些能够将联盟治理结构与联盟属性更好匹配的联盟比未能恰当匹配的

联盟往往可以取得更高的联盟绩效。基于这一前提，本章将着重分析联盟属性与联盟治理结构的匹配程度对联盟绩效的影响，并提出相应的研究假设。

1. 联盟治理结构在交易维度上的匹配及其绩效分析

当联盟一方或者双方涉及高度专用性资产投资时，伙伴敲竹杠的可能性随之增加，此时如果仅仅采用控制程度较低的简单治理机制（如契约控制）通常难以有效地控制伙伴的机会主义行为。而建立与更高风险水平相适应的股权型联盟治理结构不仅可以降低联盟伙伴对专用性资产投资一方敲竹杠的机会主义动机，而且增强了联盟合作成功的可能性并实现预期的联盟绩效。因此，有如下研究假设：

假设 2–1　在其他条件相同的情况下，当联盟中涉及较多的专用性资产投资时，采用股权型联盟治理结构往往能够比契约型联盟治理结构取得更高的联盟绩效。

现有研究中关于技术联盟中使用股权或契约型联盟对联盟绩效的影响还十分模糊。一种观点认为，技术联盟特别是双方旨在相互学习和开发新技术的技术联盟比生产领域和商业领域的联盟更加不确定，而且涉及的技术越多，详述、监督和执行契约的成本就越大。[54] 此时采用股权型联盟治理结构对于抑制不确定环境下的伙伴机会主义行为具有独特的优势，因为用股权作为“抵押”的股权联盟不仅可以防范和控制伙伴机会主义行为倾向，而且可以降低交易的治理成本，所以基于股权控制的技术联盟往往比基于契约控制的技术联盟能取得更好的绩效。[153] 另一种观点认为，技术联盟中往往面临着更大的不确定性并且导致各参与方限制其专用性投资以保持灵活性和适应性。而无股权参与的契约联盟比股权联盟更能促进各方在灵活性与投资之间进行权衡，所以在技术联盟中契约型联盟治理结构比股权型联盟治理结构能够取得更高的联盟绩效。此外，还有一些研究者则认为，在技术不确定时股权联盟和契约型联盟对联盟绩效的影响没有明显的差别。[158–159] 为了检验不同联盟治理结构下的技术联盟绩效，本研究提出下面两个对立的研究假设：

假设 2–2a　在其他条件相同的情况下，当联盟中涉及技术研发活动时，采用股权型联盟治理结构往往能够比契约型联盟治理结构取得更高的联盟绩效。

假设 2–2b 在其他条件相同的情况下，当联盟中涉及技术研发活动时，采用股权型联盟治理结构往往能够比契约型联盟治理结构取得更差的联盟绩效。

当一项联盟中涉及多活动领域或者涉及多个参与方，或者联盟双方同时存在多个联盟项目时，联盟的复杂性将会相应地增加。这种复杂性表现为：当联盟涉及技术研发、制造、营销和/或供应等多种活动时，联盟契约的陈述和对伙伴监督就更加困难；当联盟中涉及更多参与方之间合作时，搭便车现象便在所难免；而当伙伴之间同时存在多个联盟项目（即并发联盟）时，联盟管理协调的难度加大，联盟中核心知识泄露的风险也将会增加。由于股权型联盟治理结构不仅可以有效地监督和控制伙伴机会主义行为，而且通过股权分享可以达到激励相容并激发伙伴作出有效的努力，从而避免多伙伴联盟中搭便车行为发生，所以股权型联盟治理结构这种激励与监督双重的职能使之具有更大的协调性、适应性，从而提高复杂性战略联盟成功的可能性。因此有如下三个基本假设：

假设 2–3 在其他条件相同的情况下，当联盟合作的范围涵盖两种或两种以上的业务活动时，采用股权型联盟治理结构往往能够比契约型联盟治理结构取得更高的联盟绩效。

假设 2–4 在其他条件相同的情况下，当联盟交易中参与方的数目越多时，采用股权型联盟治理结构往往能够比契约型联盟治理结构取得更高的联盟绩效。

假设 2–5 在其他条件相同的情况下，当联盟双方存在并行合作项目时，采用股权型联盟治理结构往往能够比契约型联盟治理结构取得更高的联盟绩效。

较长的联盟协议期限往往导致参与方面临更多的不确定性，并且增加了契约重新谈判的风险。而股权型联盟治理结构具有较强的协调控制能力和持续适应能力，所以比契约型联盟更能保证长期联盟的成功。因此又提出如下基本假设：

假设 2–6 在其他条件相同的情况下，当联盟协议将会持续很长时期时，采用股权型联盟治理结构往往比契约型联盟治理结构能够取得更高的联盟绩效。

2. 联盟治理结构在关系维度上的匹配及其绩效分析

从关系契约理论来看，联盟伙伴前期联系和联盟经历对未来联盟合作的成功以及取得满意的联盟绩效至关重要。一方面，前期交互和联盟合作经历产生高度的信任，进而促进了伙伴之间高度的学习和信息与知识交流；另一方面，联盟合作经历的存在限制了伙伴机会主义行为的可能性，并且减少了失去核心资产的威胁。因此，联盟双方更多的前期关系和参与方丰富的联盟经历确保了伙伴之间声誉和信任的产生和发展，从而有效地阻止了非合作行为的产生，并且促进参与方以非正式的关系治理机制来取代正式的股权治理机制。而且在联盟参与方关系十分密切的情况下，契约型联盟不仅比股权联盟更能改进效率和降低成本，而且具有更高的战略柔性，从而将取得更高水平的联盟绩效。因此，有如下的研究假设：

假设 2–7　当联盟参与方有更多的前期关系时，采用契约型联盟治理比股权联盟治理将会取得更高的联盟绩效。

假设 2–8　当联盟参与方有更多的联盟经历时，采用契约型联盟治理比股权联盟治理将会取得更高的联盟绩效。

第二节　变量选取与测度

一、因变量的测度

本章研究的目标在于，通过联盟治理结构与联盟属性之间的组合匹配来分析不同治理匹配水平下的联盟绩效差异，进而检验本研究已经建立的联盟治理结构选择模型的正确性，因此本章关注的因变量为联盟绩效。虽然研究者们普遍认同恰当的联盟治理结构选择对于提高联盟绩效至关重要，但是由于联盟绩效难以度量以及联盟绩效评估面临着搜集大量数据的挑战，所以导致对联盟治理绩效的研究步履维艰。总体看来，联盟绩效研究的困难在于两个方面：第一个难点在于对联盟绩效概念的理解和测度；第二个难点是应该使用哪些维度来对联盟绩效进行评价。

1. 联盟绩效的测度方法选择

对于联盟绩效的度量方法，当前存在三种不同的理解。第一种度量方法是使用联盟的稳定性或长期性，该方法隐含的假设是不稳定性等同于合作失败。[160-162] 但是这一假设可能是不确切的，因为在某些情况下，联盟终止的原因可能包括彻底的项目解体、一方的收购，或者伙伴企业的组织兼并，所以联盟解体并不一定代表着失败。例如，Reuer（1997）曾经用272个跨国股权联盟终止的数据揭示了伙伴之间频繁的股权转移，而且这种股权转移从一开始就反映了最终所有者的战略意图。[163] 所以，无论是项目收购或者一方伙伴的跨国合资都不能看成是联盟失败或者成功，基于稳定性或长期性的联盟绩效测度未能将失败乃至死亡的联盟与那些实现预期目标而解体的联盟区分开来。

联盟绩效的第二种度量方法是使用管理者的主观评价，即通过管理者对联盟的总体满意度或者联盟实现其目标的程度来测度。[24][147][164-166] 这种绩效测度方法一度受到指责，主要集中于这种评价方法更多地使用了管理者的主观数据来对联盟绩效进行评估，因而可能导致了测度上的偏差和不精确性。然而，Geringer 和 Hebert（1991）的研究证明了主观绩效测度与基于会计数据的客观绩效测度之间存在高度的相关性，[167] 至此学者们才逐渐达成共识，认为管理者评价是评估联盟绩效的合理方式。[168-170]

联盟绩效的第三种度量方法是使用联盟建立以后企业的股票价格变动，[171-172][8] 其中，Chan 等人（1997）曾经对460家高技术企业在1983~1992年期间宣布的345个契约型联盟进行研究，他们发现这些联盟的宣布对当天的平均股票价格产生了正面的影响。[172] 此外，Kale、Dyer 和 Singh（2002）通过构建了两套测度企业战略联盟成功率的方法来研究78个企业在1993~1997年间的1572个联盟样本，[173] 第一种测度方法是基于宣布联盟时股票市场价值的增长，另一种测度方法是基于调查量表来搜集联盟管理者在联盟开始至少两年之后的每个联盟的长期绩效的评估数据。实证结果发现，联盟宣布之后的股市反应与联盟的长期绩效正相关，这表明股票市场价格反应在某种程度上是对联盟绩效的客观测度。

通过对上述各种联盟绩效测度方法的比较分析可以看出，联盟绩效分析的首要问题是选择科学而又切实可行的绩效测度方法。究竟是使用目前国际上普遍采用的管理者主观评价法，还是使用联盟组建时股票价格变动来测度联盟绩效？通过对两种方法的比较，不难发现，尽管联盟宣布之后的股市反映可以更加客观地反映联盟绩效，但是由于我国大多数企业仍然是没有公开上市交易的企业，所以很难恰当评价联盟企业的股票价值，也就无法通过股票价格来评价长期联盟绩效。另外，股市反映测度方法依赖于市场有效性这一前提假定，而中国股票市场建立时间较短而且发育很不健全，难以满足这一有效市场前提条件，所以我国上市公司的长期联盟绩效很难通过股市价格反映出来。鉴于上述情况，本研究选择目前被研究者广泛采纳的主观评价法，通过管理者对联盟的总体满意度及其实现目标的程度来测度联盟绩效。

2. 联盟绩效包含的关键信息维度

在明确了联盟绩效测度方法之后，还需要选择能够反映联盟绩效的重要而独特的信息维度。联盟绩效评价的总体原则是不仅应该包括战略信息，而且还应该包括经营方面的信息以及长期和短期的经营目标。但是 Kale、Dyer 和 Singh（2002）认为，由于联盟成功意味着伙伴取得了战略目标并且收回了财务成本，所以评价战略联盟绩效的关键维度至少应该包括联盟的存活与终止、取得学习目标、伙伴满意以及社会后果。[173] 本研究结合对我国企业战略联盟管理者的实地访谈并借鉴前人的研究成果，最终选择战略绩效、财务绩效、伙伴绩效三个维度的联盟绩效信息。

3. 联盟绩效量表的选择及其测度方法

本研究对联盟绩效的测度借鉴了 Saxton（1997）、Lambe、Spekman 和 Hunt（2000）和 Jap（1999）的联盟绩效分析量表并对部分测量项目进行调整。[174-176] 最终形成的战略联盟绩效量表包括总体目标的实现、获利能力、知识学习、市场份额、竞争优势、伙伴满意、竞争地位 7 个题项，这些项目综合反映了战略联盟的财务绩效、战略绩效和伙伴绩效三个维度的联盟绩效信息。本研究采用李克特七点量表进行态度测量，其中态度评价值 1 代表极其不赞同，7 代表极其赞同，而且对量表信度分析表明最终量表测量信度 $\alpha=0.870$。

二、自变量和控制变量的测度

1. 自变量的选取与测量

为了研究不同联盟治理结构选择的绩效结果，本研究通过联盟交易属性、关系特征与联盟治理的匹配程度来分析不同治理匹配的联盟绩效差异。本研究首先将研究样本区分为股权联盟和契约型联盟，然后采用多元线性回归分别检验在两种治理结构下联盟属性（即联盟治理结构的影响因素）与联盟绩效的关系。并且在多元回归模型中设定自变量为联盟属性——联盟的交易属性和伙伴关系属性，其中交易特征通过资产专用性、联盟范围、技术联盟、多边联盟、并发联盟和联盟协议期限来测度，而关系属性则通过前期关系和联盟经历两个指标来测量。各自变量的度量方法与第五章相同。

2. 控制变量的选取与测量

影响联盟绩效的因素除了上述联盟交易特征和关系特征之外，可能还包括企业属性以及环境属性的影响。例如，企业规模在很大程度上会影响联盟绩效水平，因为大企业通常有更多的资源、更多的联盟经历，进而增加联盟成功的几率和提高联盟绩效。此外，伙伴来源国别不同可能导致联盟绩效存在很大的差异，本国伙伴之间相似的文化背景将导致伙伴之间更多的理解和信任，并最终确保联盟合作的成功；而跨国联盟伙伴之间难以沟通和建立信任关系，导致联盟更大的不确定性和协调的复杂性，所以其联盟绩效可能会低于国内企业之间的联盟绩效。由于本研究关注的焦点在于联盟治理结构与联盟属性之间的匹配程度及其对联盟绩效的影响，因此需要将企业规模、企业来源国别差异等因素作为控制变量，以便将这些联盟属性之外的因素对联盟绩效的影响分离出来。这两个控制变量的具体含义和度量方法与第五章相同。

第三节　联盟治理结构与联盟绩效关系的实证检验

为了揭示不同联盟治理结构下的联盟绩效差异，本研究首先按照实际选择的联盟治理结构将观察案例区分为股权联盟和契约型联盟，然后分别采用多元线性回归方法检验不同联盟治理结构下联盟属性与联盟绩效的关系。表7-1中的M1和M2分别代表了股权联盟和契约型联盟治理结构下的联盟绩效回归分析结果。

表7-1　不同联盟治理结构下的联盟绩效回归分析

自变量	M1（Equity=1）		M2（Equity=0）	
	Coef.	P>|t|	Coef.	P>|t|
Size	0.1355012	0.138	-0.0473634	0.250
Nationality	-0.2983078	0.043	0.1484081	0.096
Specialty	0.5754738	0.000	-0.2402526	0.000
Technology	0.0514582	0.714	0.0542163	0.439
Multilateral	0.3786805	0.025	0.0889033	0.257
Concurrent	0.1798804	0.002	-0.0287631	0.336
Scope	0.0575368	0.517	-0.1270688	0.022
lg_Duration	0.1583066	0.062	-0.1039442	0.038
lg_Priorties	-0.2531453	0.021	0.275841	0.000
lg_Experience	-0.2991225	0.009	0.0880518	0.069
_Cons	2.098016	0.000	6.265153	0.000
模型拟合度：				
Number of obs	98		196	
F	9.94		15.68	
Prob > F	0.0000		0.0000	
R-squared	0.5332		0.4588	
Adj R-squared	0.4796		0.4296	
Root MSE	0.56825		0.40928	

一、股权型联盟治理结构下的联盟绩效分析

M1 代表股权联盟治理结构下联盟属性与联盟绩效的回归分析结果，对 M1 进行多重共线性检验表明，与每个回归系数有关的方差膨胀因子均在 1.09~1.62 范围，全部变量方差膨胀因子值均小于 2，因此自变量之间没有明显的多重共线性问题。而从 M1 的拟合情况看，模型显著性为 Prob > F = 0.0000 且模型的解释能力为 R-squared = 0.5332（Adj R-squared = 0.4796），这表明在股权型联盟治理结构下联盟绩效的高低与联盟属性密切相关。

为了深入研究联盟属性与联盟绩效的相关关系，还需要对各联盟属性变量（交易特征和伙伴关系）的回归系数进一步分析。从 M1 中各个联盟属性因素的回归系数及其显著性来看，本章提出的所有研究假设都得到了实证支持。其中，资产专用性、多边联盟、并发联盟和联盟协议期限的显著正回归系数表明，随着联盟中涉及的资产专用性水平提高以及联盟复杂性或不确定性（源于多边联盟、并发联盟和长期联盟）的增加，采用股权型联盟治理结构将会产生更好的联盟绩效，因此假设 2-1、假设 2-4、假设 2-5 和假设 2-6 得到了完全的实证支持。而联盟范围和技术联盟变量的不显著的正系数表明，假设 2-2a 和假设 2-3 得到了部分的实证支持。另外从联盟伙伴的关系特征来看，前期联系和联盟经历具有显著的负系数，这表明随着合作双方前期联系以及参与方以往联盟经历的增加，采用股权型联盟治理结构将导致较差的联盟绩效，从而假设 2-7 和假设 2-8 得到了完全支持。表 7-2 显示了股权型联盟治理结构的绩效检验结果。

二、契约型联盟治理结构下的联盟绩效分析

M2 代表契约型联盟治理结构下联盟属性与联盟绩效的回归分析结果。对 M2 进行多重共线性检验表明，与每个回归系数有关的方差膨胀因子均在 1.06~1.45 范围，全部变量方差膨胀因子值均小于 2，这说明各个自变量之间没有明显的多重共线性问题。而且回归结果还显示，M2 具有很高的显著性

表 7-2　股权型联盟治理结构下的联盟绩效检验结果

假设	变量	变量含义	一致性	显著性
H2-1	Specialty	资产专用性	Y	Y
H2-2a	Technology	技术联盟	N	N
H2-2b	Technology	技术联盟	Y	N
H2-3	Scope	联盟范围	Y	Y
H2-4	Multilateral	多边联盟	N	N
H2-5	Concurrent	并行联盟	Y	N
H2-6	lg_Duration	合作期限	Y	Y
H2-7	lg_Priorties	前期联系	Y	Y
H2-8	lg_Experience	联盟经历	Y	Y

(Prob > F = 0.0000) 和很强的解释能力 (R-squared = 0.4588，Adj R-squared = 0.4296)，表明在契约型联盟治理结构下联盟绩效的高低在相当程度上取决于联盟属性。

从 M2 的回归检验结果来看，产权（交易成本）理论和关系契约理论的多数研究假设都得到了实证支持。其中，资产专用性、联盟范围和联盟协议期限具有显著的负回归系数，表明随着联盟中涉及的资产专用性水平提高以及源于广泛联盟和长期联盟的复杂性或不确定性的增加，采用契约型联盟治理结构将导致较差的联盟绩效，因此假设 2-1、假设 2-3 和假设 2-6 得到了完全的实证支持。而技术联盟和多边联盟的不显著的正回归系数显示，对于涉及技术因素和多方参与的联盟而言，采用契约型联盟治理结构可能取得较高的联盟绩效，所以假设 2-2a 和假设 2-4 在契约型联盟治理结构下未能得到实证支持。而并发联盟变量的负系数表明，伙伴之间并发联盟的存在导致联盟合作更为复杂，此时，采用契约型联盟治理结构将导致较差的联盟绩效，但是由于这一因素的影响不显著，所以假设 2-5 仅仅得到了部分的实证支持。另外，从联盟伙伴的关系特征来看，前期联系和联盟经历的显著的正系数，这表明随着伙伴之间前期联系以及参与方以往联盟经历的增加，采用契约型联盟治理结构将导致较好的联盟绩效，从而完全支持了假设 2-7 和假设 2-8。表 7-3 显示了契约型联盟治理结构的绩效检验结果。

对股权型联盟治理结构和契约型联盟治理结构的上述检验结果表明，联

表 7-3　契约型联盟治理结构下的联盟绩效检验结果

假设	变量	变量含义	一致性	显著性
H2-1	Specialty	资产专用性	Y	Y
H2-2a	Technology	技术联盟	Y	N
H2-2b	Technology	技术联盟	N	N
H2-3	Scope	联盟范围	Y	N
H2-4	Multilateral	多边联盟	N	Y
H2-5	Concurrent	并行联盟	Y	Y
H2-6	lg_Duration	合作期限	Y	Y
H2-7	lg_Priorties	前期联系	Y	Y
H2-8	lg_Experience	联盟经历	Y	Y

盟绩效的高低并不取决于联盟治理结构本身，任何一种联盟治理模式都有其特定的适用条件，所以不存在适用于任何情况的理想联盟治理结构。那些将联盟治理结构与联盟属性更好匹配的联盟往往比没有恰当匹配的联盟取得更高的联盟绩效。

第四节　联盟治理匹配程度与联盟绩效的关系分析

一、联盟绩效的总体分析

由于联盟治理结构的匹配程度反映了机会主义风险水平与联盟控制和监督机制之间的相容程度，那些能够将联盟治理结构与联盟属性（诸如交易特征或伙伴关系）更好匹配的联盟比没有匹配的联盟往往可以取得更高的联盟绩效。本章第三节对股权联盟和契约型联盟的绩效回归分析结果大体证实了本研究的假设和前提，但是上述回归分析还不能直接揭示不同联盟治理匹配下的联盟绩效，因此本章接下来进一步研究匹配治理与不匹配治理的联盟绩效差异。具体方法如下：

首先，运用第六章第二节中拟合的不同产业联盟治理结构选择模型求出联盟治理结构的预测值（即各个联盟样本选择股权联盟治理结构的概率），然后将预测值与问卷调查取得的实际观测值进行比较从而确定联盟治理匹配程度，并根据联盟治理匹配程度将联盟样本区分为匹配治理的联盟和不匹配治理的联盟两个组。

匹配治理的联盟包括如下两种情况：第一种匹配治理情况是，预测的股权联盟治理结构概率值大于或等于临界概率值，而实际观测的概率值为1（即实际采用股权型联盟治理结构）；第二种匹配治理情况是，预测的股权联盟治理结构概率值小于临界概率值，而实际观测的概率值为0（即实际采用股权型联盟治理结构）。本研究将上述两种情况的观测案例均纳入匹配治理的一组，并且对治理匹配变量（Alignment）赋值1。

治理不匹配的联盟包括治理不足和过度治理两种情况。其中，治理不足的情况是预测的股权型联盟治理结构概率值大于或等于临界概率值，而实际观测的概率值为0（即实际采用股权型联盟治理结构）。过度治理的情况是预测的股权型联盟治理结构概率值小于临界概率值，而实际观测的概率值为1（即实际采用股权型联盟治理结构）。无论是治理不足还是过度治理都体现了联盟治理的不匹配，因此本研究把这些观测案例均纳入不匹配治理的一组，并且对治理匹配变量（Alignment）赋值为0。

此外，本研究对匹配治理和不匹配治理的临界点取值采用两种不同方案：第一种方案选择临界概率为0.5，其分组界定和编码方案如表7-4所示。

表7-4　联盟治理匹配程度及其编码方案（0.5的临界点）

实际联盟治理结构	预测的联盟治理结构	实际与预测比较	联盟治理匹配程度	Alignment
1	Pr（Y）≥0.5	一致	匹配治理	1
1	Pr（Y）<0.5	相反	过度治理	0
0	Pr（Y）≤0.5	一致	匹配治理	1
0	Pr（Y）>0.5	相反	治理不足	0

由于在预测分类值的多数错误分类发生在预测概率值0.5附近，所以选择0.5概率值作为分组的临界点可能会影响预测的精度。为了减少错误分组的可能性，还需要排除预测概率值在0.5附近的观测案例。因此，本研究第

二种临界概率选择方案是以 0.4 作为临界点，分别选取预测概率值最高和最低的 40%的观测案例来进行分组，从而排除预测概率值在（0.4，0.6）区间内的样本以便增加预测结果的稳健性。表 7-5 显示了以 0.4 作为临界点的具体分组情况。

表 7-5　联盟治理匹配程度及其编码方案（0.4 的临界点）

实际联盟治理结构	预测的联盟治理结构	实际与预测比较	联盟治理匹配程度	Alignment
1	Pr（Y）≥0.6	一致	匹配治理	1
1	Pr（Y）≤0.4	相反	过度治理	0
0	Pr（Y）<0.4	一致	匹配治理	1
0	Pr（Y）>0.6	相反	治理不足	0

接下来分别计算匹配治理和不匹配治理两组的联盟绩效平均值，以便分析联盟治理匹配程度与联盟绩效的关系，表 7-6 显示了两种临界点方案下联盟治理匹配与联盟绩效的关系。在 0.5 临界点上，匹配治理的联盟绩效平均值为 5.39，不匹配治理的联盟绩效平均值为 4.62，因此匹配治理比不匹配治理的联盟绩效高出 0.77，联盟绩效增长率为 16.7%。而在 0.4 临界点上，匹配治理的联盟绩效平均值为 5.40，不匹配治理的联盟绩效平均值为 4.59，因此匹配治理比不匹配治理的联盟绩效高出 0.81，联盟绩效增长率为 17.7%。

上述对联盟治理与绩效关系分析的结果表明，无论是在哪一个临界点方案下，匹配治理的联盟绩效均高于不匹配治理的联盟绩效，这一结果与本研究提出的理论假设在逻辑上完全一致，从而为本研究联盟治理匹配与绩效关系的假设提供了直接证据。

表 7-6　联盟治理匹程度与联盟绩效的关系

联盟治理结构选择	0.5 临界点	0.4 临界点
匹配治理	5.39	5.40
不匹配治理	4.62	4.59
联盟绩效差异	0.77	0.81
绩效差异百分比（%）	16.7	17.7

二、不同产业的联盟绩效分析

表 7–7、表 7–8 和表 7–9 分别表示传统产业、高技术产业以及煤炭产业中联盟治理匹配程度与绩效关系分析的结果。

对于传统产业而言，在 0.5 临界点上，匹配治理的联盟绩效平均值为 5.54，不匹配治理的联盟绩效平均值为 4.63，因此匹配治理比不匹配治理的联盟绩效高出 0.91，联盟绩效增长率为 19.7%。而在 0.4 临界点上，匹配治理的联盟绩效平均值为 5.56，不匹配治理的联盟绩效平均值为 4.59，因此匹配治理比不匹配治理的联盟绩效高出 0.97，联盟绩效增长率为 21.1%。可以看出，无论在哪一个临界点方案下，匹配治理的联盟绩效均高于不匹配治理的联盟绩效，而且平均高出 20%左右。

对于高技术产业而言，在 0.5 临界点上，匹配治理的联盟绩效平均值为 5.26，不匹配治理的联盟绩效平均值为 4.73，因此匹配治理比不匹配治理的联盟绩效高出 0.53，联盟绩效增长率为 11.2%。而在 0.4 临界点上，匹配治理的联盟绩效平均值为 5.26，不匹配治理的联盟绩效平均值为 4.74，因此匹配治理比不匹配治理的联盟绩效高出 0.52，联盟绩效增长率为 11.0%。因此无论在哪一个临界点方案下，匹配治理的联盟绩效均高于不匹配治理的联盟绩效，而且平均高出约 11%。

对于煤炭产业而言，在 0.5 临界点上，匹配治理的联盟绩效平均值为 5.35，不匹配治理的联盟绩效平均值为 4.49，因此匹配治理比不匹配治理的联盟绩效高出 0.86，联盟绩效增长率为 19.2%。而在 0.4 临界点上，匹配治理的联盟绩效平均值为 5.37，不匹配治理的联盟绩效平均值为 4.49，因此匹配治理比不匹配治理的联盟绩效高出 0.88，联盟绩效增长率为 19.6%。因此无论在哪一个临界点方案下，匹配治理的联盟绩效均高于不匹配治理的联盟绩效，而且平均高出近 20%。

表 7-7　传统产业联盟治理匹配程度与联盟绩效的关系

联盟治理结构选择	0.5 临界点	0.4 临界点
匹配治理	5.54	5.56
不匹配治理	4.63	4.59
联盟绩效差异	0.91	0.97
绩效差异百分比（%）	19.7	21.1

表 7-8　高技术产业联盟治理匹配程度与联盟绩效的关系

联盟治理结构选择	0.5 临界点	0.4 临界点
匹配治理	5.26	5.26
不匹配治理	4.73	4.74
联盟绩效差异	0.53	0.52
绩效差异百分比（%）	11.2	11.0

表 7-9　煤炭产业联盟治理匹配程度与联盟绩效的关系

联盟治理结构选择	0.5 临界点	0.4 临界点
匹配治理	5.35	5.37
不匹配治理	4.49	4.49
联盟绩效差异	0.86	0.88
绩效差异百分比（%）	19.2	19.6

第五节　联盟绩效分析的结果与讨论

尽管很多实证研究都表明联盟治理结构恰当与否直接决定联盟绩效的高低，但是很少有文献研究联盟治理匹配对联盟绩效的影响程度。本研究不仅分析了联盟治理结构与联盟绩效之间的关系，而且还详细研究了联盟治理匹配程度对联盟绩效的影响。

首先，本研究对不同联盟治理结构下的联盟属性和联盟绩效关系的回归分析结果表明，遵循不完全契约理论和关系契约理论而建立的匹配联盟治理结构将会导致更高的联盟绩效。而且当联盟中涉及较多的专用性资产投资或者联盟中面临着更大的复杂性和不确定性时，选择股权型联盟治理结构将会比契约型联盟治理结构取得更高的联盟绩效；相反，当联盟伙伴有更多的前期关系或联盟参与方有更多的联盟经历时，选择股权型联盟治理结构将会比契约型联盟治理结构取得更差的联盟绩效。此外，控制变量“伙伴国别差异”在不同的治理结构下对联盟绩效显示出截然相反的影响效果，即在股权型联盟治理结构下，本国伙伴之间的战略联盟比跨国联盟将会导致较差的联盟绩效；而在契约型联盟治理结构下，本国伙伴之间的战略联盟比跨国联盟将会导致较高的联盟绩效。这表明具有相似和相同文化背景的伙伴之间具有更大的信任，而跨国联盟中伙伴之间的文化差异导致彼此沟通的困难和信任程度的降低，因此跨国联盟比国内联盟需要更多的控制才能实现理想的联盟绩效。

其次，本研究区分了战略联盟中的匹配治理和不匹配治理两种情况，并且分析了匹配治理和不匹配治理情况下的联盟绩效差异。研究结果表明，联盟治理结构的匹配程度将影响最终的联盟绩效，不匹配的联盟治理（治理不足和过度治理）将导致联盟绩效的降低，而且不匹配治理比匹配治理的联盟绩效平均下降 0.81，平均绩效损失 17.7%（在临界概率值为 0.4 水平下）。其中，传统产业以及煤炭产业中的联盟治理匹配与不匹配时的绩效差异均在 20%左右，而高技术产业中匹配的联盟治理比不匹配治理的联盟绩效高出约 11%。

本研究的联盟绩效差异尽管没有 Sampson（2004）的研究结果那么高（在 Sampson 的研究中匹配治理比不匹配治理的联盟绩效高出 62%，而本研究中的差异为 17.7%），但是本研究取得了与 Sampson 一致的研究结果。然而本研究的研究思路和方法与 Sampson 的研究有所不同，表现在：其一，Sampson 仅仅关注技术研发型联盟中的治理匹配与联盟绩效的关系，而本研究样本选取范围涵盖了传统产业、高技术产业和基础产业（煤炭），并且联盟活动的类型也不是仅仅局限于研发联盟，还包括制造、营销和其他商业活动的联盟。其二，Sampson 的研究仅仅分析了联盟治理结构与联盟交易特征之间的匹配程度对联盟绩效的影响，未能考虑战略联盟中伙伴关系因素与治理结构的匹配对联盟绩效的影响；而本研究则将战略联盟看成是伙伴之间的关系契约，并且同时考虑了联盟的交易特征和伙伴关系特征两个维度的联盟属性，分析结果表明，当上述联盟属性与联盟治理结构匹配时常常产生更好的联盟绩效。因此，本研究不仅取得了更加丰富和更具有针对性的研究结论，而且，这些研究结论更贴近于中国企业战略联盟的实际。

本章小结

本章着眼于联盟治理结构选择的绩效结果。首先，本章对联盟治理结构与影响因素之间的匹配程度加以分析，并且按照治理匹配程度将联盟治理结构区分为匹配治理和不匹配治理，进而又把不匹配治理结构界定为过度治理和治理不足两种情况。然后，运用多元回归分析方法检验联盟治理匹配程度与联盟绩效之间的相关关系，结果显示，那些能够与影响因素之间恰当匹配的联盟治理结构具有更高的联盟绩效，而且匹配治理比不匹配治理的联盟绩效通常高出 17.7%。这一检验结果不仅揭示联盟治理结构选择的重要性，而且进一步检验了第六章所构建的联盟治理结构选择模型在预测上的准确性。

第八章　结论与研究展望

全球化的经济环境和快速的技术变革促进了战略联盟的迅速发展。与市场和一体化组织形式相比，战略联盟在激励、适应性、成本方面都具有巨大的优势，所以战略联盟逐渐成为企业提高合作竞争效率、获取竞争优势的新型商业形式。然而由于有限理性和机会主义的存在导致联盟契约通常是不完全的，战略联盟在迅速增长的同时也面临着伙伴的机会主义行为和道德风险的挑战，导致战略联盟通常比单个企业内部组织具有更大的不确定性和更高的失败率。因此，建立能够有效约束机会主义行为的联盟治理机制对于确保联盟合作成功就显得至关重要。

由于战略联盟本质上是伙伴之间以契约为纽带而建立的长期合作协议，因此完全可以利用契约理论来构建和揭示战略联盟的治理机制。以产权（交易成本）理论为代表的不完全契约理论主张通过正式的联盟治理结构（所有权结构）来约束伙伴机会主义行为，因此近年来联盟治理结构成为国内外研究者和企业联盟管理者共同关注的焦点。尽管联盟管理者普遍感到恰当的联盟治理结构对于抑制伙伴机会主义风险以及确保联盟合作的成功至关重要，但是多数联盟管理者对于如何设计有效的联盟治理结构往往难以做出明确回答，对企业目前的联盟治理结构是否系统和科学更是知之甚少。在联盟治理和管理实践中，联盟管理者们经常受到以下问题的困扰：究竟应该选择何种形式的联盟治理结构（即应该选择更接近于层级的股权型联盟治理结构还是应该选择更接近于市场的契约型联盟治理结构）？不同联盟治理结构适用于何种特定的条件？不同联盟治理结构对联盟绩效有何影响？因此，联盟管理者迫切希望得到关于联盟治理理论上的指导，以便构建能有效应对伙伴机会主义风险的联盟治理结构。

本研究运用现代契约理论的最新研究成果揭示关系契约下在联盟治理结构选择，并且运用数学语言刻画和分析了联盟治理中的契约特征、作用机理及其作用条件，在此基础上提出可供实证检验的关于联盟治理结构的研究假设。然后针对我国不同行业特征实证性地检验联盟治理结构选择的影响因素，并且分析联盟治理匹配程度与联盟绩效之间的关系。本研究所得出的研究结论不仅丰富和发展了已有的联盟治理理论，而且对于产业发展战略的制订以及企业联盟治理决策均具有参考价值和现实指导意义。

第一节　本研究的主要内容与结论

总体看来，本研究的主要研究内容及其研究结论可以概括为以下五个方面：

（1）本研究通过访谈调查了解中国企业战略联盟的发展状况并且提出本研究的研究问题。访谈调查发现，中国企业战略联盟在制造、冶金、石化、电子通信、生物制药以及煤炭和电力等行业的发展尤为迅速，这些行业中一般企业的联盟伙伴数目通常为 3~5 个，大型企业的伙伴数目通常在 10 个左右，而大型企业集团核心成员的伙伴数目通常在 20 个以上。而且通过对联盟管理者的访谈结果表明，企业选择的联盟治理结构恰当与否将影响联盟成败和联盟绩效高低，决定联盟治理结构选择的关键因素包括联盟的交易属性、关系属性以及企业属性，而且不同产业背景下的联盟治理结构具有不同的特点。这些实地访谈结果不仅验证了笔者对研究问题的预期，而且对本研究理论视角的选取、研究体系的构建以及调查问卷的设计与发放奠定了基础。

（2）在对已有研究文献综合评述的基础上确定本研究的理论基础。笔者对国内外现有联盟治理结构研究文献从不完全契约理论、社会关系理论等不同研究视角进行梳理、归纳、综合评述。文献研究结果表明，交易成本理论是战略联盟治理结构研究的出发点并给联盟管理者提供了极具洞察力的观点，而产权理论则运用数学语言对交易成本理论加以完善和发展。但是这两种理论的共同缺陷在于：一方面，传统不完全契约理论（特别是产权和交易成本理论）研究仍然停留在比较静态分析层次，即以一种静态的方式在各种制度安排之间进行效率的权衡，无法适应在动荡环境下对灵活性的要求，因此对于高度不确定环境下联盟治理结构的研究结果非常令人费解。另一方面，产权（交易成本）理论过于强调（特别是在高技术产业中）参与方的机会主义和有限理性，并且主张通过正式的治理机制（层级化的治理结构）来抑制伙伴机会主义行为，而忽视了伙伴关系及其演进对联盟治理结构的影响，所以无法解释当前契约型联盟治理结构日益增长的趋势。虽然社会关系理论将联盟治理结构研究视角转向联盟交易中的关系契约属性，但因过于强调重复交互关系和声誉等非正式治理机制对机会主义行为的抑制作用，而忽视了基于最优所有权配置的治理结构对于联盟成功的保证作用。而且现有社会关系理论文献大多依赖于经验研究而缺乏深入的机理分析，所以往往得出含混的甚至是与现实不符的研究结论。

通过文献分析表明，现有研究由于未能形成系统性的理论分析框架和缺乏一致性的定义，所以常常导致含糊的、难以互相比较的甚至是截然相反的研究结论。由于战略联盟本质上体现的是参与方之间的经济交易关系和长期契约关系，所以联盟治理应该同时关注不完全契约属性和关系契约属性。不完全契约理论是联盟治理结构选择的理论出发点，而关系契约理论不仅给出了社会关系理论的正式化模型表述，而且在相当程度上弥补了产权和交易成本理论的不足，甚至在某种程度上是对正式治理机制的替代。由于不完全契约理论和关系契约理论是一个问题的两个方面，两种理论密切相关地而非孤立地影响联盟治理结构选择，因此需要组合使用不完全契约理论和关系契约理论构建联盟治理结构理论框架。

(3) 组合不完全契约和关系契约理论构建了基于双边动态契约的联盟治理结构选择数学模型。由于现代契约理论将恰当的联盟治理结构看成是应对伙伴机会主义和道德风险的重要治理机制，因此本研究首先借鉴产权和不完全契约理论将联盟治理结构定义为决策权和收益权的事前配置，然后组合运用以产权和交易成本理论为核心的不完全契约理论以及以关系契约理论研究并且构建了联盟治理结构选择模型。模型分析主要结论如下：

①静态博弈下两种联盟治理结构都无法实现社会最优的结果。本研究对静态博弈下联盟治理结构的分析结果表明，由于有限理性和机会主义的参与方常常遵从私人利益最大化准则进行投资（或努力）决策，导致无论是联合控制权还是单一控制权结构下的总盈余均低于社会最优产出水平，所以两种联盟治理结构都无法实现社会最优的结果。而进一步分析则显示，在静态博弈中联合控制权比单一控制权能够产生更大的收益，从而联合控制权结构（股权型联盟治理结构）是静态博弈下的次优（Second-best）选择。这一研究结果不仅与 BGM 对契约型联盟治理结构的分析结果一致，而且支持了传统的产权和不完全契约理论预期。此外，静态博弈中的联盟治理结构分析也发现，随着参与方投资专用性程度的增加，参与方相互依赖性提高，因此外部选择的可能性降低，此时契约型联盟治理结构将逐步被股权型联盟治理结构所取代，从而股权型联盟治理结构将成为抑制机会主义和敲竹杠风险的最佳选择。

②重复博弈下每一种治理结构都可以通过关系契约而实现社会最优。

首先，由于重复博弈中关系契约的存在使得机会主义和敲竹杠问题可能并不像一次性博弈那么严重，无论是契约型联盟治理结构还是股权型联盟治理结构下都可能存在支持关系契约的最低贴现率取值范围，所以两种治理结构均可能成为最佳选择并实现社会最优产出。进一步分析表明，契约型联盟治理结构下最低贴现率 $\underline{\delta_{NE}^{RC}}$ 取值始终大于等于股权型联盟治理结构下的最低贴现率 $\underline{\delta_{EJV}^{RC}}$，因此，在契约型联盟治理结构下只有参与方非常有耐心（即非常关注其声誉资本和未来交易的价值时）才存在支持社会最优的关系契约。上述关系契约的作用机理揭示出那些基于长期关系历史和广泛联盟经历而积累了很高声誉的参与方，常常依赖于单一所有权的契约型联盟治理结构就可以有效地抑制机会主义，而无须依赖控制程度严格的股权型联盟治理结构（联合控制）。正是在这个意义上声誉充当了对所有权控制的替代。

其次，本研究给出了不同治理结构下关系契约得以自执行的条件。通过对契约型联盟治理结构和股权型联盟治理结构下实现社会最优的激励相容条件分析表明，两种联盟治理结构下支持关系契约的贴现率取值具有很大差别。在契约型联盟治理结构下，支持关系契约的最低贴现率为 $\underline{\delta_{NE}^{RC}} = \frac{(1-\lambda)-\ln(2-\lambda)}{(1-\lambda)\ln(2-\lambda)}$，而股权型联盟治理结构下的最低贴现率为 0.442695。因此，契约型联盟治理结构下资产专用性在决定关系契约存在条件方面起重要作用，且随着参与方之间资产专用性程度的逐步提高，契约型联盟治理结构下的能够支持关系契约的贴现率下界逐渐减小（即由 0.5 下降到 0.442695）。这表明即使在重复交互中，资产专用性的增加仍然导致更高的敲竹杠和机会主义风险，此时参与方应该选择控制程度更为严格的股权型联盟治理结构而不是契约型联盟治理结构。对资产专用性的这一研究结果与交易成本理论预期相吻合。

再次，本研究给出了联盟合作中的最佳盈余分享规则。本研究联盟治理结构模型分析表明，无论是一次性博弈还是重复博弈中，股权型联盟治理结构下的最优盈余分享规则均为参与方之间的对等分配，即双方各自取得总盈余的一半。但是契约型联盟治理结构下的最优盈余分享规则与参与方之间的资产专用性水平 λ 密切相关，当参与方之间的资产投资具有完全专用性时，这一盈余分享比例可以达到与股权型联盟治理结构下相等的分析比例 0.5，而随着资产专用性程度的降低，这一盈余分享比例也逐渐降低，特别是当参与方之间的资产投资完全没有专用性时，那么这一盈余分享比例分析比例趋近于 0，说明当参与方具有外部选择（即投资具有非完全专用性）时，拥有资产所有权的参与方只能取得不到一半的总盈余收益。

最后，本研究基于双边动态契约的研究结果显示，关系契约可以充当约束伙伴机会主义行为的非正式治理机制，那些有长期前期联系和广泛联盟经历的参与方通常减少对股权参与的依赖。但不论是在一次性交互还是在重复博弈中，资产专用性的提高都将导致股权型联盟治理结构的选择，这说明双方投资的资产专用性越高则选择股权型联盟治理结构的可能性越大，同时也揭示出随着不确定性和敲竹杠的风险逐渐增加，股权控制将逐步取代声誉机制而居于支配地位。本研究对于联盟治理结构的上述研究结论不仅是对交易成本理论和社会关系理论的正式化表达，而且是对 GHM 传统产权和不完全契约理论的重要补充和完善发展。

（4）对不同产业背景下的联盟治理结构进行了实证性的检验。为了进一步验证理论模型所得出的主要研究结论，本研究首先构建了基于不完全契约和关系契约的联盟治理结构研究概念模型，并采用跨行业的大样本调查数据对所提出的研究假设进行总体实证检验。实证检验结果基本支持了不完全契约理论和关系契约理论的假设预期，当联盟中涉及高度专用性资产投资、面临更大的不确定性（或复杂性）时，参与方通常选择股权型联盟治理结构来应对伙伴的机会主义行为；而当伙伴之间有较多的前期联系或者参与方具有丰富的联盟经历时，参与方极有可能建立彼此的信任和良好的合作声誉，从而参与方减少了对股权控制的依赖而常常选择控制程度较弱的契约型联盟治理结构。

为了比较不同产业背景下联盟治理结构的特征，本研究分别对传统产业、高技术产业和煤炭产业进行实证检验。其中，传统产业和煤炭产业的实证检验结果支持了本研究理论假设的预期，但是在高技术产业中资产专用性因素的影响并不显著，而且涉及技术因素的高技术产业联盟更可能选择契约型联盟治理结构，这一反直觉的结果表明，传统的不完全契约理论在技术变革缓慢的传统产业背景下看来有很好的解释力，而在高度不确定和变革迅速的高技术产业环境下，联盟伙伴更加关注技术和环境的不确定性，所以参与方通常趋向于选择更加灵活的契约型联盟治理结构而不是股权型联盟治理结构，因此，近年来国内外高技术产业联盟呈现了契约型联盟治理结构日益增长的趋势。尽管对于煤炭行业的实证检验支持了关系契约理论的基本观点，但是在煤炭产业中前期联系和联盟经历对股权型联盟治理结构的替代效果并不显著，这反映出煤炭产业处于经济体制转轨初期，煤炭企业的社会关系资本还没有建立起来，因此声誉和信任机制的作用远远没有得到充分发挥。

（5）联盟绩效与联盟治理结构的相关关系研究。尽管关于联盟治理结构方面的研究已经很多，但是现有研究较少关注联盟治理结构与联盟绩效的关系，因此迄今为止许多研究者对于所提出的联盟治理结构选择理论是否系统和科学仍然知之甚少。本书研究联盟治理匹配水平对联盟绩效的影响，并且按照联盟治理结构与联盟属性（包括联盟的交易属性和关系属性）之间的匹配程度将联盟治理结构区分为匹配治理和不匹配治理（包括过度治理和治理不足两种情况），并且假设不论是何种形式的治理不匹配都将降低联盟合作的绩效。

为了验证关于联盟治理匹配与联盟绩效关系的假设，本研究运用问卷调查取得的数据对联盟治理结构和联盟绩效之间的关系进行了实证检验，结果表明，无论是在股权型联盟治理结构还是契约型联盟治理结构下，匹配的联盟治理结构都比不匹配的联盟治理结构产生更高的联盟绩效。这一检验结果表明，现实中不存在普遍适用的理想的联盟治理结构，每一种治理结构都有其相应的适用条件，而联盟治理结构恰当与否的衡量标准就是这种联盟治理结构能否带来更高的联盟绩效。而且本研究进一步的绩效分析显示，匹配治理的联盟绩效要比不匹配治理高出 17.7%，其中，在传统产业和煤炭产业中这一绩效差异在 20%左右，而在高技术产业中匹配治理比不匹配治理的联盟绩效平均高出约 11%。上述结果证明了匹配的联盟治理结构选择对于确保联盟合作的成功以及提高联盟绩效至关重要，并且进一步证实了本研究关于联盟治理匹配和联盟绩效关系的预期。

第二节　中国企业联盟治理的对策和建议

一、中国企业联盟治理中存在的主要问题

本研究通过理论和实证分析表明，联盟治理结构是企业属性、交易特征和伙伴关系共同作用的结果，联盟治理结构恰当与否关系到联盟成败和联盟绩效的高低。然而通过前期的实地调查和实证研究发现，当前我国战略联盟中由于缺少系统的理论指导造成联盟治理结构匹配不当进而影响了联盟绩效。一些联盟因治理不足而使得伙伴机会主义风险增加，进而直接造成联盟不稳定和绩效不佳；另一些联盟因过度治理而增加了不必要的管理和协调成

本，同时也降低了各企业经营中柔性以及联盟合作的绩效。实地调查和实证研究还发现，企业之间的声誉资本和信任机制的作用还没有充分发挥，目前的联盟治理过多地依靠正式契约机制的保护，例如，企业之间通过签订详细的法律合同条款或者建立具有约束力的联盟治理结构来抑制伙伴的机会主义行为，各个行业内部还没有形成健全的信任和声誉体系，联盟治理决策更多地基于个体理性而非基于企业社会资本，正如调查中某些高层管理者指出："只有永远的利益，没有永远的朋友。"此外，我国以煤炭产业为代表的处于经济体制转轨过程中的长期垄断性产业中的联盟带有较强的政府干预色彩，而对市场经济环境特有的联盟治理结构影响因素未能予以充分考虑。

二、适应中国不同产业特点的联盟治理对策和建议

针对上述主要问题，本研究分别对产业主管部门以及企业联盟管理者提出如下建议：

1. 对产业主管部门的建议

首先，需要重新定位政府在企业治理决策中的角色。目前我国企业联盟特别是煤炭企业联盟治理决策有较强的政策倾向性，虽然这是经济转型时期的暂时现象并且在近期内可以继续加以政策引导，但是从长远来看，过多的行政干预容易左右企业的战略决策，并且导致联盟治理决策失误和联盟绩效低下。所以，政府以及行业主管部门应该充分发挥市场机制的主导作用，有步骤地推进企业战略重组。

其次，鼓励发展跨行业、跨地区甚至是跨国联盟。目前企业联盟较多的发生在行业内部、区域内部，特别是国内企业之间（85%的国内联盟），而从美、日、欧等发达国家和地区经济快速增长的经验来看，还应该鼓励企业联盟范围向不同行业、不同业务领域以及不同国家（或区域）延伸，特别是鼓励发展以引进国外先进技术、实现产业升级为核心的跨国战略联盟，从而迅速增强我国企业的国际竞争能力。

最后，需要加速社会信誉体系的培育，发挥声誉和信任等社会关系资本在联盟治理决策中的作用，从而弥补正式的法律契约和治理结构在联盟风险

控制方面的不足。

2. 给联盟管理者的建议

针对目前企业战略联盟治理存在的问题，本研究对于联盟管理者提出以下建议：

首先，建立基于不完全契约和关系契约理论的联盟治理结构。目前尽管我国企业联盟管理者认识到恰当联盟治理结构对于机会主义行为的抑制作用，但是由于缺乏科学的理论指导，使得他们对于现有的联盟治理结构选择是否系统和科学仍然不知晓。因此，联盟管理者需要认真总结国内外战略联盟发展 30 多年的经验和教训，在联盟治理决策中借鉴本研究关于联盟治理的不完全契约理论（特别是交易成本和产权理论）以及关系契约理论，特别是要综合考虑双方资产专用性、不确定性以及双方基于前期合作而建立的声誉和信任等多种因素，这些经过多次实证检验和不断完善的理论对于指导我国企业联盟治理决策提供了坚实的理论基础。

其次，应注重培育企业的社会关系资本，建立基于社会关系的联盟合作网络。通常抑制机会主义行为的联盟治理机制可以概括为两种主要形式：正式的法律契约或联盟治理结构；非正式的关系契约。其中，正式契约机制具有法律强制的优势并因此成为联盟合作得以持续的基础，然而正式机制通常提供了不完全的保护，所以常常需要关系契约来对正式契约机制加以补充。特别是在像中国这种普遍缺乏正式控制机制的发展中国家，声誉、信任等非正式契约机制的作用尤为重要，社会信任和声誉效应的改善有助于减少交易过程中机会主义行为的动机，从而在一定程度上替代正式契约机制并增加企业选择契约型联盟治理结构的可能性。因此，企业在战略联盟决策中更应注重企业之间关系网络的建立，培育企业之间的信任与声誉资本，并将正式与非正式治理机制的作用效果体现在联盟治理结构选择当中。

最后，企业应该选择与联盟属性以及环境相互匹配的联盟治理结构。企业战略重组并不意味着控股和并购，在市场和一体化之间还存在多种可以选择的联盟治理结构，包括合资、持股、各种长期和短期合同。而且每一种治理结构都有其特定的适应条件，不存在普遍适用的最优联盟治理结构，管理者的主要任务在于积极探讨不同联盟治理结构的适用情景，从而选择能够最大限度地提高联盟绩效的联盟治理结构。

第三节　本研究的启示与创新

一、本研究的管理启示

理论和实践均表明，战略联盟是提高企业竞争能力的重要组织形式。但是为了确保联盟合作的成功，管理者还需要致力于设计能够促进联盟持久合作的治理协调机制。本研究关注于恰当的联盟治理结构选择，综合运用不完全契约理论和关系契约理论来分析联盟治理结构及其联盟绩效，并且针对不同产业特点给出相应的联盟治理结构选择模型，这些研究成果对于指导现实的联盟管理以及丰富联盟治理理论研究均有深刻的影响。

首先，本研究构建的联盟治理结构选择机理模型揭示了不完全契约理论与关系契约理论在联盟治理结构选择中的相互补充作用，并且根据不同产业的实证研究拟合了适用于中国不同产业背景的联盟治理结构决策模型。实证检验结果表明，本研究拟合的联盟治理结构模型具有很好的解释能力和预测精确度，且联盟绩效的分析也证明了联盟治理结构选择的正确性，因此这些研究结论为产业主管部门制定产业发展政策，以及为企业管理者做出联盟治理决策均具有重要参考价值。此外，本研究的部分结论与经典经济学理论存在偏差，这恰恰是对当前中国企业战略联盟中普遍存在问题的真实反映（特别是高技术产业以及煤炭产业），本研究通过实证分析使这些问题得以再现，不仅有助于管理者和政策制定者正视和思考，而且对于制定产业发展政策和企业战略联盟治理决策提供理论借鉴。

其次，本研究联盟绩效的研究结论可以部分地解释许多联盟不能存活到期望水平的原因。对不同治理结构下的联盟绩效的比较表明，选择在逻辑上与不完全契约理论和关系契约理论一致的联盟治理结构的企业可以改进联盟绩效，而且治理匹配的联盟比治理不匹配的联盟绩效平均高出17.7%。然而，现实中许多企业常常忽视联盟组织治理结构选择这样的细节问题，这种忽视可能正是联盟未能发挥潜力的真正原因所在。

再次，本研究从理论上和实证上验证了不完全契约理论和关系契约理论的逻辑，这些研究结果不仅丰富了当前战略联盟研究中的基本理论，而且在某种程度上是对传统公司治理理论的扩展。本研究得出的研究结论不仅适用于企业战略联盟治理决策，而且还可以进一步扩展到合资、并购甚至是网络组织形态下的交易关系治理，因为在这些交易形式中投资失败和无法实现预期目标的情况非常普遍，而组织间交易实践证明选择恰当的组织形式（治理结构）对于各类交易的绩效都具有重要意义。

最后，本研究基于关系契约理论所得到的研究结论对于指导中国企业的战略联盟治理具有重要借鉴意义。由于本研究使用的联盟样本中有将近85%是国内企业的战略联盟，因此所得到的研究结论更能针对中国国内企业商务活动的实际。一方面，任何经济组织都植根于特定的制度环境当中，而当前中国经济正处于由中央计划经济向市场经济体制过渡时期，研究经济转型过程中的交易治理问题更加具有现实意义；另一方面，在中国社会文化背景下，企业管理者将成功联盟经历看成是诚实、可信的指标，因此更倾向于寻找具有社会资本的联盟合作伙伴，[177]这一特定文化背景使得中国企业的联盟交易更具有关系契约特征。因此，在联盟治理结构选择的过程中引入关系契约理论的分析，不仅是对传统产权和不完全契约理论的补充和发展，而且更加符合中国企业和社会制度的现实。

需要指出的是，恰当联盟治理结构的选择对于联盟合作的成功以及提高联盟绩效至关重要，但是这不意味着匹配的联盟治理选择就一定能够保证联盟成功，毕竟决定联盟成败的因素很多。本研究对联盟管理者的实地访谈中也发现联盟的成功与否还取决于伙伴选择、目标相容、资源互补性以及日常的联盟管理等其他因素，而本研究关注于联盟治理结构的选择，目的在于通过选择匹配的联盟治理结构来避免由于治理不匹配引发的不可避免的损失。

二、本研究的创新点

总体来看，本研究的创新点体现在以下四个方面：

（1）构建了以指数形式表达的联盟参与方投资成本函数，以此作为构建联盟治理结构选择模型的基础。本研究首先将联盟治理结构区分为股权型（EJV）和非股权型（NE）两种类型，然后借鉴 Garvey（1995）和 Halonen（2002）模型构建了联盟参与方的投资成本函数，该成本函数不仅完全满足 Halonen（2002）关于投资成本函数 c（v_i）的一般特征，而且综合考虑了参与方投资水平 V 和相对贡献水平 α。分析表明，在临界点$\left(v_0=1,\ \alpha=\frac{1}{\sqrt{2e}}\right)$附近，本研究构建的成本函数比 Garvey（1995）的二次成本函数具有更高的参数灵敏度。而且通过实际测算结果显示，基于本研究指数成本函数比基于二次成本函数构建的联盟治理结构选择模型更有助于区分两种联盟治理结构之间的差异。

（2）组合运用不完全契约理论和关系契约理论构建了联盟治理结构选择模型。当前的国内研究大多是质性研究，国际上也基本是基于案例研究和经验研究，而缺乏对联盟治理结构选择的数学机理分析。本研究针对国内外现有研究的不足，构建了基于双边动态契约理论的联盟治理结构选择模型，将联盟治理结构（G）与资产专用性（λ）、合作声誉（$\underline{\delta}^{RG}$）、盈余分享比例（ρ）有机地联系起来。结果表明：①关系契约的存在使参与方关注其未来交易的价值并导致贴现率 $\underline{\delta}^{RG}$增加，进而降低了联盟中伙伴机会主义行为的动机，此时控制程度较弱的契约型联盟治理结构有可能取代股权型联盟治理结构而成为最优选择。②股权型联盟治理结构下关系契约更容易得到支持（$\underline{\delta}_{NE}^{RG}\geq\underline{\delta}_{EJV}^{RG}$），并且得出在股权型联盟和契约型联盟下支持关系契约的激励相容条件（即 $\underline{\delta}^{RG}$ 取值）。③支持关系契约的贴现率 $\underline{\delta}^{RG}$水平随着联盟中资产专用性的增加（λ→0）而降低，而为了抑制因高度资产专用性而引发的伙伴机会主义风险，参与方将更多地选择股权型联盟治理结构。通过 294 个联盟样本的实证检验证实了关系契约减少了参与方对股权控制的依赖，也证实了高度资产专用性将增加股权型联盟治理结构选择的可能性。

本研究构建的联盟治理结构模型揭示出，关系契约理论和不完全契约理论在联盟治理结构选择中具有互补作用，这一模型不仅弥补了当前联盟治理领域缺少模型化研究的不足，而且有助于检验国内外不同理论视角下实证研究观点的内在一致性，并对不同实证检验结果的差异给出理论上的解释。而且本研究中关系契约的引入使得联盟治理结构选择研究从比较静态转向关系动态分析，从而使得研究结论更加贴近现实。

（3）研究对中国经济背景下的联盟治理结构进行了跨行业的实证研究，并且揭示了我国不同产业背景下的联盟治理结构特征。针对国内缺少大样本的实证研究，而国外研究成果难以解释和指导中国企业联盟治理的实际情况，本研究以中国战略联盟发展迅速的传统产业、高新技术产业和具有垄断性特征的煤炭产业为背景，通过大量问卷调查搜集企业战略联盟信息，并运用 logistic 回归分析方法对我国企业联盟治理结构的关键影响因素进行大样本的实证检验。实证结果支持了不完全契约理论和关系契约理论的基本假设预期，并揭示了不完全契约与关系契约在联盟治理结构选择中的相互补充作用。结果表明：①在技术相对成熟的传统产业，高度的资产专用性和不确定性（包括技术不确定性、行为不确定性）增加了股权型联盟治理结构选择的可能性，而参与方密切的前期合作以及广泛的合作经历增加了契约型联盟治理结构选择的可能性。②在创新迅速的高技术产业，联盟交易中的技术不确定性以及长期合作关系使得参与方更多地选择契约型联盟治理结构，而资产专用性因素对联盟治理结构选择没有显著影响。③在具有国家垄断性特征的煤炭产业，高度的资产专用性和不确定性导致参与方更多地选择股权型联盟治理结构，而对联盟中的伙伴关系较少予以关注，这一结果恰恰反映了产业战略改组时期煤炭企业联盟治理中的现实问题。

当前联盟治理领域关注于单一产业研究，虽然单一产业的资料来源以及研究结论更加特定化，但是行业局限可能会影响研究结论的概化和推广的能力。因此，为了增加研究的外部效度和研究结论的一般性，本研究在对总体样本进行综合实证研究的基础上，分别对不同产业进行了比较实证研究。这种跨行业的比较实证研究不仅确保研究结论对特定的行业不敏感，而且避免了产业间差异带来的潜在干扰，因此更能够揭示我国不同产业背景下的企业联盟治理结构特征。

（4）论证了联盟治理结构、联盟属性之间的匹配程度与联盟绩效的正相关关系。以往研究大多停留在联盟治理结构选择及其影响因素分析，未能将联盟治理结构与联盟绩效有机结合起来，特别是还没有关于联盟治理结构与联盟属性之间战略匹配程度对联盟绩效影响的研究，因此，直至今日人们对于联盟治理结构选择理论是否系统和科学仍然不知晓。本研究首先将风险控制水平与联盟的交易属性以及关系属性相对应的联盟治理结构定义为匹配治理，并且分别计算出每个联盟样本治理匹配程度。多元回归分析结果表明，联盟治理匹配程度与联盟绩效之间具有显著的正相关关系；而进一步的分组统计表明，在40%和50%临界概率下，匹配治理比不匹配治理的联盟绩效平均高出17.7%（其中，传统产业以及煤炭产业中联盟绩效高出约20%，而在高技术产业中联盟绩效高出约11%）。

与以往仅仅关注联盟治理结构的实证研究相比，本研究关于联盟治理匹配程度与联盟绩效相关性的研究从绩效层次上验证了联盟治理理论与实证结果之间的内在一致性。这一研究结果不仅丰富了联盟治理研究领域的结论，而且从绩效方面揭示了研究联盟治理结构的价值所在。

第四节　研究的局限性和进一步的研究方向

一、研究的局限性

尽管本研究从理论和实证上探讨了联盟组织的治理结构，并取得了一系列研究结论，但是本研究也存在以下不足。

首先，本研究对联盟治理结构的分类借鉴了该领域研究中广泛采用的二分法，将联盟治理结构按照层级控制的程度区分为股权联盟与契约型联盟两种类型，而且认为股权联盟具有所有权分享与层级控制双重职能。尽管这种分类方法使得研究问题得以简化，但是企业联盟治理结构选择远远比二分法描述的要复杂得多。笔者在实地调查中也发现，现实当中的企业战略联盟涵盖了介于市场和一体化之间的连续谱系（包括并购、合资、单边和双边契约、少量股权参与以及合资等多种形式），每一种治理结构不仅代表了不同的层级控制水平，而且也证明了这些控制可能的差别，所以二分法未能深刻揭示不同联盟治理结构之间的细微差异。

其次，本研究关于联盟绩效的测度是依据联盟管理者对联盟效果的主观评价，其局限性在于所得到的联盟绩效具有很高的主观性，不同的管理者对联盟绩效的看法可能会不一致。在联盟绩效研究中如果能够获得真实的绩效数据，就可以有效地回避管理者的认知局限和主观性，从而真实地揭示联盟治理结构与联盟绩效的关系。遗憾的是，联盟绩效数据常常涉及企业机密，所以这类信息的获取非常困难，特别是当联盟涉及多边合作时这些数据获取的难度会更大。

最后，本研究以问卷调查为基础进行截面数据分析，而联盟治理结构选择可能随着时间的演进和伙伴关系的发展而改变。参与方之间初始的联盟合作常常依赖于更具有保护性的股权型联盟治理结构，但是随着伙伴之间的重复交互和参与方广泛联盟合作经验的积累，信任和声誉逐渐充当对机会主义行为的控制机制。因此，联盟治理结构选择不是一劳永逸的，它是一个充分考虑伙伴关系历史及其演化的动态适应过程。

二、进一步的研究方向

在未来的研究中可以考虑在以下方面进行深入探讨。①研究观点不仅仅局限于联盟治理，还可以进一步推广为更一般化的情形，即选择恰当的交易治理结构对于所有类型的交易绩效都有重要意义。因此未来的研究中可以考虑将联盟治理结构选择模型和相关理论进一步扩展到诸如并购、合资、少量股权参与、双边契约等更广泛的交易治理，甚至进一步扩展到网络组织的治理研究当中，从而拓展本研究的应用领域。②联盟治理结构的这种分类方法（二分法）给联盟研究作出了贡献，但是二分法也带来了理论和实践上的某些局限，由于联盟治理结构不仅代表了不同的层级控制水平，而且也证明了这些控制可能的差别。所以简单的二分法模糊了每种治理结构内部的契约异质性，也使得治理结构和契约协议的潜在独特决定因素不明显，[178] 在未来的研究中还需要探讨更加广泛的联盟治理结构以揭示联盟中多种治理结构之间的差异。③本研究是截面数据分析，而联盟治理结构选择可能随着交易关系的发展而改变。因此，在未来的联盟治理结构研究当中还需要关注伙伴关系的历史及其演化过程，特别是需要开展长期的时间序列研究或者追踪研究，从而更好地揭示战略联盟的关系契约属性。④尽管本研究建立的数理模型避免了因经验研究缺乏逻辑严谨的理论基础而产生含糊的和悬而未决的结论，并且在某种程度上是对传统的比较静态分析方法的进一步拓展，但是本研究理论模型推导中重点研究了资产专用性以及关系契约对于联盟治理结构的影响，而未能深入研究不确定性因素的作用，因此，进一步的研究还将这一参数引入模型中并加以拓展讨论。⑤未来的研究还需要进一步探讨更加有效的数据获取方法和更具有操作性的变量测度方法，以避免管理者认知上的局限性和测量偏差，从而提高预测结果的稳定性。

附录1　煤炭行业部分企业的战略联盟情况

企业	战略合作伙伴	合作项目	合作治理模式
同煤集团	唐山龙峰集团 韩国 SK 集团	合作开发煤炭资源	合资
	武钢、宝钢、鞍钢和首钢	中长期供应合作	长期合同
	大秦股份公司	大秦铁路线改建	参股
鹤壁煤电集团	泰国万浦集团	深层煤炭开采、生产、加工、销售和综合利用	合资
骏马化工集团	昀华化工集团	新建 9 个煤化工项目	参股
九龙电力股份公司	重庆煤炭集团 重庆建设投资公司	开发合川沥鼻峡煤田	合资
华能集团	澳大利亚蒙托煤矿	大型电厂电煤供应	参股
平煤集团	美国 C/G 公司 开封建投公司 中电集团 华电集团	深加工焦炭副产品 成立开封炭素公司 平顶山电厂 汝州电厂	参股 合资 参股 参股
萍乡矿业集团	宜昌管道公司 厦门金龙客车	安源管道工程 收购厦门金龙	参股 参股
神华集团	上海华谊（集团）公司 内蒙古亿利资源集团公司	PVC 项目和配套煤电一体化项目	参股
潍坊振兴焦化	日本 JFE 化工株式会社	建设年深加工 30 万吨煤焦油项目	合资
永城煤电集团	宝钢集团	正龙煤业有限公司	合资
		宝晟能源有限公司	合资
西山煤电	山西焦化	长期供应合作	参股
	华晋焦煤公司	焦化、煤矿长期联营	参股
	山西省电力公司	山西古交发电厂	合资

续表

企业	战略合作伙伴	合作项目	合作治理模式
山西焦煤	原西山煤电集团公司 汾西矿业集团公司 霍州煤电集团公司 太原矿机集团公司 山西煤机厂	开发煤炭、焦化、煤机等项目	参股
	鲁尔、新日铁、浦项、宝钢、鞍钢、首钢、武钢等	与20多个重点用户长期供应合作协议	长期合同
兖矿集团	济宁煤化公司 法国BEFS公司	组建煤化工平台凯模公司	合资
	澳大利亚龙澳公司	组建科澳铝业有限公司	合资

附录2　访谈调查提纲

1. 您公司的联盟经历如何？战略联盟对您公司的成长和绩效而言具有何种程度的作用？

2. 您公司与伙伴在战略联盟中是否实现了预期绩效？您认为哪些因素影响联盟的成败以及预期绩效的实现？

3. 在联盟中您公司是否面临着伙伴机会主义风险？您公司如何应对和分担风险？如何保护自己？

4. 您认为哪些因素决定公司联盟的成败？请对以下影响因素进行评价，并且选择前五位的影响因素：

①联盟伙伴选择是否恰当；

②联盟治理结构选择是否恰当（即合资、少量股权参与、长期合同）；

③双方合作目标是否一致或相容；

④双方是否存在前期合作关系与信任；

⑤双方能否有效地管理内在冲突；

⑥双方是否具有联盟管理的经验或经历；

⑦双方是否存在频繁管理沟通与信息交流；

⑧双方签订的联盟合作协议是否详细和完备；

⑨合作双方的资源与能力上的匹配程度；

⑩联盟所处的政策和法律环境是否稳定；

⑪企业高管层对联盟的重视和支持程度；

⑫双方是否存在很大的地域或文化差异；

⑬其他（请列出）。

5. 在联盟合作中是否与对方签订了详细的正式合同？在合作过程中如何

处理各种争议（依据正式合同条款、通过双方的默契、非正式的协商）？

6. 您公司在联盟中选择哪种联盟治理结构（合资、股权参与、长期合同）？在选择该联盟治理结构时，主要基于对哪些因素的考虑？

7. 下面哪些因素影响您公司作出这一联盟治理结构选择决策？如何影响？

①联盟交易的特征；

②企业的资源与能力；

③联盟中的关系和信任。

8. 联盟中的合作经历是否影响联盟治理结构的选择？如何影响？

9. 您认为在中国制度和经济背景下企业之间是否存在信任？您认为如何培育双方之间的信任？

10. 声誉和信任机制目前在行业内作用的状况如何？您公司如何建立关系网络以及声誉资本？

11. 中国转型时期的联盟治理结构选择受到哪些环境因素影响（诸如政策、文化、法律、规制）？

12. 政府以及行业主管部门对联盟治理模式选择决策有何影响（扮演何种角色）？行业内还有哪些影响企业联盟决策的法规规定和政策？

13. 不同联盟治理结构选择是否影响联盟绩效？如何影响？

附录3 本书量表来源及其修改过程

变量	测量项目	Alpha	项目数（个）	量表来源	修正过程及其依据
资产专用性	1. 为了进行合作，我方或对方投入了专用性设备 2. 双方对合作所需要的技术进行了专门研发 3. 双方投入了大量人员和精力来学习与合作项目有关的技术和知识 4. 双方针对合作开发了专门流程和生产系统 5. 双方都建立了针对该联盟的独特能力 6. 为了进行合作，双方都投入了大量的资源 7. 我方或对方的地理位置对联盟合作至关重要 8. 一旦终止合作，双方都浪费许多与联盟有关的特定知识	0.816	8	Anderson 和 Weitz（1992）；Parkhe（1993）	5、6 概念模糊，针对性差，应该剔除
不确定性	1. 合作中的知识与技术变化非常快，很难把握 2. 技术创新的难度很大 3. 准确评估出双方各自所作出的贡献很难 4. 双方存在的机会主义行为风险很高，难以监督	0.679	4	Chen & Chen（2003）	建议用近期研究中的客观测度指标
合作绩效	1. 从总体上看，此项联盟合作实现了预期目标 2. 通过合作，双方都取得了比未合作更高的利益 3. 通过合作，双方都学到了相关的技能和专长 4. 通过合作，双方都维持或者扩大了市场份额 5. 通过合作增强了双方的核心竞争能力 6. 合作伙伴对此项合作的总体结果很满意 7. 联盟双方都取得了超过竞争者的竞争优势 8. 总体上看，此项合作的绩效比预期的要差 9. 该联盟没有实现战略上的重要预期 10. 该联盟的绩效令人失望	0.870	10	Saxton（1997）；Lambe、Spekman、Hunt（2000）；Jap（1999）	过多反向问题，删除第 9 项、第 10 项

附录4　企业战略联盟治理的调查问卷

问卷编号__________　　　　　　　　填表日期 __________

各位企业家：

你们好！

随着国内外企业竞争日益激烈和复杂，企业间的联盟合作已经成为其提高竞争优势的新的源泉。为促进企业联盟合作的成功，我们在开展一项关于企业战略联盟治理及其绩效状况的研究，目的在于分析影响联盟治理结构选择的关键因素及其联盟绩效，以便更好地指导企业的联盟治理决策。为了取得有价值的研究信息，我们请求负责或了解联盟合作的企业专业人士回答问卷中的一系列问题。我们郑重承诺将对问卷中收集到的全部信息严格予以保密，对所有应答者的信息汇总到一起之后加以分析，其研究成果中将不会分辨出任何个人和企业。

我们非常感谢您能在方便的时候花费一些时间和精力尽早完成问卷。作为对您贡献的回报，我们将于 2009 年 1 月底以前通过您方便的方式将研究结果反馈给您。如果您有什么建议和问题，请及时与我们联系。您的参与对于此项研究的成功十分重要，非常感谢您的帮助！

此致

敬礼

河北省企业家协会

联系人：黄玉杰

联系电话：0311-87656636；13483126561

通讯地址：河北省石家庄市学府路47号河北经贸大学工商管理学院

邮编：050061

E-mail：gshwg@heuet.edu.cn

在正式问卷填写之前，请您仔细阅读以下说明：

1. 在本研究中，联盟合作是指企业之间相对长期的合作安排（通常为3年以上），通常包括合资、少量股权投资（单方持股或相互持股）、长期合作协议（包括合作研发、技术许可协议、营销与分销协议、研发合同、长期供货合同、合同制造等）。

2. 请根据您公司曾经发生或正在进行的联盟合作经历，选择一个有代表性的合作项目来回答下面问题。如果您公司在联盟中有多于一个伙伴的情况，请选择主要伙伴来回答。

3. 完成的问卷请用您方便的方式尽快反馈给我们（E-mail、传真或邮寄信件等）。

第一部分 联盟背景信息

这一部分是在联盟中您公司及合作伙伴的一般问题。回答方法：在空格处填写您要回答的内容；在您要选择的"□"内画√或者选用不同的颜色标记（电子版问卷）。

1.1 您的个人信息（说明：作为对您鼎力支持的回报，我们将把有关研究结果反馈给您，因此希望您能提供此项信息）：

（1）您的联系方式（电话或者E-mail）：

（2）教育程度：

□博士　□硕士　□大学　□大专
□高中　□其他
(3) 您的职务:
□CEO/总裁　□副总裁　□其他高管
□中层管理者　□其他
(4) 您在此项联盟合作中承担的职责:
□联盟决策的制定者　□合作项目负责人
□合作项目参与者　□其他
(5) 如果您是合作项目负责人/管理者，那么您担任这一职责的时间大约有_____年。
1.2　您公司的基本信息（说明：此信息便于进行分类汇总）:
(1) 公司名称:
(2) 公司的注册类型:
□国有（及国有控股）企业　□集体企业
□私营企业　□外资企业
□港澳台投资企业　□其他（请列出）
(3) 公司所在行业___________，成立于____年，公司总部在____国。
(4) 公司的规模:
雇员数目:
□不足 300 人　□300~2000 人　□2000 人以上
资产总额:
□不足 4000 万元　□4000 万~4 亿元　□4 亿元以上
(5) 您公司与对方的规模比较:
□不及对方的 1/10　□1/10~1/5　□1/5~1/2
□相当　□2~5 倍　□5~10 倍　□10 倍以上
(6) 我方公司在企业集团总公司中的位置:
□核心企业　□紧密成员　□半紧密成员
□松散成员　□非企业集团成员
(说明：核心企业指集团中实力强大、具有投资中心功能的大中型企业或控股公司。紧密成员指由集团核心企业控股或长期承包以及租赁经营的成员企业。）

1.3 合作伙伴的基本信息：

（1）所在行业：____________；企业总部在____________

（2）企业规模：

雇员数目：

□不足 300 人　　□300~2000 人　　□2000 人以上

资产总额：

□不足 4000 万元　　□4000 万~4 亿元　　□4 亿元以上

（3）在正式确立此项联盟合作关系之前，合作伙伴是您公司的：

□竞争者　　□供应商　　□分销商

□客户　　□获许可人/许可人

□其他（请注明，如研究机构等）

1.4 此项合作的基本特征

（1）此项合作涉及下面哪些活动领域（可以多选）：

□技术研发/产品开发　　□采购/供应　　□生产制造

□营销与分销　　□售后服务　　□其他（请列出）

（2）如果此项合作涉及技术研发或产品开发，那么合作项目的技术情况：

a）项目的技术领域：

□高新技术领域　　□非高新技术领域

（说明：高新技术领域包括电子信息、生物医药、新材料、新能源、环保、航空航天、光机电一体化、核技术等技术领域）

b）项目的技术水平：

□国际领先　　□国际先进　　□国内领先

□国内先进　　□省内先进

（3）双方在此项合作中从事的主要业务活动：

我方主要从事：

□生产制造　　□技术研发　　□营销、分销与服务

□其他（请列出）

对方主要从事：

□生产制造　　□技术研发　　□营销、分销与服务

□其他（请列出）

（4）双方就此项合作的约定期限为__年，已经持续了__年，是否还在继续__（是/否），您预期联盟关系还会持续__年。

1.5　此项合作采取的方式？

（1）此项联盟合作采取的合作模式：

□双方组建新的合资企业（其中，我方持股__%，对方持股__%）；

□双方单边或交叉持股（其中，对方持我公司__%的股份，我公司持有对方__%的股份）；

□无股权参与的长期合同（1 年以上）。

（2）如果联盟合作模式为"无股权参与的长期合同"，请进一步选择下面长期合同的类型：

□合作研发与共同开发　　□研发合同（研发外包）

□技术转让协议　　□授权许可协议

□营销与分销协议　　□合同制造

□供应/购买合同　　□其他（请描述）______。

（3）我方以何种形式参与合作：

□技术（专利）　　□生产设备　　□资金投入

□其他（请列出）______。

1.6　此项合作中正式契约与非正式契约的使用：

（1）双方签订的联盟合作合同中的各项条款：

□非常不详细　　□不详细　　□不太详细

□一般　　□比较详细　　□详细

□非常详细

（2）对合作中的违约行为及各种争议和冲突的处理手段有（可以多选）：

□正式合同　　□个人关系　　□友好协商

□双方默契　　□第三方协调　　□其他（请列出）______

第二部分 双方合作关系的建立及其演进

2.1 此项合作中涉及的参与方数目是多少?

□双方合作 □三方或多方合作

2.2 除了此项合作之外，目前您公司与该合作伙伴还有______项正在进行的其他合作项目。

2.3 在此项联盟合作之前，您公司与该伙伴有前期合作关系吗?

□有 □无

如果您选择“有”，那么双方已经合作了______年，大约______次。

2.4 除了该伙伴，当前您公司还与______个企业有联盟合作关系。

2.5 过去三年中，您公司曾经与______个企业建立了联盟合作关系（包括与该伙伴联盟)；其间共与这些企业建立合作项目数大约______项。

第三部分 联盟合作本身的特征

请表明您对下面各种陈述的态度（回答方法：请对各项陈述后面的评价分值 1~7 中选择一个恰当的数值，并画圈或者选用不同的颜色标记。其中，1 表示极不赞同，7 表示非常赞同，各数值的含义如下表所示)：

极不赞同	不赞同	不太赞同	不定	轻微赞同	赞同	非常赞同
1	2	3	4	5	6	7

3.1 双方在联盟中投入资产的专用性程度

(说明：所谓专用性资产投资是指联盟合作中所需要的人力、实物以及各种专项资产投资，一旦做出这种专项资产投资就很难再转做其他用途，否则

将会造成价值的损失）

（1）我们投入了专门适用于此项合作的生产设备或工具。　1 2 3 4 5 6 7

（2）我们对此项合作所需要的技术或工艺进行了专门研发。　1 2 3 4 5 6 7

（3）我们投入了大量时间和精力来培训针对此项合作的各类人员。　1 2 3 4 5 6 7

（4）我们设计了针对此项合作的专有业务流程和生产系统。　1 2 3 4 5 6 7

（5）我方或对方的地理位置对于合作的顺利实施具有重要的作用。　1 2 3 4 5 6 7

（6）联盟关系一旦终止，我们很难将用于当前合作项目的人力和设备等资源重新调配到其他项目当中。　1 2 3 4 5 6 7

3.2　合作双方的互补性

（1）为实现合作目标，双方对联盟合作贡献了不同的资源。　1 2 3 4 5 6 7

（2）双方在合作中表现出很强的相互依赖性。　1 2 3 4 5 6 7

（3）双方在资金、技术或人力资源等方面的互补性很强。　1 2 3 4 5 6 7

（4）双方在研发、生产或营销领域的互补性很强。　1 2 3 4 5 6 7

3.3　联盟合作中的风险和不确定性

（1）很难观察合作伙伴的实际行为是否符合合同的约定。　1 2 3 4 5 6 7

（2）合作伙伴的绩效非常难以评价。　1 2 3 4 5 6 7

（3）联盟合作中的技术和知识变革非常快。　1 2 3 4 5 6 7

（4）联盟合作中的技术创新难度很大。　1 2 3 4 5 6 7

第四部分　联盟合作的效果

请表明您对下面各种陈述的态度：（回答方法同上，请对各项陈述选择一个恰当评价分值并画圈。）

极不赞同	不赞同	不太赞同	不定	轻微赞同	赞同	非常赞同
1	2	3	4	5	6	7

4.1　联盟合作的绩效：

（1）总体上看，此项联盟合作实现了预期目标。　1 2 3 4 5 6 7

（2）通过合作，双方都取得了比未进行合作时更高的利益。

1 2 3 4 5 6 7

（3）通过合作，双方都学到了相关的技能和专长。　1 2 3 4 5 6 7

（4）通过合作，双方都维持或者扩大了市场份额。　1 2 3 4 5 6 7

（5）通过合作，双方都增强了核心能力。　1 2 3 4 5 6 7

（6）伙伴对此项合作的总体结果很满意。　1 2 3 4 5 6 7

（7）联盟双方都获得了超过竞争对手的竞争优势。　1 2 3 4 5 6 7

4.2　您对我们研究的简短评价：______________________________

____

问卷到此结束，非常感谢您的帮助！

附录5　企业联盟治理调查的提醒信息

各位企业家会员：

你们好！

本协会和西安交通大学组织创新与控制研究室开展了企业战略联盟治理及其绩效研究，该研究项目旨在提高协会成员发展和改善联盟管理艺术。

几个星期以前，我们寄给您一份问卷并请求您对此项研究予以帮助，我们希望您现在已经收到了问卷。尽管部分协会成员已经完成了调查问卷，但是我们仍然需要您的帮助以确保该项目的成功。因此，我们请您在方便的时候花费一些时间填完问卷并及时反馈给我们，对此我们将不胜感激。如果您还没有收到问卷或者您需要一份新的问卷，我们会很高兴的寄给您一份。如果您已经拿到但是却不能完成此问卷，那么请将它转交给您的一个同事（最好是联盟管理者）。

您的帮助对于该研究的成功十分重要，非常感谢您花费宝贵时间为我们提供有价值的观点。一旦研究完成，协会将为您提供适合您需要的研究结果。如果您有什么特别的问题和建议，请告知我们。

此致

敬礼

河北省企业家协会

联系人： 黄玉杰

联系电话：0311-87656636；13483126561

通讯地址：河北省石家庄市学府路 47 号河北经贸大学工商管理学院

邮编：050061

E-mail：gshwg@heuet.edu.cn

参考文献

[1] Robinson DT. Strategic Alliances and the Boundaries of the Firm [J]. Working Paper, Columbia University, 2001.

[2] Chen H, Chen TJ. Governance Structures in Strategic Alliances: Transaction Costs Versus Resource -based Perspective [J]. Journal of World Business, 2003, 38: 1-14.

[3] Dyer JH, Kale P, Singh H. How to Make Strategic Alliances Work [J]. Sloan Management Review, 2001, 42 (4): 37-43.

[4] Simonin BL. The Omportance of Collaborative Know-how: An Empirical Test of the Learning Organization [J]. Academy of Management Journal, 1997, 40: 1150-1174.

[5] Glaister KW, Buckley PJ. Strategic Motives for International Alliance Formation [J]. Journal of Management Studies, 1996, 33: 301-320.

[6] Brown T. Strategic Alliances are Hot and Getting Hotter [OL]. http: // www. Leader-Lines. Mgeneral .com. [1999-05-12].

[7] Harbison JR, Prekar P. Smart Alliances: a Practical Guide to Repeatable Success [M]. San Francisco: Jossey-Bass, 1998.

[8] Anand B, Khanna T. Do Firms Learn to Creat Value? The Case of Alliances [J]. Strategic Management Journal. 2000, 21 (3): 295-316.

[9] Cravens D, Cravens K, Piercy N. Assessing the Performance of Strategic Alliances: Matching Metrics to Strategies [J]. European Management Journal, 2000, 18: 529-541.

[10] Das TK, Teng B. Managing Risks in Strategic Alliances [J]. Academy

of Management Executive, 1999, 13 (4): 50-62.

[11] 迈克尔·L.格拉克著. 联盟资本主义：日本企业的社会组织 [M]. 林德山，译. 重庆：重庆出版社，2003：7-8.

[12] 奥利弗·E. 威廉森. 治理机制 [M]. 王健，等，译.北京：中国社会科学出版社，2001：478-481.

[13] Das TK, Teng B. Risks Types and Inter-firm Alliance Structures [J]. Journal of Management Studies, 1996, 33 (6): 827-843.

[14] Das TK, Teng B. Instabilities of Strategic Alliances: An Internal Tensions Perspective [J]. Organization Science, 2000, 11 (1): 77-101.

[15] Spekman RE, Lynn AI, MacAvoy TC, Forbes III T. Creating Strategic Alliances Which Endure [J]. Long Range Planning, 1996, 29: 3.

[16] Kogut B. A Study of the Life Cycle of Joint Ventures [M] //Contractor F, Lorange P. Cooperative Strategies in International Business. Lexington: Lexington Books, 1988: 169-185.

[17] Dacin MT, Hitt MA, Levitas E. Selecting Partners for Successful International Alliances: Examination of US and Korean Firms [J]. Journal of World Business, 1997, 32: 3-16.

[18] Duysters GM, Kok G, Vaandrager M. Crafting Successful Strategic Technology Partnerships [J]. R&D Management, 1999, 29: 343-351.

[19] Frerichs R. Partnerships and Prosperity: Survey of High-tech Firms Finds That Alliances are Key to Survival in an Ever-changing Industry [N]. San Jose Mercury News, 1999-01-31 (19).

[20] Kok G, Wildeman L. Crafting Strategic Alliances: Building Effective Relationships [R]. KPMG Rport, 1998.

[21] Harrigan K. Managing for Joint Venture Success [M]. New York: Praeger, 1985.

[22] Kogut B. The Stability of Joint Ventures: Reciprocity and Competitive rivalry [J]. Journal of Industrial Economics, 1989, 38: 183-198.

[23] The Economist. Mergers and Alliances: Hold My Hand [J]. The

Economist, 1999, 15: 73–74.

[24] Parkhe A. Strategic Alliances Structuring: A Game Theoretic and Transaction Cost Examination of Interfirm Co-operation [J]. Academy of Management Journal, 1993, 36 (4): 794–829.

[25] Bleeke J, Ernst D. Collaborating to Compete: Using Strategic Alliances and Acquisitions in the Global Marketplace [M]. New York: John Wiley and Sons, 1993.

[26] Ireland RD, Hitt MA, Vaidyanath D. Alliance Management as a Source of Competitive Advantage [J]. Journal of Management, 2002, 28 (3): 413–446.

[27] Madhok A, Tallman SB. Resources, Transactions and rents: Managing value through Interfirm Collaborative Relationships [J]. Organization Science, 1998, 9: 326–339.

[28] Spekman RE, Forbes TM, Isabella LA, MacAvoy TC. Alliance Management: A View from the Past and a Look to the Future [J]. Journal of Management Studies, 1998, 35: 747–772.

[29] Makadok R. Toward a Synthesis of the Resource-based and Dynamic-Capability View of Rent Creation [J]. Strategic Management Journal, 2001, 22: 387–401.

[30] Williamson OE. Comparative Economic Organization: The Analysis of Discrete Structural Alternatives [J]. Administrative Science Quarterly, 1991, 36: 269–296.

[31] Klein B. Why Hold-ups Occur: The Self-enforcing Range of Contractual Relationships [J]. Economic Inquiry, 1996, 34: 444–463.

[32] Klein B. Fisher-General Motors and the Nature of the Firm [J]. Journal of Law and Economics, 2000, 43 (1): 105–141.

[33] Telser LG. A Theory of Self-enforcing Agreements [J]. Journal of Business, 1980, 53 (1): 27–44.

[34] Gulati R. Social Structure and Alliance Formation Patterns: A

Longitudinal Analysis [J]. Administrative Science Quarterly, 1995, 40: 619-652.

[35] Uzzi B. Social Structure and Competition in Interfirm Networks: The Paradox of Embeddedness [J]. Administrative Science Quarterly, 1997, 42: 35-67.

[36] Poppo L, Zenger T. Do Formal Contracts and Relational Governance Function as Substitutes and Complements? [J]. Strategic Management Journal, 2002, 23: 707-725.

[37] Ebers M. How Different Types of Trust and Attitudes Towards risk Affect the Efficient Design of Inter-organizational Governance Structure [J]. Working Paper, 2003.

[38] Garvey GT. Why Reputation Favors Joint Ventures Over Vertical and Horizontal Integration: A Simple Model [J]. Journal of Economic Behavior and Organization, 1995, 28: 387-397.

[39] Halonen M. Reputation and the Allocation of Ownership [J]. The Economic Journal, 2002, 112: 539-558.

[40] Baker G, Gibbons R. and Murphy K J. Relational Contracts and the Theory of the Firm [J]. The Quarterly Journal of Economics, 2002, 117: 39-84.

[41] Baker G, Gibbons R. and Murphy K J. Strategic Alliances: Bridges between "Islands of Conscious Power" [J]. Working Paper, Harvard Business School, 2004.

[42] Coase RH. The Nature of the Firm [J]. Economica, 1937, 4: 386-405.

[43] 艾伦·施瓦茨. 法律契约理论与不完全契约 [M]. 科斯，哈特，等，著. 李风圣，主译. 北京：经济科学出版社，2003：96-134.

[44] Williamson O E. The Economic Institutions of Capitalism [M]. New York: Free Press, 1985: 31.

[45] Williamson O E. The Theory of the Firm as Governance Structure:

From Choice to Contract [J]. Journal of Economic Perspectives, 2002, 16(3): 171-195.

[46] Klein B, Crawford R, Alchain A. Vertical Integration, Appropriable rents and the Competitive Contracting Process [J]. Journal of Law and Economics, 1978, 21 (2): 297-326.

[47] Joskow P L. Vertical Integration and Long-term Contracts: The Case of coal-burning Electric Generating Plants [J]. Journal of Law, Economics, and Organization, 1985, 1: 33-80.

[48] Joskow P L. Contract Duration and relation-specific Investment: Empirical Evidence from Coal Markets [J]. American Economic Review, 1987, 77 (1): 168-185.

[49] Joskow P L. The Performance of Long-Term Contracts: Further Evidence From Coal Markets [J]. Rand Journal of Economics, 1990, 21: 251-274.

[50] Pisano G P. Using Equity Participation to Support Exchange: Evidence From the Biotechnology Industry [J]. Journal of Law, Economics, & Organization, 1989, 5 (1): 109-126.

[51] Pisano G P. The R&D Boundaries of the Firm: An Empirical Analysis [J]. Administrative Science Quarterly, 1990, 35 (1): 153-176.

[52] Croisier B. The Governance of External Research: Empirical test of Some Transaction-cost Related Factors [J]. R&D Management, 1998, 28(4): 289-298.

[53] Oxley J E. Appropriability Hazards and Governance in Strategic Alliances: a Transaction Cost Approach [J]. Journal of Law, Economics, and Organization, 1997, 13: 387-409.

[54] Colombo MG. Alliance Form: A Test of the Contractual and Competence Perspectives [J]. Strategic Management Journal, 2003, 24: 1209-1229.

[55] Hansen Z K. The Contractual Structure and Innovative Effects of Pharmaceutical-Biotechnology R&D Collaborations [J]. Advances in the Study of Entrepreneurship, Innovation, & Economic Growth, 2003, 14: 1-19.

[56] Allen J W, Phillips G M. Corporate Equity Ownership, Strategic Alliances, and Product Market Relationships [J]. Journal of Finance, 2000, 55 (6): 2791-2815.

[57] Robinson D T, Stuart T E. Financial Contracting in Biotech Strategic Alliances [J]. Working Paper, Columbia University, 2002a.

[58] Robinson D T, Stuart T E. Just how Incomplete are Incomplete Contracts? Evidence from Biotech Strategic Alliances [J]. Working Paper, Columbia University, 2002b.

[59] Yujie H, Ruiying H. Empirical Study on Alliance Governance for Coal Enterprises [C]. //The 3rd International Conferrence on Innovation and Management, Wuhan: Wuhan University Press, 2006: 621-625.

[60] 黄玉杰，万迪昉. 联盟经历与不确定性对高技术企业联盟治理的影响 [J]. 预测，2007，26 (4): 38-41，53.

[61] 徐金发，许强. 在并购与战略联盟之间选择：企业选择外部成长战略的分析框架和决策模型 [J]. 科研管理，2003，24 (1): 92-102.

[62] Leiblein M J, Miller DJ. An Empirical Examination of Transaction-and Firm-level Influences on the Vertical Boundaries of the Firm [J]. Strategic Management Journal, 2003, 24: 839-859.

[63] Sampson R C. Organizational Choice in R&D Alliances: Knowledge-Based and Transaction Cost Perspectives [J]. Managerial and Decision Economics, 2004, 25: 421-436.

[64] Doz Y, Prahalad C K. Managing DMNCs: A Search for a New paradigm [J]. Strategic Management Journal, 1991, 12: 145-164.

[65] Silverman B S, Nickerson J A, Freeman J. Profitability, Transactional Alignment, and Organizational Mortality in the U.S. Trucking Industry [J]. Strategic Management Journal, 1997, 18: 31-52.

[66] Ring P S, Van De Ven AH. Structuring Co-operative Relationships Between Organizations [J]. Strategic Management Journal, 1992, 13 (7): 483-498.

[67] Dyer J H, Singh H. The Relational View: Co-operative Strategy and Sources of Interorganizational Competitive Advantage [J]. Academy of Management Review, 1998, 23 (4): 660-679.

[68] Grossman S J, Hart O. The Costs and Benefits of Ownership: a Theory of Vertical and Lateral Integration [J]. Journal of Political Economy, 1986, 94 (4): 691-719.

[69] Hart O, Moore J. Property Rights and the Nature of the Firm [J]. Journal of Political Economy, 1990, 98 (6): 1119-1158.

[70] Hart O. Firms, Contracts and Financial Structure [M]. Clarendon: Oxford University Press, 1995.

[71] Maskin E, Tirole J. Two Remarks on the Property-Rights Literature [J]. Review of Economic Studies, 1999, 66: 139-149.

[72] Hart O, Moore J. Foundations of Incomplete Contracts [J]. Review of Economic Studies, 1999, 66: 115-138.

[73] Aghion P, Tirole J. The Management of Innovation [J]. The Quarterly Journal of Economics, 1994, 109 (4): 1185-1209.

[74] Whinston M D. Assessing the Property Rights and Transaction Cost Theories of Firm Scope [J]. The American Economic Review, 2001, 91(2): 184-188.

[75] Filson D, Morales R. Equity Links and Information Acquisition in Biotechnology Alliances [J]. Journal of Economic Behavior & Organization, 2006, 59: 1-28.

[76] Dasgupta S, Tao Z. Contractual Incompleteness and the Optimality of Equity Joint Ventures [J]. Journal of Economic Behavior & Organization, 1998, 37: 391-413.

[77] Bizan O. The Determinants of Success of R&D Projects: Evidence From American-Israeli Research Alliances [J]. Research Policy, 2003, 32(9): 1619-1640.

[78] Dutta S, Weiss A. Technological Innovation and Partnership Agreements

[J]. Management Science, 1997, 43 (3): 343-356.

[79] Lerner J, Merges R P. The Control of Technology Alliances: An Empirical Analysis of the Biotechnology Industry [J]. Journal of Industrial Economics, 1998, XLVI (2): 125-156.

[80] Elfenbein D W, Lerner J. Ownership and Control Rights in Internet Portal Alliances, 1995-1999 [J]. Rand Journal of Economics, 2003, 34 (2): 356-369.

[81] Arrunada B, Garicano L, Vazquez L. Contractual Allocation of Decision Rights and Incentives: the Case of Automobile Distribution [J]. Journal of Law, Economics, and Organizations, 2001, 17 (1): 257-283.

[82] Gulati R. Does Familiarity Breed Trust? The Implication of Repeated Ties for Contractual Choice in Alliances [J]. Academy of Management Journal, 1995a, 38: 85-112.

[83] Macaulay S. Non-contractual Relations in Business: A Preliminary Study [J]. American Sociological Review, 1963, 28: 55-67.

[84] Granovetter M. Economic Action and Social Structure: The Problem of Embeddedness [J]. American Journal of Sociology, 1985, 91: 481-510.

[85] Larson A. Network Dyads in Entrepreneurial Settings: A Study of The Governance of Exchange Relationships [J]. Administrative Science Quarterly, 1992, 37: 76-104.

[86] Dollinger M J, Golden P A, Saxton T. The Effect of Reputation on the Decision to Joint Venture [J]. Strategic Management Journal, 1997, 18: 127-140.

[87] Saxton T. The Effects of Partner and Relationship Characteristics on Alliance Outcomes [J]. Academy Management Journal, 1997, 40: 443-461.

[88] Hill C W L. Co-operation, Opportunism, and the Invisible Hand: Implications for Transaction Cost Theory [J]. Academy of Management Review, 1990, 15 (3): 500-513.

[89] Zaheer A, McEvily B, Perrone V. Does Trust Matter? Exploring the

Effects of Inter Organizational and Interpersonal Trust on Performance [J]. Organization Science, 1998, 9 (2): 141–159.

[90] Parkhe, A. Understanding Trust in International alliances [J]. Journal of World Business, 1998, 33: 219–240.

[91] Yoshino M and Rangan U. Strategic Alliance: An Entrepreneurial Approach to Globlzation [M]. Boston: Harvard Business School Press, 1995.

[92] Kelly MJ, Schaan J L, Joncas H. Managing Alliance Relationships: Key Challenges in the Earlier Stages of Collaboration [J]. R&D Management, 2002, 32 (1): 11–22.

[93] Wildeman L E. Alliances and Networks: the next Generation [R]. KPMG survey, 1996.

[94] Glaister K W, Buckley P J. Performance Relationships in UK international Alliances [J]. Management International Review, 1999, 39 (2): 123–147.

[95] Powell W W, Kogut K W, Smith–doerr J. Interorganizational Collaborations and the Locus of Innovation: Networks of Learning in Biotechnology [J]. Administrative Science Quarterly, 1996, 41: 116–145.

[96] Samposon R C. Experience Effects and Collaborative Returns in R&D Alliances [J]. Strategic Management Journal, 2005, 26: 1009–1031.

[97] Reuer J J, Zollo M. Managing Governance Adaptations in Strategic Alliances [J]. European Management Journal, 2000, 18 (2): 164–172.

[98] Reuer J J, Zollo M, Singh H. Post–Formation Dynamics in Strategic Alliances [J]. Strategic Management Journal, 2002, 23: 135–151.

[99] Reuer J J, Arino A.. Contractual Heterogeneity in Strategic Alliances [J]. Research Paper, IESE University of Navarra, No. 482, 2002.

[100] Ryall M D, Sampson R C. Do Prior Alliances Influence Contract Structure? Evidence From Technology Alliance Contracts [J]. Working Paper, University of Rochester, No. FR03–11, 2003.

[101] Kale P, Singh H, Perlmutter H. Learning and Protection of Proprietary Assets in Strategic Alliances: Building Relational Capital [J] .

Strategic Management Journal，2000，21：217–237.

[102] Gulati R. Alliances and Networks [J]. Strategic Management Journal，1998，19：293–317.

[103] Oxley J E，Sampson R C. The Scope and Governance of International R&D Alliances [J]. Strategic Management Journal，2004，25：723–749.

[104] 陈菲琼. 关系资本在企业知识联盟中的作用 [J]. 科研管理，2003，24 (5)：37–43.

[105] 王昌林，蒲勇健. 企业技术联盟治理机制 [J]. 重庆大学学报（自然科学版），2005，28 (2)：151–154.

[106] Ian R.迈克内尔. 新社会契约论 [M]. 雷喜宁，潘勤，译. 北京：中国政法大学出版社，2004：10.

[107] Simon，H. A Formal Theory Model of the Employment Relationship [J]. Econometrica，1951，19：293–305.

[108] 奥利弗·E. 威廉姆森. 资本主义经济制度 [M]. 段毅才，王伟，译. 北京：商务印书馆，2004：67–69.

[109] Klein B，Leffler K B. The Role of Market Forces in Assuring Contractual Performance [J]. The Journal of Political Economy，1981，89 (4)：615–641.

[110] Axelord R，Dion D. The Further Evolution of Co–operation [J]. Science，1988，242：1385–1390.

[111] Axelrod R. The Evolution of Co–operation [M]. New York：Basic Books，1984.

[112] Kreps D M. Corporate Culture and Economic Theory [M] //Alt J E，Shepsle KA. Perspectives on Positive Political Economy. Cambridge：Cambridge University Press. 1990：90–143.

[113] Levin J. Relational Incentive Contracts [J]. The American Economic Review，2003，93 (3)：835–857.

[114] Itoh H，Morita H. Formal Contracts，Relational Contracts，and the Holdup Problem [J]. CESIFO Working paper，No.1786，2006.

[115] Gibbons R. Four Formal (izable) Theories of the Firm? [J]. Journal of Economic Behavior & Organization, 2005, 58 (2): 200–245.

[116] Gibbons R. Firms and Other Relationships [J]. Working paper, MIT, 2000.

[117] Rosenkranz S, Schmitz P W. Joint Ownership and Incomplete Contracts: the Case of Perfectly Substitutable Investments [J]. Schmalenbach Business Review, 2004, 56: 72–89.

[118] Oliver Williamson. 对经济组织不同研究方法的比较 [M]. //埃瑞克 G. 菲吕博顿，鲁道夫·瑞切特. 新制度经济学. 孙经纬，译. 上海：上海财经大学出版社，1998：138–149.

[119] Murray JY, Kotabe M. Performance Implications of Strategic fit Between Alliance Attributes and Alliance Forms [J]. Journal of Business Research, 2005, 58: 1525–1533.

[120] Hamilton G, Bigaart N. Market, Culture, and Authority [J]. American Journal of Sociology (Supplement), 1988, 94: S52–S94.

[121] Todeva E, Knoke D. Strategic Alliances and Models of Collaboration [J]. Management Decision, 2005, 43 (1): 123–148.

[122] Ghosh M, John G. Strategic Fit in Industrial Alliances: An empirical Test of Governance Value Analysis [J]. Journal of Marketing Research, 2005, XLII: 346–357.

[123] Pisano G P. The Governance of Innovation: Vertical Integration and Collaborative Arrangements in the Biotechnology Industry [J]. Research Policy, 1991, 20: 237–249.

[124] Hennart J F. A Transaction Cost Theory of Equity Joint Ventures [J]. Strategic Management Journal, 1988, 9: 361–374.

[125] Hennart J F, Reddy S. The Choice Between Mergers/acquisitions and Ioint Ventures: The Case of Japanese Investors in the United States [J]. Strategic Management Journal, 1997, 18: 1–12.

[126] Tallman S B, Shenkar O. International Co–operative Venture Strategies:

Outward Investment and Small Firms From NICs [J]. Management International Review, 1990, 30: 299-315.

[127] Osborn R N, Baughn C C. Forms of Interorganizational Governance for Multinational Alliances [J]. Academy of Management Journal, 1990, 33: 503-519.

[128] Killing J P. Understanding Alliances: The Role of Task and Organizational Complexity [M]. // Contractor FJ, Lorange P. Co-operative Strategies in International Business. Lexington: Lexington Books, 1988: 55-68.

[129] Yoshino M Y, Rangan U S. Strategic alliances: An Entrepreneurial Approach to Globalization [M]. Boston: Harvard Business School Press, 1995: 123-127.

[130] Das T K, Teng B. A Resource-based Theory of Strategic Alliances [J]. Journal of Management, 2000, 26 (1): 31-61.

[131] Sampson R C. The Cost of Misaligned Governance in R&D Alliances [J]. Journal of Law Economics & Organization, 2004, 20 (2): 484-526.

[132] Heide J B, Miner AS.The Shadow of the Future: Effects of Anticipated Interaction and Frequency of Contact on Buyer-seller Co-operation [J]. Academy Management Journal, 1992, 35 (2): 256-291.

[133] 奥利弗·E.威廉森. 治理机制 [M]. 王健等，译. 北京：中国社会科学出版社，2001：273-275.

[134] Simon, Herbert. Administrative Behavior. 2nd ed. New York: Macmillan. 1961.

[135] 黄玉杰，万迪昉. 影响联盟治理结构选择的因素分析 [J]. 当代经济科学，2005，27 (1)：24-27.

[136] Williamson O E. The Theory of the Firm as Governance Structure: from Choice to Contract [J]. Journal of Economic Perspectives, 2002, 16(3): 171-195.

[137] Macleod B, Malcomson J. Implcit Contracts, Incentive Compatibility, and Involuntary Unemployment [J]. Econommetrica, 1989, 57: 447-480.

[138] Bull C. The Existence of Self-enforcing Implicit Contracts [J]. The Quarterly Journal of Economics, 1987, 102 (1): 147-160.

[139] Klein B, Murphy K M. Vertical Integration as a Self-enforcing Contractual Arrangement [J]. The American Economic Review, 1997, 87 (2): 415-420.

[140] Klein B, Murphy K M. The Firm as a Self-enforcing Contractual Arrangement [J]. Working paper, USC's Marshall School, 1998.

[141] Heide JB, John G. Do Norms Matter in Marketing Relationships? [J]. Journal of Marketing. 1992, 56: 32-44.

[142] Sampson R C. Experience Effects and Collaborative Returns in R&D Alliances [J]. Strategic Management Journal, 2005, 26: 1009-1031.

[143] Anand B, Khanna T. Intellectual Property Rights and Contract Structure [J] . Working Paper, Harvard Business School, No.97-016, 1997.

[144] Masten S E, Meehan JJ, Snyder EA. The Costs of Organization [J]. Journal of Law, Economics and Organization, 1991, 7: 1-25.

[145] Gulati R, Singh H. The Architecture of Co-operation: Managing Co-ordination costs and Appropriation Concerns in Strategic Alliances [J]. Administrative Science Quarterly, 1998, 43: 781-814.

[146] Culpan R, Eugene K A. Cross-national Corporate Partnerships: Trends in Alliance Formation [M] //Culpan R. Multinational Strategic Alliances. New York: Hayworth Press, 1993: 153-171.

[147] Mohr J, Spekman R. Characteristics of Partnership Success [J]. Strategic Management Journal, 1994, 15 (2): 135-152.

[148] Armstrong J S, Overton T S. Estimating Nonresponse Bias in Mail Surveys [J]. Journal of Marketing Research, 1977, 14: 396-402.

[149] Nunnally J C, Bernstein I H. Psychometric Theory (3rd ed.) [M]. New York: McGraw-Hill Press, 1994.

[150] Anderson E, Weitz B. The Use of Pledges to Build and Sustain Commitments in Distribution Channels [J]. Journal of Marketing Research,

1992, 29: 18–34.

[151] Harrigan KR. Strategic Alliances and Partner Asymmetries [M]. //Contractor FJ, Lorange P. Co-operative Strategies in International Business. Lexington: Lexington Books, 1988: 205–226.

[152] Nakamura M, Shaver J M, Yeung B. An Empirical Investigation of Joint Venture Dynamics: Evidence from U.S. –Japan Joint Ventures [J]. International Journal of Industrial Organization, 1996, 14: 521–541.

[153] Mowery D C, Oxley JE, Silverman BS. Strategic Alliances and Interfirm Knowledge Transfer [J]. Strategic Management Journal, Winter Special Issue, 1996, 17: 77–91.

[154] 王济川，郭治刚. Logistic 回归模型——方法与应用 [M]. 北京：高等教育出版社，2001：152.

[155] Lewin A Y, Volberda HW. Prolegomena on Coevolution: A Framework for Research on Strategy and New Organizational Forms [J]. Organization Science, 1999, 10 (5): 519–534.

[156] Yin Y, Zajac E J. The Strategy/governance Structure fit Relationship: Theory and Evidence in Franchising Arrangements [J]. Strategic Management Journal, 2004, 25: 365– 383.

[157] Venkatraman N, Prescott JE. Environment–strategy Coalignment: an Empirical Test of its Performance Implications [J]. Strategic Management Journal, 1990, 11: 1–23.

[158] Poppo L, Zenger T. Testing Alternative Theories of the Firm: Transaction Costs, knowledge–based, and Measurement Explanations for Make–or–buy Decisions in Information Services [J]. Strategic Management Journal, 1988, 19: 853–877.

[159] Steensma H K, Corley KG. On the Performance of Technology–Sourcing Partnership: the Interaction Between Partner Interdependence and Technology Attributes [J]. Academy of Management Journal, 2000, 43 (6): 1045–1067.

[160] Blodgett, L L. Factors in the Instability of International Joint Ventures:

An Event History Analysis [J]. Strategic Management Journal, 1992, 13: 475-481.

[161] Hamel G. Competition for Competence and Interpartner Learning Within International Strategic Alliances [J]. Srategic Management Journal, 1991, 12: 83-103.

[162] Parkhe A. Interfirm Diversity Organizational Learning and Longevity in Global Strategic Alliances [J]. Journal of International Business Studies, 1991, 22: 579-601.

[163] Reuer J J. The Dynamics and Effectiveness of International Joint Ventures [J]. Working Paper, INSEAD, No. 97, 1997.

[164] Anderson J, Narus J. A Model of the Distributor's Perspective of Distributor -manufacturer Working Partnerships [J]. Journal of Marketing, 1990, 54: 42-58.

[165] Beamish P W. Joint Venture Performance in Developing Countries [D]. London: University of Western Ontario, 1984.

[166] Hebert L, Beamish P. Characteristics of Canadabased International Joint Ventures [M]. //Beamish P, Killing P. Co-operative Strategies. Lexington: Lexington Books, 1997: 254-273.

[167] Geringer M, Hebert L. Measuring Performance in International Joint Ventures [J]. Journal of International Business Studies, 1991, 22: 249-263.

[168] Anderson E. Two Firms, One Frontier: on Assessing Joint Venture Performance [J]. Sloan Management Review, 1990, 31 (2): 19-30.

[169] Anderson E, Weitz B. Determinants of Continuity in Conventional Industrial Channel Dyads [J]. Marketing Science, 1989, 8 (4): 301-323.

[170] Child J, Yan Y. Predicting the Performance of International Joint Ventures: an Investigation in China [J]. Working Paper, University of Cambridge, 1999.

[171] Koh J, Venkatraman N. Joint Venture Formations and Stock Market Reactions: an Assessment in the Information Technology Sector [J]. Academy of

Management Journal, 1991, 34: 869–892.

[172] Chan SH, Kensinger J W, Keown A J, Martin JD. Do Strategig Alliances Creat Value? [J]. Journal of Financial Economics, 1997, 46: 199–221.

[173] Kale P J, Dyer H, Singh H. Alliance capability, Stock Market Response, and Long–term Alliance Success: the Role of the Alliance Function [J].Strategic Management Journal, 2002, 23: 747–767.

[174] Saxton T. The Effect of Partner and Relationship Characteristics on Alliance Outcomes [J]. Academy of Management Journal, 1997, 40 (2): 443–461.

[175] Lambe C, Jay R, Spekman E, Hunt S D. Alliance Competence and Alliance Success: Conceptualization, Measurement, and Initial Test [J]. Working Paper, 2000.

[176] Jap S D. Pie–expansion efforts: Collaboration Process in Buyer–Seller Relationship [J]. Journal of Marketing Research, 1999, 36: 461–475.

[177] Hitt M A, Ahlstrom D, Dacin M T, Levitas E. The Economic and Institutional Context of International Strategic Alliance Partner Selection: China vs. Russia [C]. Washington: Academy of Management Meetings, 2001: 123–134.

[178] James H, Jr S. Separating Contract From Governance [J]. Managerial and Decision Economics, 2000, 21: 47–61.